LIDERANÇA
É UM CONTRATO

Vince Molinaro

LIDERANÇA
É UM CONTRATO

AS CLÁUSULAS ESSENCIAIS PARA
SER UM LÍDER LEGÍTIMO

Tradução: Cristina Yamagami

À minha esposa, Elizabeth, obrigado por me ajudar a ser uma pessoa, um marido e um pai melhor.

Aos meus filhos, Mateo, Tomas e Alessia, pela constante inspiração e senso de humor.

Aos meus pais, Camillo e Maria, por sempre me apoiarem na minha busca pelos meus objetivos.

Sumário

Prefácio	11
Introdução	13
A minha história pessoal de liderança	25
Qual é o problema da liderança de hoje em dia?	44
Por que precisamos de um contrato de liderança?	61
A liderança é uma decisão – Tome essa decisão	68
A liderança é uma obrigação – Cumpra a sua obrigação	89
A liderança é trabalho árduo – Seja forte	115
A liderança é uma comunidade – Conecte-se	135
Assinando o contrato de liderança	154
Os momentos decisivos da liderança	163
O contrato de liderança na prática	177
Incorporando o contrato de liderança à sua organização	199
Conclusão	225
Agradecimentos	227
Sobre o autor	229

Prefácio

Liderança é um contrato não tem a pretensão de ser apenas mais um livro sobre liderança, dentre os milhares outros que existem por aí. O autor, Vince Molinaro, um simpático canadense com quem tenho privilégio de trabalhar na Lee Hecht Harrison, traz para a arena discussões e reflexões que colocam o líder no protagonismo de sua trajetória, de suas conquistas e, em última análise, de seu sucesso. De cara, o autor nos joga uma enorme responsabilidade, ao afirmar que líderes não nascem prontos. "Líderes são feitos"! Para quem trabalha diretamente com desenvolvimento de pessoas e/ou líderes, essa afirmação evidencia a complexidade e responsabilidade que esse desafio exige, ou seja, temos que prestar conta do que fazemos e do que deixamos de fazer. Assim nasce a grande inspiração de analisar esse compromisso na forma de um contrato. Instrumento com o qual sabemos exatamente com que, como e quando assumimos os compromissos do líder.

Ao ler essa obra, percebi que a abordagem de criar consciência em nossos líderes por meio de um contrato recheado de expectativas e obrigações pode acelerar o processo de desenvolvimento e evitar muito sofrimento no aprendizado *on the job* por tentativa e erro, peculiar aos "potenciais" líderes de alto desempenho.

Generoso em compartilhar com os leitores suas experiências profissionais, Vince nos convida a refletir sobre como estamos interpretando o papel do líder com eficiência, frente aos sacrifícios pessoais e familiares, juntamente com os sacrifícios que impingimos aos nossos times. Ele evidencia a tão percebida "cadeira vazia" do líder de nossos dias. Fazendo com que deixemos um pouco de lado o contexto e observemos as escolhas que antecedem o sentar na cadeira.

Vince nos convida a mergulhar em nossa própria história como sendo o riacho mais rico de nosso autoconhecimento. De onde conseguimos extrair aprendizados, compreender a gênese de nossos valores e nossas convicções que dão forma ao nosso comportamento ao sentarmos na cadeira.

De forma leve e fluida, Vince nos apresenta as principais cláusulas de sua abordagem contratual da liderança: liderança é uma decisão, liderança é uma obrigação, liderança é trabalho árduo e liderança é uma comunidade. A viagem prática conceitual por essas quatro cláusulas nos surpreende de forma paradoxal, pois nos deparamos com algo simples e ao mesmo tempo muito potente em termos de consciência e maturidade pessoal.

Ao introduzir a questão de que liderança é uma decisão, Vince nos sugere a prestar atenção às grandes decisões do tipo D (maiúsculo) que a vida nos trás e as corriqueiras decisões do tipo d (minúsculo). Geralmente não investimos tempo, reflexão ou pedimos ajuda nos D e nos afogamos com o redemoinho diário de pequenos d.

Quanto à obrigação e trabalho árduo, não nos damos conta de quantos *stakeholders* realmente impactamos com nossas decisões, e principalmente as interdependências entre eles. E claro, com toda a eficiência de um bom processo de delegação, ainda sim não existem ilusões quanto às dificuldades e aos sacrifícios que fazemos ao servir todos os envolvidos.

Liderança é uma comunidade é a cláusula mais revolucionária dessa abordagem: talvez pela primeira vez, estamos deixando definitivamente de lado o modelo de criar e cultuar os líderes super-heróis para pensar em uma comunidade, conectada por princípios e objetivos comuns. É realmente uma evolução do paradigma de liderança que tanto nossas organizações e quanto a sociedade merecem.

Com *Liderança é um contrato* trazemos para o Brasil uma grande reflexão sobre como moldar nossos líderes não mais martelando ou pressionando modelos individualistas e egoicos competitivos, mas sim trazendo mais consciência e criando contexto para aqueles que decidam sentar na cadeira do líder que tanto precisamos.

Boa leitura!

José Augusto Figueiredo
Presidente Lee Hecht Harrison Brasil e vice-presidente executivo LATAM

Introdução

O que realmente significa ser um líder? É uma questão importante que acredito que todos os líderes precisam responder.

Afinal, hoje em dia as implicações de ser um líder são muito diferentes do que eram para a geração passada. Você sabe que é verdade. O mundo está mais dinâmico e complexo.

E tem mais... Desde o lançamento da primeira edição deste livro continuo vendo sinais de que a liderança ainda está em dificuldades. Veja alguns exemplos a seguir:

- Uma empresa inovadora e líder do setor da tecnologia perde sua posição de dominância no mercado em questão de meses e agora luta para sobreviver.

- O CEO de uma grande varejista é forçado a renunciar ao cargo devido a um relacionamento impróprio com uma colega de trabalho. O fundador e presidente do conselho de administração dessa empresa é levado a sair quando se revela que ele sabia sobre o relacionamento e não fez nada para informar o conselho.

- Nada menos que dezoito executivos ligados a uma importante organização internacional são acusados de participar de uma cultura de corrupção sistemática, cética e constante.

- O CEO de uma fabricante de roupas é afastado depois que um vídeo que o mostrava dançando nu diante dos funcionários é vazado.

- O conselho de administração de uma empresa emite um comunicado à imprensa com o título: O nosso CEO e diretor financeiro sumiram; e todo o nosso dinheiro também.

- Um estudo global conduzido por uma proeminente empresa de pesquisas constatou que 51% dos líderes só estão nas empresas de corpo presente, o que significa que eles vão ao trabalho todos os dias, mas sem demonstrar muito interesse pelo trabalho, sua equipe e sua organização.

O que está acontecendo?

Histórias de corrupção e escândalo são tão comuns, que nem ligamos mais. Não confiamos mais nos líderes. Pesquisas revelam que o engajamento dos funcionários está num nível tão baixo, que chega a ser paralisante. Os gestores dizem que a nova geração de trabalhadores é desmotivada e acredita ter direito ao emprego e à promoções; já membros da geração Y dizem que simplesmente não se interessam em subir pela hierarquia da maneira tradicional. Enquanto isso, você e os seus colegas se sentem sobrecarregados e tendo de atender a dez demandas diferentes ao mesmo tempo.

Tudo isso faz parte de um problema só. Acredito que todos esses fatores constituem uma crise, para a qual empresas do mundo inteiro buscam solução – e com isso já gastaram, aproximadamente, 60 bilhões de dólares... E sem conseguirem chegar a lugar algum.

Vivemos em uma crise de liderança.

Os líderes deveriam liderar. Mas na prática isso nem sempre acontece. Em muitos casos, e com uma frequência alarmante, a suposição de que "os líderes precisam liderar" simplesmente não condiz com a realidade.

Organizações de praticamente todos os setores têm líderes incapazes de liderar ou que simplesmente não sabem como liderar. É o que acontece hoje em dia, mesmo com as organizações continuamente investindo recursos consideráveis no desenvolvimento de lideranças. Temos de encarar a realidade. Existe uma lacuna entre o que se espera dos líderes e o verdadeiro desempenho deles.

Num momento no qual o nosso mundo está mais complicado do que nunca, mudando a uma velocidade jamais vista e com muito mais transparência, precisamos desesperadamente que os nossos líderes sejam também mais fortes do que nunca. Mas os nossos líderes não têm essa força. Eles estão nos deixando na mão. E estamos ficando desiludidos.

Passei anos refletindo e falando sobre a liderança. Nesse tempo, percebi que a necessidade urgente de líderes responsáveis é um dos maiores desafios enfrentados pelas organizações. Essa necessidade ocupa o centro de todos os outros problemas.

Chamo isso de *lacuna da responsabilização na liderança* e acredito que se trata de um problema global. Uma liderança verdadeiramente responsável é o único meio de criar uma organização capaz de não apenas sobreviver no nosso mundo cada vez mais complexo como também de atingir o sucesso e crescer. No entanto, com base nas minhas pesquisas, é um desafio que poucas empresas estão realmente encarando de frente.

Estudo liderança há vinte e cinco anos. Trabalhei com alguns grandes líderes e alguns não tão grandes. Vi em primeira mão como a liderança afeta o engajamento dos funcionários e o desempenho organizacional. Como consultor, trabalhei com centenas de líderes e organizações. Também já ocupei cargos de liderança – seja na linha de frente, seja em gestão média ou executiva. Sei como pode ser difícil ser um líder se quisermos manter um nível constantemente elevado de liderança. E também sei como pode ser gratificante quando conseguimos.

Desde a primeira edição deste livro, continuei conversando com líderes como você, e eles confirmaram que a liderança responsável é uma questão crucial em suas organizações.

Um tempo atrás, criei um alerta no Google para o termo "responsabilização". Os resultados deixaram claro que o mundo inteiro está em busca de uma verdadeira responsabilização. Ouço clamores por uma maior responsabilização no setor bancário, no governo, na educação, nas forças armadas, nas áreas da saúde, na polícia, na mídia... Acho que já deu para ter uma ideia. Não importa para qual faceta da sociedade você olhe, a verdadeira responsabilização está em falta. Também ficou claro que, apesar de muito se falar sobre a necessidade de responsabilização ou prestação de contas, pouco se faz para melhorar a situação. Sempre encontro a mesma dinâmica nas organizações. Todos os CEOs com quem trabalho querem promover a verdadeira responsabilização, mas acabam percebendo que não é nada fácil atingir esse objetivo.

Também notei que pagamos um preço alto pela liderança inepta. Um dia desses fui convidado para compartilhar as minhas reflexões em um programa de rádio. Eles queriam saber como e por que tantas pessoas perderam a confiança em seus líderes.

Fiquei bastante impressionado, durante o programa, ao ver o quanto esse problema afeta as pessoas em seu dia a dia. O radialista atendeu algumas ligações de ouvintes e muitos deles contaram como se desiludiram com líderes ruins e ineficientes. A maioria dos ouvintes mostrou-se cética e bastante decepcionada com suas experiências com a liderança.

Uma ouvinte, chamada Marian, falou sobre como ela tinha acabado de pedir a demissão do emprego para fugir de um péssimo líder. Sua voz tremeu quando ela descreveu a dolorosa decisão. Foi uma decisão corajosa, mas ela conseguiu demonstrar, com seu depoimento, como uma liderança ruim pode ser prejudicial para a organização. Infelizmente, Marian decidiu que sua única opção era se afastar da empresa.

Acredito que em uma geração atrás, uma empresa até conseguiria se safar com uma liderança ruim. A maioria das organizações era dominada por *baby boomers*, uma geração mais propensa a engolir líderes ineficazes. Pode ser difícil de acreditar, mas tolerar uma liderança ruim era considerado uma questão de honra.

No entanto, o mundo dos negócios mudou muito. Hoje em dia, a concorrência é feroz. As pessoas esperam mais de seus líderes e exigem muito mais responsabilização. Toda uma nova geração de funcionários não está mais disposta a engolir líderes ruins e medíocres como os *boomers* fizeram. Como Marian, eles simplesmente se afastam da organização.

Converso todos os dias com líderes que sabem que o mundo mudou. Alguns sentem que não estão conseguindo acompanhar as mudanças. Outros acreditam que há algo de fundamentalmente errado com os nossos conceitos de liderança. Eles sabem que suas organizações estão fazendo de tudo para se manter atualizadas num mundo em constante evolução e sabem que elas, em seu desespero, estão se acomodando. Quando todos os itens da sua lista de afazeres são urgentes, fatores como inspiração e motivação parecem um luxo. Dá a impressão que os elementos de liderança são só isto: elementos distintos da pilha de coisas em sua mesa, esperando para serem resolvidas.

Mas a liderança não é um luxo. Você não pode se acomodar, ou corre o risco de se tornar um líder incapaz. A sua organização precisa de grandes líderes em todos os níveis, agora mais do que nunca. Você precisa ser o melhor líder que puder. A questão é que a liderança mudou e você nunca esteve sob tanta pressão.

Vejamos o exemplo do CEO do McDonald's, Steve Easterbrook. A empresa vem enfrentando lucros em queda e um ceticismo cada vez maior no que diz respeito às práticas de contratação da empresa. Diante dessa situação, Easterbrook decidiu revitalizar o icônico império do *fast food*. Em maio de 2015, ele apresentou a sua estratégia em um vídeo de vinte e três minutos enviado a todos os funcionários. O objetivo era claro: explicar como o McDonald's estava adotando uma nova cultura que recebia os riscos de braços abertos e criava empolgação pela marca.[1]

O único problema foi que o vídeo era uma chatice. O tom de Easterbrook era monótono. Investidores, analistas e especialistas do setor assistiram ao vídeo com atenção, e as críticas não foram boas. Eles comentaram que Easterbrook quase não mudou de expressão nos vinte e três minutos de vídeo. E o mais surpreendente foi que as ações da empresa caíram 1% imediatamente depois do lançamento do vídeo.

Pare por um momento para pensar sobre essa série de eventos: um vídeo de um CEO falando aos seus funcionários é disponibilizado ao público e considerado extremamente decepcionante; em consequência, o preço das ações da empresa cai imediatamente. É um bom exemplo do tipo de avaliação que os líderes enfrentam hoje em dia.

Ser um líder não é tarefa fácil e a pressão pode ser intensa. Vamos dar uma olhada nos principais focos de pressão dos dias de hoje:

> 1. *A pressão de se diferenciar.* Quer se trate de uma empresa privada, quer seja uma instituição pública, todos os empreendimentos estão tentando se diferenciar. Todas as organizações têm concorrentes, competindo por participação de mercado ou por financiamento do governo, e hoje em dia a competição é feroz. Seja qual for a vantagem competitiva que você achava que tinha, ela parece ter uma vida útil cada vez mais curta à medida que os rivais a copiam praticamente da noite para o dia. Você se vê diante de uma pressão implacável por inovar e vive em busca de maneiras de se destacar na multidão.
> 2. *A pressão de executar a estratégia.* Você enfrenta uma enorme pressão para executar a estratégia. Se já faz um tempo que você é um líder, sabe como isso pode ser difícil. O sucesso é fugaz para muitas organizações. Pesquisas demonstram repetidamente que apenas 10% a 30% das organizações conseguem executar sua estratégia. Os nossos conselhos de administração e as equipes executivas passam muito mais tempo elaborando a estratégia do que a colocando em prática. Muitos clientes também têm trabalhado com grandes consultorias nessa área, a fim de que estas ajudem a elaborar uma boa estratégia… O problema é que não ensinam a executar essa estratégia. No entanto, para mim fica claro que estratégia e liderança são profundamente interligadas: os líderes elaboram a estratégia e precisam trabalhar em conjunto para alinhar

---

1 Seth Fiegerman. "McDonald's CEO Makes a Passionless Video Pep Talk, and Its Stock Dips in Response". 4 maio 2015. Disponível em: http://mashable.com/2015/05/04/mcdonalds-ceo-turnaround.

a organização. Cabe a eles garantir que todos, desde o pessoal de linha de frente até a equipe sênior, conheçam o plano. Lacunas na liderança levam a lacunas na execução.

3. *A pressão de administrar a complexidade.* Um levantamento global realizado pela IBM com 1.500 CEOs revelou que a complexidade representa um grande desafio para os líderes de hoje.[2] Oitenta por cento dos líderes que participaram do levantamento acreditavam que o ambiente de negócios no futuro será ainda mais complexo do que hoje. Menos de 50% confiavam que teriam a capacidade de lidar com tamanha complexidade. A complexidade está não só aumentando como também acelerando. Os líderes vão precisar ajudar seus funcionários e sua organização a administrar esse alto nível de complexidade no ambiente de negócios. Eles também vão precisar fazer isso apesar de sentirem que têm menos poder. Os dias do comando e controle chegaram ao fim e você, o líder, agora precisa influenciar e recrutar os *stakeholders* enquanto eles administram a complexidade na própria vida.

4. *A pressão de criar um valor duradouro.* Você também se vê sob uma constante pressão de satisfazer as expectativas cada vez mais elevadas de clientes, conselhos de administração e acionistas. Você se vê sob uma intensa avaliação. Os clientes querem valor e irão para onde puderem encontrar esse valor. Hoje em dia, a lealdade dos clientes é efêmera. Conselhos de administração e acionistas querem um aumento imediato do valor das ações e ao mesmo tempo a criação de um valor duradouro para o empreendimento, e cabe aos líderes seniores administrar essa difícil tensão.

5. *A pressão de desenvolver futuros talentos.* Você também não pode se focar apenas no presente e deve desenvolver a próxima geração de líderes. Depois de anos cortando custos e pessoal, as organizações estão notando grandes lacunas em suas bases de liderança e planos de sucessão. Parece que todo mundo finalmente se deu conta de que a liderança de fato tem uma enorme importância. O problema é que temos uma nova geração de funcionários que não estão muito interessados em assumir papéis de liderança. As tendências demográficas não estão agindo em nosso favor.

Se você for como os líderes com quem trabalho todos os dias, então sente na pele o impacto de todas essas pressões. Você sofre com a incerteza cada vez maior que permeia o seu ambiente de negócios. Sente-se posto à prova o tempo todo. Sabe que é responsável pelo sucesso da sua

---

[2] IBM, "2010 IBM Global CEO Study: Capitalizing on Complexity". Disponível em: www-935.ibm.com/services/us/ceo/ceostudy2010/index.html. Acesso em: 24 ago. 2015.

organização e está totalmente ciente do impacto que tem sob os clientes, os funcionários e *stakeholders*.

Pare um momento e reflita sobre essas cinco pressões. Como elas afetam o seu papel de liderança?

Redefinindo o seu estilo de liderança

Quando se pensa em todas essas pressões juntas, fica claro para você que os antigos modelos de liderança já não se aplicam mais. É hora de redefinir a liderança para o novo mundo em que vivemos. O que funcionou no passado não vai funcionar no futuro. As expectativas em relação aos líderes estão cada vez mais altas. Todos os líderes precisam começar a exigir mais de si mesmo.

Acredito que novas expectativas em relação à liderança estão redefinindo o modo como cada um de nós terá de liderar no futuro. Como um líder, você precisará:

- *Alinhar e engajar.* Você precisa conhecer a estratégia da sua empresa e o seu papel na execução dessa estratégia. Você deve alinhar e engajar os funcionários para que eles possam executar a estratégia com eficácia, de maneira a entregar, efetivamente, valor aos clientes, aos acionistas e à sociedade.

- *Ver a empresa como um todo.* Você deve definir o sucesso tendo em vista a empresa. Isso significa que você terá de colaborar derrubando barreiras e fazendo o melhor para os clientes e para a organização como um todo. Todos os líderes de sua organização devem ter em comum essa mentalidade de "uma única empresa".

- *Construir relacionamentos.* No nosso mundo interconectado e interdependente, os relacionamentos são mais importantes do que nunca. Você precisa dedicar um tempo para conhecer os seus *stakeholders* internos e externos. Também deve construir relacionamentos fundamentados em confiança e transparência.

- *Dominar a incerteza.* O ambiente de negócios cada vez mais complexo nos dias de hoje cria uma série de situações difíceis e arriscadas. O seu papel na liderança é focar a organização e ajudar os funcionários a lidar com a incerteza e o estresse inerentes a um ambiente como esse.

- *Desenvolver outros líderes.* Você deve deixar, como um legado, uma sólida base de liderança na sua organização, um legado que transcende o seu papel individual. Você precisa fortalecer os seus líderes para que eles possam fortalecer a organização.

✓ *Servir como um exemplo dos valores.* Você não pode se concentrar apenas nos seus próprios interesses pessoais ou nas metas da sua equipe. A visão, os valores e as metas da organização são mais importantes do que o ego e o interesse pessoal. Isso implica equilibrar a autoconfiança com a humildade. Você também precisa elevar os padrões para si mesmo porque a mediocridade na liderança não é aceitável. Nunca foi.

Hoje em dia todos os líderes devem redefinir o modo como lideram. Esse processo começa com você. E começa agora. Você está pronto?

O contrato de liderança

Vamos começar com uma analogia. Sabe quando você está na internet e, para comprar um produto ou serviço, você tem de clicar no botão "Concordo"? Seja para usar um serviço bancário, seja para baixar músicas ou assistir a um filme, é preciso clicar nesse botão para fazer praticamente tudo hoje em dia. Você sabe que está concordando com páginas e mais páginas de um texto minúsculo com espaçamento simples estabelecendo uma série de termos e condições complicados, mas você vai em frente e clica no botão "Concordo" sem pensar duas vezes.

Estudos demonstraram que apenas 7% das pessoas se dão ao trabalho de ler esses termos e condições.[3] Mas, com esse simples clique, você está concordando com muita coisa. Você sabe que acabou de concordar com um contrato, mas não sabe exatamente o que isso implica. Você não entende as letras miúdas.

Acho que algo parecido está acontecendo na liderança. Muitos líderes clicaram no botão "Concordo" ao assumir o papel de liderança sem pensar direito nas cláusulas do que eu chamo de *contrato de liderança*.

Você pode ter clicado no botão "Concordo" por alguma boa razão – para conseguir a promoção, o aumento de salário, as mordomias, o poder ou a chance de causar um verdadeiro impacto na sua organização –, mas se você não souber exatamente no que se meteu, não conseguirá suportar as pressões do ambiente de negócios dos dias de hoje.

---

3 Estudos demonstram vez após vez que a grande maioria das pessoas clica rotineiramente em botões "Concordo" ou "Aceito" sem ler os termos e condições dos contratos na internet: http://www.guardian.co.uk/money/2011/may/11/terms-conditions-small-print-big-problems.

A redefinição da liderança começa com o reconhecimento da existência de um contrato de liderança. Não se trata de um contrato legal ou formal que você assina. É um contrato pessoal. Representa o compromisso que você deve firmar consigo mesmo para ser um grande líder. É um compromisso profundo para redefinir o modo como você lidera e se tornar um líder capaz de enfrentar os desafios que o futuro nos reserva. E, quando você assina o contrato de liderança, está concordando com uma série de cláusulas que deverá colocar em prática.

Aqui estão as cláusulas. Aqui estão as letras miúdas para se tornar um líder que verdadeiramente se responsabiliza pelos próprios atos.

1. A liderança é uma decisão

A história de todos os líderes começa com uma decisão. Já ouvi muita gente descrever um momento em sua carreira quando houve a tomada de decisão consciente de ser um líder, seja na ocasião da primeira promoção, seja no dia em que entraram na sala da diretoria. Nesses momentos, precisamos refletir sobre as razões que nos levaram a querer liderar, se estamos realmente prontos para a nova função e até que ponto estamos empenhados em nos tornar grandes líderes. Essa cláusula do contrato de liderança requer um compromisso pessoal para ser o melhor líder possível.

2. A liderança é uma obrigação

Uma vez que decide liderar, você logo percebe que as expectativas em relação ao seu trabalho passam a ser mais elevadas. Você também percebe que passa a ter obrigações que transcendem os seus interesses pessoais. Agora a questão não é mais o que é melhor para a sua carreira. Você passa a ter deveres em relação aos seus clientes e funcionários, à sua organização e às comunidades nas quais vocês fazem negócios. Essa cláusula do contrato de liderança requer que você assuma a responsabilidade e cumpra as suas obrigações na liderança.

3. A liderança é trabalho árduo

A liderança dá trabalho e vai dar ainda mais. Temos de parar de fingir que é fácil ou que é possível dar algum jeitinho para melhorar a situação. Você precisa desenvolver resiliência e determinação para encarar o trabalho árduo. Precisa de determinação para superar as pressões diárias e liderar a sua organização para o futuro. Essa cláusula do contrato de liderança requer que você se fortaleça e arregace as mangas para dar conta do trabalho árduo da liderança.

4. A liderança é uma comunidade

No nosso mundo complexo, nenhum líder terá todas as respostas. A ideia do herói solitário capaz de salvar a todos é um modelo obsoleto de liderança. Hoje em dia, precisamos criar uma forte comunidade de líderes. Imagine se você e os seus colegas se comprometessem plenamente a ser grandes líderes, focados em ajudar uns aos outros a melhorar. Isso faria a sua empresa se destacar na multidão. Essa cláusula do contrato de liderança requer que você se conecte com os outros para criar uma forte comunidade de líderes na sua organização, uma comunidade marcada por uma profunda confiança e um constante apoio, na qual você pode contar com a proteção de todos e na qual todos os líderes ambicionam ser grandes líderes.

Uma advertência

Acredito que liderar uma organização é, ao mesmo tempo, uma das maiores honras e um dos maiores desafios que uma pessoa pode assumir. No entanto, não é um trabalho para qualquer um. E só há uma maneira de garantir que você tenha o que é preciso para ser um líder verdadeiramente responsável: você tem de tomar a decisão de liderar conhecendo as implicações da liderança.

Então, este livro vai exigir muito de você. Isso é necessário porque a liderança precisa ser redefinida para o futuro. A sua organização precisa que você seja o melhor líder que puder.

Você pode, em alguns momentos, se sentir sobrecarregado com as ideias apresentadas nesta obra. Você pode achar que elas são impossíveis. Mas você também vai perceber algo que já sabe: você já pensou em tudo isso antes. No fundo, você sabe que todos nós temos de redefinir o modo como lideramos hoje. Todos nós, sem exceção. Não só você. Todos nós precisamos ser mais responsáveis como líderes.

E você também vai precisar ponderar se de fato está pronto para comprometer-se com as quatro cláusulas do contrato de liderança e se tornar um grande líder, o tipo de líder que a sua empresa precisa que você seja. Você não pode mais ser um líder meramente bom ou mediano. A liderança não pode mais ser apenas uma parte do seu trabalho, algo em que você só se concentra quando tem alguns minutos de tempo livre. Pelo contrário, a liderança deve ser o foco do seu trabalho. É hora de ambicionar ser mais. É hora de você ser um grande líder. Mas isso vai levar tempo e demandar muito empenho da sua parte.

Para ajudá-lo nesse processo, você encontrará, no fim de cada capítulo, uma seção intitulada "Questões para reflexão", inspirada nos meus blogs semanais "Leadership Gut Check". Nessas seções de fim de capítulo, proponho uma série de perguntas para reflexão com base nas ideias apresentadas. São perguntas difíceis e acredito que todos os líderes precisam refletir acerca delas. Acredito também ser crucial refletir sobre o que significa ser um líder hoje em dia e como você pode ser um líder verdadeiramente responsável pelas próprias decisões. Recomendo vivamente parar para pensar sobre as respostas para as questões de reflexão.

Agora, se você não estiver pronto neste exato momento, pode optar por deixar este livro na prateleira por um tempo. Mas, se acreditar, como eu, que precisamos desesperadamente de uma grande liderança hoje, continue lendo! E, se as ideias apresentadas repercutirem em você, espero que se junte a outras pessoas que compartilham dessa paixão no site www.theleadershipcontract.com.

Capítulo 1
A minha história pessoal de liderança

Os grandes líderes não nascem assim; eles são moldados pelas experiências. A mãe de Gandhi era muito religiosa e foi muito influenciada pelo jainismo, uma religião fundamentada na ideia da não violência para com todas as criaturas. Um professor de aldeia se recusou a ensinar à jovem Susan B. Anthony a operação de divisão longa só porque ela era uma menina. Margaret Thatcher ganhou experiência enfrentando críticas quando, no cargo de ministra da Educação no início dos anos 1970, cortes orçamentais lhe renderam o apelido de "ladra de leite". Quando Richard Branson tinha uns sete anos de idade, sua mãe, Eve, o largou a cinco quilômetros de casa voltando da escola para ele ser forçado a descobrir sozinho como chegar em casa. Ela fez isso para ajudá-lo a superar sua timidez paralisante. Ele levou dez horas, mas conseguiu chegar, e a experiência o ajudou a se tornar a pessoa e o líder que é hoje.

Como Gandhi, Anthony, Thatcher e Branson, todos os líderes têm uma história pessoal. Mas a maioria dos líderes não sabe exatamente como suas experiências o levaram a ser os líderes que são hoje. Acredito ser crucial para os líderes reservar um tempo a fim de refletir sobre seu histórico e sua história de liderança pessoal.

Pare um pouco para pensar nas principais experiências que o transformaram num líder. Espero que você já esteja se lembrando de algumas histórias. Algumas serão experiências nas quais você esteve no seu melhor momento e pôde exercer um grande impacto. Outras serão mais negativas, momentos de dificuldade, quando a sua determinação pessoal foi colocada em cheque. Refletir sobre todos esses momentos de liderança lhe dará uma visão mais clara de quem você é como líder e por que você tem esse estilo de liderança.

Vi isso acontecer centenas de vezes no meu trabalho. Em programas de desenvolvimento de lideranças, gosto de propor um exercício que ajuda os participantes a criar sua Linha do Tempo Pessoal de Liderança: uma lista das principais experiências, tanto positivas quanto negativas, que contribuíram para formar sua liderança. Essas histórias podem ser da infância, da escola, do trabalho ou da vida em comunidade. Algumas pessoas têm mais facilidade com esse tipo de reflexão pessoal do que outras, mas todos com quem trabalhei saíram desse exercício com um senso renovado de entusiasmo e comprometimento com seus papéis de liderança.

A minha própria história de liderança se fundamenta em várias experiências cruciais. Vou contá-la aqui porque é importante para você saber de onde vêm as ideias deste livro e porque espero que isso o ajude a refletir sobre a sua própria história pessoal de liderança.

Vale a pena morrer pela liderança?

A maioria dos líderes nunca chega a se fazer essa pergunta. Eu me vi diante dela no meu primeiro emprego em período integral.

Você se lembra de como se sentiu quando começou a trabalhar? Se você foi como eu, queria mudar o mundo e mostrar o seu valor. Comecei a minha vida profissional em uma organização de grande porte do setor público que ajudava algumas das pessoas mais necessitadas da sociedade oferecendo apoio financeiro e atendimento para que pudessem voltar a estudar ou a encontrar um emprego.

Meus colegas eram, em sua maioria, pessoas boas. Eram bastante dedicados aos clientes. Mas não eram tão dedicados à organização. A maioria entrava no trabalho às 8h30 e saía às 16h30 em ponto – todo dia. Pode ser que eles estivessem entediados com o ambiente de trabalho insípido. O escritório inteiro era bege – as paredes, o piso, as mesas e as cadeiras. Até as pessoas pareciam desinteressantes.

Os supervisores e os gerentes eram pessoas decentes, mas estavam longe de ser uma grande fonte de inspiração. Eles cumpriam ordens. Respeitavam a hierarquia e respeitavam a posição que ocupavam nessa hierarquia. A alta administração parecia distante. Alguns poucos funcionários tinham acesso direto a eles e, pelo que eu sabia, esses colaboradores não tinham muito impacto na organização.

Um mês depois que comecei a trabalhar lá, eu já me perguntava se aquele de fato era o melhor lugar para mim.

Eu fiz tudo o que deveria fazer. Fui para a faculdade, tirei boas notas e consegui um emprego seguro. Agora só me bastava ser leal, e a organização cuidaria de mim até eu me aposentar. Esse era o conceito antiquado conhecido como estabilidade no emprego. Mas eu estava percebendo que não daria para ter uma carreira naquele lugar. Eu não só queria deixar a minha marca na vida dos meus clientes, como também queria fazer uma diferença na organização como um todo. Naquele momento aprendi que a cultura de uma organização pode destruir o engajamento dos funcionários.

As coisas melhoraram um pouco quando comecei a trabalhar como orientador vocacional. Aquela função estava mais alinhada com os meus interesses de ajudar as pessoas de uma maneira concreta. Parecia que eu estava administrando uma *startup* dentro de uma grande organização. Logo descobri que eu tinha um forte lado empreendedor. Eu era um construtor, não um mantenedor.

O meu trabalho chamou a atenção de uma gerente sênior chamada Zinta. Ela era uma pessoa tranquila e reservada, que eu só conhecia de longe. Ela começou a ir na minha sala para conversar sobre o meu trabalho e os novos programas que eu estava desenvolvendo. Nessas conversas, contei sobre algumas ideias que eu tinha para melhorar o nosso ambiente de trabalho. Um dia, ela disse: "Precisamos de alguém como você na administração. Você tem uma visão ampla e consegue ver o quadro geral. Você tem uma mente estratégica e sabe como fazer acontecer. Essas qualidades ajudariam muito a nossa equipe gerencial".

Ninguém nunca tinha me dito algo parecido antes. Depois daquela conversa, comecei a me ver de um jeito diferente. Comecei a ler livros sobre gestão. Eu queria aprender mais sobre aquilo que ela havia visto em mim.

Algumas semanas depois, Zinta voltou na minha sala. Dessa vez, ela me contou sobre uma ideia que teve. Ela suspeitava que eu queria aumentar o meu impacto na organização e eu concordei. Então ela me disse que estava montando uma comissão para encontrar maneiras de melhorar o nosso ambiente de trabalho. Ela perguntou se eu estaria interessado em ajudá-la, e eu agarrei a oportunidade.

Para a minha surpresa, quando o trabalho da nossa comissão começou a surtir efeito, as coisas efetivamente começaram a melhorar. Os funcionários ficaram mais entusiasmados. A positividade estava começando a contagiar a organização. Todos estavam mais engajados. Dava para sentir as mudanças começando a acontecer. Apesar de as paredes, os pisos e as mesas continuarem na cor bege, o ambiente de trabalho passou a ter mais ânimo e vitalidade. Foi naquele momento que eu soube que a cultura de uma organização pode ser transformada e que uma pessoa pode fazer a diferença.

As coisas estavam indo muito bem para mim. O meu trabalho era gratificante. O ambiente ficou mais positivo e energizante. Parecia que eu estava fazendo uma diferença concreta na organização. E aí veio o desastre. Zinta foi diagnosticada com câncer de pulmão e entrou imediatamente em licença médica para começar o tratamento.

Ela passou vários meses fora. E, assim que ela saiu, as mudanças que nos empenhamos tanto para criar começaram a desaparecer. A alta administração dispensou a comissão que Zinta tinha montado. Eles disseram aos membros da comissão para nos concentrarmos no nosso trabalho e deixar a parte organizacional com eles. Os que trabalharam na comissão de Zinta começaram a ser deixados de lado nas promoções. Fui informado de que eu não seria um bom gerente. Fiquei ainda menos engajado no trabalho. Também fiquei frustrado e, ainda mais do que isso, fiquei confuso. Eu não conseguia entender por que a alta administração não queria um ambiente de trabalho melhor. Além disso, eu estava recebendo alguns sinais contraditórios sobre o meu futuro na organização.

Algumas semanas depois, ouvi dizer que a saúde de Zinta tinha piorado e decidi visitá-la. Quando me aproximei de sua varanda, vi que ela estava esperando por mim na sala. Vi imediatamente que ela estava perdendo a luta contra a doença. Meu coração se partiu.

Eu tinha levado uma cesta de frutas e ela me agradeceu. Ela me ofereceu um chá. Nós nos sentamos e começamos a falar sobre os tratamentos. Zinta parecia forte e confiante em sua capacidade de combater a doença, mas mudou rapidamente de assunto. Ela queria saber como eu estava indo no trabalho. No começo, não me aprofundei muito nas respostas. Afinal, eu tinha ido lá para falar sobre ela. Mas ela insistiu e acabei me abrindo e falando das minhas experiências, da minha frustração e da minha confusão acerca do meu papel no trabalho.

Então ela começou a falar. E me confidenciou diversas histórias de suas experiências na gestão. Descreveu em detalhes a politicagem e as mesquinharias, a atmosfera desanimadora e a desconfiança entre os colegas. Descreveu suas constantes batalhas com a alta administração, a qual resistia a todas às tentativas dela de melhorar a organização. Deu para sentir a angústia e a decepção dela. Então ela disse algo que me pegou de surpresa: "Sabe, Vince, eu sempre cuidei da minha saúde. Nunca botei um cigarro na boca e não tenho nenhum histórico de câncer de pulmão na família. Acredito que a doença que estou combatendo é o resultado direto de todo o estresse que passei na gestão dessa organização".

Fiquei boquiaberto. Quando saí da casa de Zinta, lastimei por ela. Fiquei furioso por ela ter tido de suportar aquilo tudo. Os dias se passaram e não consegui tirar a história de Zinta da cabeça. Comecei a me perguntar quais seriam as implicações daquilo para mim e se eu um dia estaria preparado para pagar o preço que ela pagou.

Duas semanas depois da minha visita, recebi pelo correio um envelope de Zinta. Quando o abri, encontrei um cartão me agradecendo a visita e a cesta de frutas. Também encontrei uma carta dobrada, que dizia:

Vince,

Sei que você pode ter recebido sinais contraditórios no que se refere aos seus objetivos. O sucesso é uma coisa engraçada. Como na física, toda ação tem uma reação positiva e negativa. Por um lado, o sucesso tem o efeito de levar a um senso de conquista, de orgulho das nossas realizações, é a afirmação da nossa capacidade e promove em nós o desejo de nos expandir para o próximo horizonte.

Por outro lado, há a reação dos outros. Alguns vão se alegrar com as suas realizações. Outros, talvez devido às próprias inseguranças, vão se sentir ameaçados. Essas pessoas, sem querer ou por querer vão agir para desencorajá-lo, desvalorizar o seu sucesso ou redirecioná-lo a caminhos menos ameaçadores para eles. Algumas pessoas têm inveja do sucesso alheio. (Por que todas as oportunidades vão para ele e não para mim?) Mal sabem eles que as oportunidades estão lá para todos.

A escolha é sempre sua. Você vai se deixar influenciar por qual desses dois grupos? Eu o encorajo a sempre ser o melhor que puder e aproveitar as oportunidades assim que elas forem surgindo. Você tem tudo a ganhar.

Espero que isso ajude,

Zinta

Quando penso sobre o que significa ser um líder, penso em Zinta e naquela carta. Em meio à sua luta para sobreviver, ela se deu ao trabalho de ajudar um jovem colega que precisava de encorajamento.

Zinta faleceu duas semanas depois de eu ter recebido a carta, e a organização morreu com ela. Foi naquele momento que eu soube: apesar de um líder poder fazer a diferença, um líder solitário não tem como sustentar a mudança cultural sozinho. Semanas e meses depois, eu ainda refletia sobre Zinta e sua experiência. Eu tinha muitas perguntas. Será que o câncer dela realmente foi um resultado do estresse que ela passou naquela organização? Não sei ao certo. Mas ela acreditava tanto nisso, que acredito ter realmente afetado de alguma forma sua saúde.

Muitas vezes, eu me perguntei: "Se as coisas estavam tão ruins assim, por que ela simplesmente não saiu da organização?". Ao longo dos anos, tenho me surpreendido ao ver quantos líderes se dispuseram a se expor a ambientes de trabalho quase tão ruins quanto o ambiente que Zinta aturou. Também encontrei um fator em comum entre eles: todos eram *baby boomers*, da geração nascida entre 1943 e 1960. Essa geração cresceu com a expectativa de perseverar e suportar tudo, por pior que fosse. Se fosse um *baby boomer* e tivesse um chefe cretino, você simplesmente aguentava. Se trabalhasse num ambiente de trabalho terrível, como foi o caso de Zinta, você simplesmente tolerava. De um jeito estranho, aturar todas as adversidades era como uma medalha de honra para muitos *boomers*.

Eu sabia que eu era diferente de Zinta. Aquela carta me forçou a refletir, ainda cedo na minha carreira, sobre duas questões importantes: O que é a liderança? Vale a pena morrer por ela?

Aprendi com o exemplo de Zinta que eu não estava preparado para me sacrificar como ela tinha feito, não por uma organização que não merecia isso e não por uma organização que não ambicionava a grandeza. Uma organização como essa não merece o comprometimento e a energia de seus funcionários. Isso ficou claro para mim vinte e cinco anos atrás e continua sendo claro hoje.

A experiência de Zinta também me ensinou que não existe uma fronteira artificial entre a nossa vida profissional e a nossa vida pessoal. Todo mundo tem uma vida e não há razão alguma para desperdiçá-la numa organização terrível, liderada por gestores e líderes insípidos. Além disso, para a maioria, o trabalho é uma grande parte da nossa vida.

Passamos muito tempo no ambiente profissional e, para muitos de nós, o trabalho é nossa principal contribuição para a sociedade. Por isso eu acredito ser crucial fazer do nosso trabalho a melhor experiência possível. E, se fizermos isso, todo mundo sai ganhando: funcionários, clientes, acionistas, a nossa família e a nossa comunidade. São as organizações que fazem o nosso mundo funcionar. Precisamos de organizações fortes e vibrantes, não insípidas e destruidoras de almas. E tudo começa com a liderança.

Na época em que eu trabalhava com a Zinta, as pessoas não falavam muito da liderança. Só se falava de administração e ser um bom gestor – e isso equivalia a cumprir ordens e contrariar o menor número de pessoas possível. Vinte e cinco anos depois da morte de Zinta, decidi começar a contar a história dela porque acredito que precisamos ir muito além no que diz respeito à liderança.

A carta de Zinta mudou o modo como eu encarava o trabalho da minha vida. E também mudou a minha vida num sentido mais prático: aquela carta me inspirou a abrir a minha própria consultoria. Não percebi isso na época, mas Zinta me forçou a tomar uma decisão crucial, uma decisão de liderança.

O que eu também não sabia na época era que, no exato momento em que tomei essa decisão, dei início a uma missão: *descobrir como podemos criar organizações empolgantes com líderes que verdadeiramente inspiram as pessoas a atingir o sucesso*. Eu queria conhecer e trabalhar com pessoas de mentalidade similar que ambicionavam criar algo especial nas organizações que lideravam. Infelizmente não seria fácil encontrar essas pessoas.

Quando abri a minha consultoria, me concentrei em prestar serviços de orientação vocacional. Meu trabalho com os meus clientes era extremamente gratificante. Eles começaram a me convidar para conduzir *workshops* com os funcionários de suas organizações. Eu logo descobri que gostava ainda mais de conduzir *workshops*. Também descobri, embora o trabalho de orientação vocacional me permitisse afetar as pessoas no nível individual, que os seminários de liderança me davam a chance de afetar as pessoas no nível organizacional. E gostei bastante daquela sensação. Com o tempo, comecei a redirecionar o meu negócio, me distanciando da orientação vocacional individual e me aproximando do trabalho em organizações.

Todos os projetos nos quais trabalhei tinham um fator em comum: a mudança. Trabalhei vez após vez com organizações, líderes individuais, equipes e unidades de negócios que precisavam mudar, mas não sabiam como. Foi quando descobri que até pessoas e grupos que querem mudar tendem a resistir às mudanças.

À medida que a natureza do meu trabalho foi ficando cada vez mais complexa e estratégica, decidi que precisava aprender mais sobre desenvolvimento organizacional, liderança e mudança. Foi quando comecei a fazer cursos de pós-graduação. Eu estudava ao mesmo tempo em que administrava o meu negócio e achei fascinante participar desses dois mundos. Muitas vezes os dois universos se encontravam. Eu lia sobre teorias de liderança e as testava com os meus clientes. Aprendi quais ideias tinham valor e quais eram teoricamente interessantes mas não se aplicavam ao mundo real. Foi nesse ponto que aprendi a sempre favorecer as ideias que podem ser colocadas em prática.

Os meus cursos de pós-graduação mudaram o modo como eu via o meu trabalho com os clientes. Comecei a ver as organizações de uma forma mais sistêmica. Quanto mais eu aprendia, mais conseguia identificar o obstáculo que impedia a sucessão das organizações. Comecei a me focar no que se tornou o tema central da minha carreira: maneiras holísticas de pensar sobre os negócios e a liderança. Os meus professores se focavam principalmente no pensamento holístico voltado à educação, mas eu era uma espécie de rebelde nos cursos. Eu trabalhava por conta própria com organizações do setor privado, enquanto os meus colegas de curso trabalhavam na educação, na saúde ou no setor público. Foi naquele momento que eu soube: a exposição a ideias de outros campos de conhecimento pode ter um valor enorme. Não há problema algum em ser um rebelde ou um desajustado. Na verdade, isso pode ajudá-lo de maneiras que você nem imagina. Acabei focando as minhas pesquisas de doutorado no que chamei de *liderança holística*. Conheci líderes que pensavam de maneira similar sobre a liderança e como criar organizações empolgantes. Eles se tornaram participantes das minhas pesquisas e meus professores. Tornaram-se um farol de esperança para mim. Na época, eu não fazia ideia de que contaria tanto com essa esperança para lidar com as dificuldades que viria a enfrentar no meu trabalho de consultoria.

Por que alguns líderes são tão cretinos?

Trabalhei com uma empresa liderada por um CEO que alguém me descreveu como sendo o "clássico cretino". Larry era um líder corporativo experiente, mas também era arrogante e pretensioso. Para piorar ainda mais a situação, ele usava o medo e a intimidação como sua principal abordagem como líder. Os funcionários daquela organização diziam que, sempre que interagiam com Larry, eles saíam se sentindo humilhados e ridicularizados.

O departamento de recursos humanos me contratou para conduzir um programa de desenvolvimento de liderança, tanto para líderes de nível médio como para os seniores. Larry foi um dos meus primeiros entrevistados e lembro que, em cinco minutos, ele já tinha assumido uma postura hostil. Ele se pôs a discursar em linguagem bombástica contra o RH e deixou claro que não acreditava na eficácia do programa. Simplesmente não acreditava que a organização precisasse daquilo. Quando pedi para ele descrever sua abordagem como líder, ele apenas disse: "É fácil. Medo. O seu pessoal precisa ter medo de você se você quiser ser eficaz".

Quando dei início ao programa, muita gente quis falar sobre Larry. Sua equipe de liderança sênior tinha dificuldade de lidar com o estilo dele, mas ele era o chefe. Eu lhes disse que eles tinham a responsabilidade de dar um feedback sincero a Larry. Isso o ajudaria a se tornar um líder melhor. Mas ninguém queria se expor. E assim eles seguiam suportando a situação e Larry continuava sendo o "clássico cretino".

Acabei trabalhando com essa organização durante uma das piores crises que eles já haviam enfrentado. Um dos principais fornecedores se viu diante de uma greve de nove meses, o que acabou prejudicando gravemente o meu cliente. No entanto, os líderes arregaçaram as mangas e garantiram a sobrevivência da organização. Não foi tarefa fácil. Eles não conseguiram atingir as metas financeiras, um fracasso com o qual não estavam acostumados. Mas conseguiram manter a empresa rentável, o que foi um feito incrível, considerando a crise enfrentada.

Passada a crise, os líderes com quem trabalhei se orgulharam muito de si mesmos. A empresa chegou a receber elogios da imprensa devido à maneira como seus líderes enfrentaram a situação. Eu também vi como os líderes passaram a confiar mais uns nos outros e a trabalhar melhor em colaboração. Foi um *insight* importante: você pode sair da adversidade morto ou fortalecido. No caso, os líderes saíram mais fortes.

Uma semana depois de superada a crise, a liderança sênior teve uma reunião com Larry. Todos esperavam cumprimentos pelo bom trabalho. Mas não foi o que Larry fez. Ele disse que eles tiveram sorte de sobreviver e se pôs a apontar todas as vezes que eles tinham deixado a bola cair durante a greve. Quando conversei com os líderes sobre a reunião, alguns tinham lágrimas nos olhos. Ouvi o que eles tinham a dizer e perguntei: "Por que nenhum de vocês se defendeu?". A sala foi tomada por um silêncio sepulcral.

Eu lhes disse que os líderes precisam ter coragem de contestar o mau comportamento, não importa de quem. É uma questão de chamar o poderoso para a realidade. Não é fácil, mas às vezes é necessário. Eles me disseram que ninguém se manifestou porque eles tinham medo. Medo do que Larry poderia fazer, medo de perder o emprego. Eu entendi o sentimento. Não foi fácil ver homens e mulheres adultos contar como foram menosprezados e diminuídos.

Senti-me na obrigação de conversar com Larry sobre seu comportamento, mas eu sabia que ele iria querer se vingar. Ele interromperia o meu contrato com a organização, mas isso não me incomodava tanto. Eu me preocupava mais com a possibilidade de, se eu o confrontasse, ele atormentar ainda mais a vida de seus líderes, e eu não queria que isso acontecesse. As coisas já estavam bem ruins para eles. O meu contato no RH me disse para eu não me incomodar. Ele disse que os líderes teriam de enfrentar Larry à sua própria maneira. E, nos próximos meses, foi o que eles fizeram. Alguns deles pediram a demissão, mas a maioria se limitou a abaixar a cabeça e aguentar o tranco.

Aquela experiência mexeu comigo por um tempo. Fiquei me perguntando o que eu poderia ter feito de outro jeito. Mas, no final, as questões mais importantes eram: por que as organizações aturam líderes como Larry? Por que parece que há tantas pessoas como ele por aí? O que eles estão tentando realizar? Aquela empresa tinha muito sucesso e provava a possibilidade de atingir o sucesso pelo medo e pela intimidação, mas essa estratégia tem seus limites. Líderes como Larry trazem à tona o pior de seu pessoal. Eles desperdiçam o potencial humano de suas equipes. Muito desse potencial acaba ficando estagnado, sem ser aproveitado. Muito desse potencial acaba sendo destruído.

Foi naquele momento que eu soube que mudar organizações requer um pouco de otimismo ingênuo. É preciso acreditar no potencial dos líderes e dos colaboradores e no que eles são capazes de fazer para criar grandes organizações. No entanto, grandes líderes e organizações são, infelizmente, a exceção. O maior trabalho está em ajudar todos os outros líderes e todas as outras organizações a melhorar. A minha determinação pessoal saiu fortalecida daquela experiência. E me comprometi ainda mais com a minha missão.

Por que tantos líderes são tão incapazes?

Um pouco mais adiante na minha carreira, trabalhei com uma empresa de tecnologia cujo fundador e CEO, Jim, era um cara simplesmente brilhante. Ele criou um software para a indústria de serviços financeiros e era um sucesso nesse nicho. Os clientes faziam fila à sua porta. A empresa cresceu rapidamente. Mas, como líder, ele ainda tinha algumas arestas a serem aparadas. Ele podia ser desagradável com o seu pessoal, mas todo mundo sabia que suas intenções eram boas, de modo que eles deixavam por isso mesmo.

Quando fui contratado para desenvolver um programa de liderança, a empresa de Jim estava em dificuldades. Novos concorrentes tinham entrado no mercado e o software da empresa estava começando a ficar datado. Eles tinham se tornado complacentes. O sucesso os tinha deixado negligentes. Conversando com os funcionários da empresa, descobri que a equipe de desenvolvimento do produto nunca falava com o pessoal de marketing e que, este, por sua vez, nunca falava com o pessoal de vendas. Os líderes do departamento de vendas estavam em campo prometendo datas de lançamento para novas versões do software, gerando demanda dos clientes por um produto que na verdade ninguém estava criando na organização. Foi uma tremenda confusão. Como é que os líderes deixaram a situação chegar a esse ponto?

Os fóruns de liderança que criei e conduzi foram difíceis. Os líderes só queriam apontar o dedo e culpar uns aos outros pelos problemas da empresa. Eles estavam focados demais nos próprios pequenos obstáculos e não trabalhavam como uma única empresa.

Quando a empresa ia bem, a disfunção não parecia importar, era tudo fácil. O dinheiro entrava. No entanto, o sucesso pode criar uma falsa sensação de segurança e uma falsa ideia da eficácia da empresa. Era o que estava acontecendo naquela organização e foi lá que aprendi que os números nem sempre contam a história toda.

Agora que as vendas tinham desacelerado, todos notavam os problemas culturais e organizacionais, mas ninguém sabia o que fazer a respeito. Jim estava perdido e os outros líderes estavam estressados, se dando conta de que eram eles que teriam de encontrar uma maneira de salvar a empresa. Todos estavam sob uma enorme pressão para virar a mesa. Mas eles estavam paralisados. Eram ineptos. E estavam impotentes diante da situação.

Um dia, depois de uma reunião com a equipe de liderança, fui ao estacionamento deixar meu notebook e meus livros no carro. Quando fui fechar o porta-malas, olhei para o prédio do cliente. Olhei para os andares onde o meu cliente tinha escritórios. Imaginei todos aqueles líderes que passavam o tempo todo lutando uns com os outros e imaginei todos os outros andares com outras empresas naquele prédio, cada um atuando no próprio drama que eles mesmos criaram. Era só de fora do prédio que dava para ver como essas brigas eram mesquinhas, como as inimizades distraíam a todos e até que ponto elas impediam o sucesso. Foi nesse momento que comecei a entender que, para criar uma cultura organizacional sólida, é preciso começar com uma sólida cultura de liderança.

Pela minha experiência, muitas organizações tinham uma cultura de liderança bastante fraca. Algumas chegavam a ser terríveis e outras, totalmente disfuncionais. É importante entender que elas se transformaram no que são, muitas vezes, por falta de outras opções, porque poucos líderes davam atenção a essa coisa chamada de *cultura de liderança*.

No entanto, conheço alguns poucos líderes verdadeiramente excepcionais que perceberam isso. Eles criaram deliberadamente culturas de liderança robustas nas organizações que lideravam. Tive a sorte de trabalhar com alguns desses líderes. Eles me mostraram que a cultura de liderança pode ser uma força poderosa e positiva nas organizações. Mas também algo frágil. E, assim que você deixa de prestar atenção a ela, as coisas podem começar a se deteriorar.

No fim, também aprendi que todos nós temos uma escolha. Não precisamos aturar uma cultura de liderança negligente ou tóxica. Podemos criar grandes culturas de liderança. Mas requer um esforço coletivo criá-las e mantê-las por um bom tempo. Isso significa que você precisa se manter implacavelmente focado em sustentar a solidez da cultura. Tudo começa com a ambição de atingir uma grande liderança.

Naquele ponto da minha jornada, também pensei muito na minha missão. Percebi que, como um consultor, eu estaria sempre à margem, ajudando os meus clientes, mas não efetivamente criando esse tipo de cultura. Eu gostava de trabalhar em consultoria, mas também queria ajudar a desenvolver empresas. Eu não queria ser apenas um especialista em liderança. Eu queria ser um líder. Então decidi que eu precisava voltar a trabalhar em uma organização, pegar tudo o que aprendi nos dez anos trabalhando em consultoria, nos meus programas de pós-graduação e nas minhas pesquisas e ver se, de fato, eu seria capaz de criar uma sólida cultura de liderança em uma empresa.

Alguém notou que paramos de falar sobre os nossos valores?

Eu jamais teria esperado que a minha próxima oportunidade surgiria tão rapidamente. Fui abordado por uma empresa de *headhunting* que me ofereceu um cargo em uma *startup* da indústria farmacêutica. O CEO, John, era um veterano do setor. Ele tinha deixado um cargo sênior no marketing de uma gigantesca companhia farmacêutica para abrir esse novo empreendimento. Ele também tinha uma visão que envolvia criar um tipo diferente de empresa.

John tinha uma visão grandiosa para a cultura que queria criar, a qual resumiu em cinco valores fundamentais. Foram esses valores que me atraíram à organização. Decidi arriscar e me tornei o responsável por liderar a área de aprendizagem e liderança. Foi uma grande experiência, com um excelente grupo de pessoas. Tive a oportunidade que estava procurando: trabalhar numa empresa e colocar as minhas ideias em prática. O lado bom era que John (e todos os outros) não estava em busca de jeitos antiquados de trabalhar.

Naquela nova empresa, estávamos nos empenhando em pensar e agir de um jeito diferente em todas as áreas da organização. Uma das lições que John me ensinou provocou-me um *insight* bastante sutil porém importante sobre a liderança. John sempre acreditou que muitos líderes nunca sabem como uma empresa de fato ganha dinheiro. Ele achava que aquele conhecimento era a pedra angular de toda liderança, porque, uma vez que você entende o básico, isso orienta todo o seu comportamento na liderança. Foi naquele momento que comecei a aprender sobre a profunda ligação entre estratégia e liderança.

Nos três anos que passei lá, uma mudança sutil ocorreu nas nossas conversas sobre a empresa. No começo, passávamos muito tempo falando sobre os nossos valores e o tipo de cultura que queríamos criar. E conseguimos fazer isso muito bem. Mas com o tempo paramos de ter essas conversas.

Uma vez, numa reunião com a equipe toda, expressei o que eu tinha observado: "Alguém notou que paramos de falar sobre os nossos valores?". Muita gente também tinha reparado nisso. O que eu viria a aprender depois, quando voltei a prestar serviços de consultoria, foi que isso de fato tende a acontecer nas organizações. Os valores e a cultura estão intimamente interligados. As empresas por vezes os tratam como um projeto, algo a ser feito e esquecido. Considero essa mentalidade equivocada. O desenvolvimento da cultura não é um projeto individual ou um item da lista de afazeres, mas é uma tarefa que nunca tem fim. É preciso trabalhar constantemente nessa tarefa. Caso contrário, a cultura começa a se deteriorar.

Embora a minha experiência naquela empresa tenha sido excelente, e a minha equipe e eu tenhamos feito grandes realizações, eu ainda achava que não estava totalmente envolvido no negócio. Como o líder de uma função de apoio, eu ainda me sentia um pouco distante do pleno engajamento. Em apenas três anos eu já tinha começado a entrar em modo de manutenção e sabia que não estava dando o melhor de mim. Era hora de seguir em frente.

Durante todo esse tempo, o espírito de Zinta continuava presente como uma fonte de inspiração em minha vida. Foi quando a chance que eu realmente estava buscando finalmente chegou. Entrei em outra empresa de consultoria que logo foi adquirida por uma nova empresa chamada Knightsbridge Human Capital Solutions.

Como criar uma cultura vibrante?

A Knightsbridge foi fundada por David Shaw, um líder de negócios experiente que tinha um sólido histórico como CEO corporativo.

David teve uma ideia: ele queria dar às organizações uma maneira mais integrada de satisfazer suas necessidades de capital humano em todas as etapas, desde o recrutamento, a seleção e a atração de talentos até o desenvolvimento de funcionários e de lideranças. Ele também queria otimizar a produtividade das pessoas e satisfazer suas necessidades de gestão de carreira e recolocação profissional. A ideia era ambiciosa, mas nunca tinha sido testada. David também salientou a importância não apenas de criar uma empresa espetacular de serviços profissionais como também de nos tornar uma excelente empresa operante. Essa visão dual criou uma tensão saudável na nossa organização. Mesmo assim, David e os colaboradores da Knightsbridge estavam empenhados em atingir esse objetivo.

Todo esse trabalho já era muito empolgante, porém David fez mais do que simplesmente falar sobre o modelo de negócios que vislumbrava. Ele também falava da criação de uma cultura corporativa vibrante. Ele sabia que esses dois fatores eram fundamentais para o nosso sucesso. E eu sabia que a minha visão de uma prática integrada de liderança ajudaria a concretizar esse trabalho. Eu finalmente tinha encontrado a minha chance de ser um líder e colocar em prática todas as minhas ideias sobre a liderança e a cultura, tanto na minha empresa quanto externamente, com os nossos clientes.

Com base na minha experiência, aprendi que em todas as organizações a cultura é ao mesmo tempo o que une as pessoas e as impele para a frente... Mas só se você souber fazer direito. Caso contrário, a sua cultura pode acabar se transformando na sua falha fatal. O que também aprendi foi que, para uma empresa de serviços profissionais como a Knightsbridge, a cultura afeta muito a experiência do cliente. Chamávamos o caráter único da nossa cultura de nosso K-Factor. O K-Factor descrevia a nossa cultura e o tipo de funcionários que tinham sucesso na nossa organização. É o que nos impelia a seguir em frente. É o que fazia com que a nossa organização fosse especial.

Ocupei vários cargos de responsabilidade crescente nos primeiros anos. Então, em julho de 2008, me deram a oportunidade que eu estava esperando: fui solicitado a liderar uma nova prática de liderança da empresa. O meu trabalho seria integrar três empresas existentes e distintas e redefinir o modo como entraríamos no mercado. Era uma oportunidade enorme, e eu imediatamente notei que algo em mim tinha começado a mudar. Agora em uma posição executiva, eu sentia o peso da responsabilidade e da necessidade de prestar contas pelas minhas decisões mais do que em qualquer outro ponto da minha carreira. Senti que tinha uma obrigação para com os nossos acionistas e o nosso conselho de administração. Senti que precisava prestar ainda mais contas aos nossos clientes e funcionários. Fiquei animado ao receber uma oportunidade tão empolgante. E também soube que daria muito trabalho atingir o sucesso.

Mas algo aconteceu em julho daquele ano que realmente testaria a minha capacidade de liderança: a crise financeira de 2007-2008.

Como você pode imaginar, foi uma época muito estressante para todos os líderes. A Knightsbridge se deu bem porque o nosso modelo de negócio era robusto, testado e comprovado. Foi uma grande vantagem para nós ter um modelo de negócio holístico com uma série de áreas capazes de sobreviver às mudanças nos ciclos econômicos. Aquilo fazia parte da visão de David para a empresa, e deu certo.

Foi, também, um grande teste para mim. Aprendi que um líder precisa ser pessoalmente resiliente e determinado em épocas de dificuldade. Você não só precisa administrar as suas próprias reações a essas situações como também precisa administrar as reações da sua equipe. E, no nosso caso, também precisávamos nos manter firmes para ajudar os nossos clientes a enfrentar a crise. Essa era a nossa obrigação na Knightsbridge: dar apoio aos que estavam com dificuldades de lidar com as repercussões da crise financeira. Muitos dos nossos clientes perderam o emprego. Precisávamos lhes dar apoio e os nossos serviços de transição de carreira e recolocação profissional foram bastante proveitosos para esses clientes naquele momento de necessidade. Os que conseguiram manter o emprego estavam dando duro para conduzir sua empresa, mesmo nas águas turbulentas da crise. O que também aprendemos foi que muitos dos nossos clientes, especialmente os novos executivos, só tinham liderado em momentos econômicos propícios. Para eles, aquela era sua primeira experiência liderando no que se revelaria um dos períodos econômicos mais difíceis da história. Os nossos serviços de apoio aos nossos clientes durante a crise se provaram de grande valor. Eu me orgulhava dos meus colegas e de sua capacidade de ajudar os nossos clientes durante esse período difícil.

Também foi bastante importante para nós cultivar uma abordagem na qual sempre acreditei vivamente: *Não podíamos apenas discursar sobre essas ideias de liderança, precisávamos colocá-las em prática.* Precisávamos trabalhar para nos tornar grandes líderes e também servir de exemplo de uma grande liderança ao trabalhar com os nossos clientes. Eles notariam isso e sentiriam a diferença, o que, por sua vez, aumentaria o impacto do nosso trabalho. Posso dizer que concretizamos essa ambição porque conseguimos criar uma sólida cultura de liderança na minha equipe. A outra lição que aprendemos foi que criar uma sólida cultura de liderança não é um mero destino a ser atingido. Precisamos continuar determinados a manter essa cultura.

Como liderar apesar da ambiguidade?

No início de 2015, um novo capítulo da minha história pessoal de liderança começou a se desenrolar. A Knightsbridge foi adquirida pela Adecco e pela Lee Hecht Harrison (LHH), líderes globais em serviços de transição de carreira e aquisição e desenvolvimento de talentos.

Essa é a segunda vez que eu trabalho para uma empresa que foi adquirida. Conheço o outro lado da moeda, já que também já adquiri empresas, e senti na pele como esses tipos de eventos pode afetar funcionários e líderes.

Consolidação, fusões e aquisições passaram a ser comuns em muitos setores. Temos trabalhado com muitos clientes nessas situações e acredito que o primeiro desafio da liderança seja lidar com toda a incerteza e as dúvidas resultantes. Os líderes precisam ser excepcionais nesse aspecto ou as coisas se deterioram rapidamente.

E eis que me vi na mesma situação de muitos dos meus clientes. No nosso caso, a aquisição foi um evento positivo. Mas, mesmo na nossa situação, funcionários e clientes foram lançados em um ambiente de incerteza e desestabilização.

Os clientes querem saber que seu mundo não vai mudar. Desse modo, você, um líder, deve se comunicar com frequência com os seus clientes e manter um serviço de alta qualidade.

Os funcionários sempre vão reagir de maneiras variadas. Alguns serão otimistas e positivos. Outros se preocuparão com seu emprego e sua carreira. Todas essas reações são justificadas e precisam ser encaradas de frente pelos líderes.

É importante lembrar que, no meio de toda essa incerteza e mudança, você tem a obrigação de liderar. Em períodos de incerteza, todos olham instintivamente para seus líderes em busca de indicativos do que fazer. O tom que você definir pode ajudar ou prejudicar a reação das pessoas. Se você correr de um lado para o outro se queixando, é bem provável que os seus funcionários farão o mesmo. Mas se você projetar confiança e segurança, as pessoas se espelharão nessa atitude.

A aquisição foi um resultado do sucesso das duas empresas. Juntos, temos algo verdadeiramente irresistível para oferecer ao mundo.

Mas a história não termina por aí. A Knightsbridge, antes uma empresa de capital fechado, passou a fazer parte de uma empresa de capital aberto da Fortune Global 500. O Grupo Adecco é líder mundial em soluções de RH, com cerca de 32 mil funcionários trabalhando em tempo integral e 5.100 filiais em mais de 60 países e territórios em todo o mundo. A LHH representa cerca de 6 mil desses funcionários. Sua estratégia de negócios se concentra em criar a infraestrutura necessária para gerenciar grandes projetos globais, ajudando os clientes com iniciativas de desenvolvimento de talentos e transição de carreira. A LHH é uma parceira global de 70% das organizações da Fortune 50 e 50% das organizações da Fortune 500.

A prática de Transição de Carreira da LHH faz a diferença na vida de 200 mil pessoas ao redor do mundo. Sua prática de Desenvolvimento de Talento e Lideranças trabalha com milhares de líderes em todos os níveis ao redor do mundo. A Kennedy Consulting Research & Advisory também reconheceu a LHH como uma das principais consultorias de liderança da Vanguard em nível mundial.

Dá para ver que a mudança não foi pequena e precisaremos elevar a nossa liderança a um novo patamar. Estamos diante de uma grande oportunidade de continuar fazendo uma diferença positiva na vida das pessoas que servimos e nas organizações com quem trabalhamos todos os dias. Faz parte da missão central da nossa empresa criar melhores carreiras, melhores líderes e melhores negócios. É um desafio empolgante, e a minha própria história de liderança continua a se desenrolar.

Com efeito, ao refletir sobre a minha história pessoal de liderança, constato que tive sorte de ter conseguido realizar a visão de Zinta de tantos anos atrás. Infelizmente, ela estava tentando mudar uma organização que não queria mudar. Ela trabalhava em uma cultura de liderança tóxica. Sei que tenho sorte de fazer parte de uma empresa que espera o crescimento e a mudança, e na qual temos em comum a ambição coletiva de criar uma organização verdadeiramente excelente. Nunca deixo de ser grato por isso, porque aprendi ao longo dos anos que é raríssimo.

E esta é a última lição da minha história de liderança: não desperdice o seu tempo numa organização que não merece o seu investimento. Lembre-se de Zinta. Você não está só investindo o seu tempo ou a sua carreira. Você está investindo a sua vida.

Você, como um líder, precisa decidir se a sua organização de fato merece esse investimento. Se for o caso, arregace as mangas e se ocupe em transformá-la na melhor organização possível. A sua organização precisa desesperadamente de você e da sua liderança. Ela precisa que você tome a decisão de se tornar um grande líder. Ela precisa que você se apresente para cumprir a sua obrigação na liderança. Precisa que você encare o fato de que a liderança dá muito trabalho. Precisa que você crie uma sólida comunidade de líderes na sua organização. Você está pronto?

Questões para reflexão

A sua história pessoal de liderança

Ao refletir sobre as ideias apresentadas nesse capítulo, pense nas suas respostas para as perguntas a seguir:

1. Qual é a sua história pessoal de liderança?
2. Quais experiências críticas de liderança fizeram de você um líder?
3. A quem você pode contar a sua história pessoal de liderança?
4. Como você pode ajudar outro líder a conhecer melhor a própria história pessoal de liderança?

Capítulo 2
Qual é o problema da liderança de hoje em dia?

Durante a corrida presidencial de 2012 nos Estados Unidos, o Partido Republicano tentou retratar Barack Obama como um líder ineficiente que deixou o povo americano na mão. Eles fizeram isso usando a metáfora da "cadeira vazia" ou, em outras palavras, um líder ausente nos debates. A revista *New Yorker* utilizou-se disso para criar uma capa em que mostrava o candidato republicano Mitt Romney em um debate presidencial ao lado de uma cadeira vazia. A capa sensibilizou os leitores, que enviaram uma torrente de e-mails à revista. Alguns leitores ficaram indignados, considerando a imagem desrespeitosa ao presidente. Outros foram efusivamente favoráveis, acreditando que era hora de questionar a liderança fraca do presidente.

A intensa reação dos leitores da *New Yorker* à metáfora da cadeira vazia foi bastante reveladora. Na verdade, acredito ser uma reação humana comum. Todos nós reagimos visceralmente quando os nossos líderes não apresentam o desempenho esperado, detendo o cargo sem efetivamente liderar. Ficamos decepcionados e até desalentados. Na melhor das hipóteses, ficamos apenas desiludidos.

Nós esperamos ser grandes líderes, ser liderados por grandes líderes e fazer parte das grandes organizações que construímos juntos. Mas não raro os nossos líderes nos deixam na mão. Muitos deixam de cumprir as obrigações inerentes ao cargo. Se formos sinceros conosco, todos nós saberemos que as histórias de grandes líderes conduzindo empresas espetaculares atuam com um raio de esperança que ilumina o nosso caminho, mas também saberemos que essas histórias são a minoria. Mais comuns são histórias de líderes "de cadeira vazia", líderes ineptos ou motivados unicamente pela ambição pessoal. Esses líderes não conseguem fazer jus à sua responsabilidade na liderança.

Nós, como líderes, não podemos ignorar o que está acontecendo. Desde a publicação da primeira edição deste livro, parece que a situação piorou ainda mais.

Precisamos trabalhar juntos para recuperar a esperança na liderança. Mas, antes que possamos fazer isso, precisamos analisar onde estamos falhando. Precisamos encarar a dura realidade de que a liderança ainda é decepcionante, isolada e vergonhosa.

A liderança é decepcionante

O que levou os espanhóis a irem às ruas em 2013 para protestar contra a família real? Afinal, na época, a taxa de desemprego do país estava abaixo de 30% e a taxa de emprego entre os jovens, em gritantes 57%. Sem dúvida os espanhóis tinham coisas mais importantes para se preocupar.

A família real parecia não fazer ideia da realidade da vida dos espanhóis. Em um país que enfrentava uma depressão prolongada, com uma geração perdida de jovens, é deselegante ostentar riqueza. O mesmo pode ser dito de organizações. Quando os líderes seniores parecem não fazer ideia da realidade dos funcionários, as pessoas ficam indignadas. O fato de o genro do rei supostamente ter desviado milhões de dólares de instituições de caridade administradas por ele só jogou mais lenha na fogueira.

Ninguém precisa procurar muito longe para encontrar exemplos de líderes que nos decepcionam. Pode ser aquele sentimento de decepção que temos quando lemos sobre líderes empresariais cujo comportamento é ruim ou roubaram milhões de dólares da empresa e dos acionistas. Também pode ser aquele momento em que você está na cabine de votação durante uma eleição olhando para a lista de candidatos e se perguntando: este é o melhor que podemos ter? Em situações como essas, parece que ficamos decepcionados antes mesmo de eleger os nossos políticos, antes mesmo de eles assumirem o cargo e realmente começarem a nos decepcionar.

Para a grande maioria de nós, a liderança decepcionante também se mostra em contextos mais pessoais. Isso ficou claro para mim após um dos meus trabalhos com líderes.

Alguns anos atrás, em um programa de desenvolvimento de lideranças, Nate teve muita dificuldade nos três primeiros dias do programa.

Ele resistia a tudo e claramente não queria estar lá. Sua atitude mudou quando ele completou uma atividade da *Linha do Tempo Pessoal de Liderança*.

Enquanto os outros participantes estavam ocupados trabalhando, notei que Nate estava parado, sem fazer nada. Achei que ele ainda estivesse resistindo e optando por não participar da atividade. Quando me aproximei, contudo, percebi que ele apenas estava mergulhado em pensamentos. Ele me contou que um dos padrões que notou em sua *Linha do Tempo Pessoal de Liderança* foi que todas as experiências negativas em sua carreira ocorreram quando ele trabalhou para um chefe cretino. Um em particular tinha uma personalidade especialmente difícil e vivia gritando, esbravejando e menosprezando os funcionários. Nate contou que aquela atitude do chefe sempre desgastava seu senso de engajamento com a organização.

Pensando nisso, ele se pôs a refletir sobre sua própria abordagem à liderança. Ele contou: "Eu me perguntei, se fosse a minha equipe fazendo este exercício, que tipo de líder eles diriam que eu sou? Eles diriam que eu sou um líder que cria experiências positivas para eles ou experiências degradantes?".

Deu para entender, então, por que razão Nate estava tão imerso em pensamentos. Naquele momento ele se deu conta de como era visto pela sua equipe. Nate percebeu pela primeira vez que ele provavelmente era o chefe cretino na *Linha do Tempo Pessoal de Liderança* de sua equipe, e não ficou nada satisfeito com a revelação. Naquele momento, algo mudou na atitude de Nate. Ele se envolveu totalmente com o programa e parou de resistir, porque percebeu que não queria ser o líder que desmoralizava sua equipe e seus colegas. Ele não queria mais ser o líder que havia se tornado.

Esse é um *insight* importantíssimo para líderes como Nate, porque novas pesquisas sugerem que você inevitavelmente terá de pagar o preço por ser um líder cretino e decepcionante. Um infográfico publicado recentemente na revista *Inc.* se concentrou no assunto: "O maior destruidor da produtividade: os líderes cretinos".[4] O artigo resumia as constatações de vários estudos sobre os custos reais de uma liderança ineficaz e de chefes ruins. Por exemplo:

✓ 75% dos funcionários relatam que o chefe constitui a pior e mais estressante parte de seu trabalho;

---

4 Maeghan Ouimet. "The Real Productivity-Killer: Jerks". 15 nov. 2012. Disponível em: www.inc.com/maeghan-ouimet/real-cost-bad-bosses.html.

✓ 65% dos colaboradores abririam mão de um aumento de salário pela chance de mudar de chefe;

✓ 50% dos empregados que não se sentem valorizados pelo chefe planejam procurar outro emprego;

✓ 33% dos colaboradores com chefes ruins confessaram não dar tudo de si no trabalho;

✓ 29% tiraram licenças médicas mesmo sem estarem doentes.

Pior ainda: os líderes ruins fazem mal à saúde. Os funcionários cujos relacionamentos com os chefes são insatisfatórios têm 30% mais chances de sofrer de doenças cardiovasculares. Talvez Zinta estivesse mesmo certa. A doença dela poderia muito bem ter sido um resultado da prolongada exposição àquele ambiente terrível liderado por chefes ineficazes e ruins.

Nós, líderes, não queremos ouvir que estamos decepcionando os nossos funcionários. Eu com certeza não quero ouvir isso. Mas é importante para nós sermos sinceros conosco se quisermos parar de deixar nosso pessoal na mão.

Se você descobrisse que 38% dos seus funcionários apresentam sistematicamente um baixo desempenho, agiria rapidamente para consertar o problema. No entanto, um relatório recente divulgado pelo Instituto de Estudos Políticos documenta que 38% dos quinhentos CEOs analisados apresentam um desempenho insatisfatório, e pouco se fala ou se faz para resolver o problema. É bem verdade que alguns desses CEOs de baixo desempenho acabam sendo demitidos, mas, com muita frequência, suas empresas são obrigadas a pagar enormes multas ou custos, ou precisam pedir resgate financeiro do governo... Ou simplesmente abrem falência.

Muitos dos CEOs de pior desempenho recebem os mais altos salários do mundo. E muitos saem depois de pisar na bola, receber auxílio financeiro ou depois de ter falido a empresa e mesmo assim embolsando enormes pacotes de indenização.

Eu, pessoalmente, não tenho problema algum com a remuneração do CEO se ele apresentar constantemente um bom desempenho. Trabalhei com muitos desses CEOs e sei que eles criam um valor enorme para reforçar a economia, gerar empregos para milhares de pessoas e proporcionar produtos e serviços valiosos. Esses CEOs não são o problema. Eles são grandes líderes.

O problema está nos CEOs que são sistematicamente medíocres. Eles mancham o excelente trabalho dos CEOs empenhados e de alto desempenho.

No fim das contas, não importa se você for o CEO ou um gerente de linha de frente... Quando você é uma decepção na liderança, destrói o engajamento dos seus funcionários. Eles não fazem mais do que o mínimo por você ou pela sua organização. Pense na sua própria experiência pessoal, quando você trabalhou para um líder decepcionante. É bem provável que você nunca tenha dado o seu melhor para aquele chefe. Na verdade, é bem provável que você tenha sistematicamente se limitado a fazer só o mínimo necessário para manter o emprego.

Quando apresento essa ideia a outros líderes, parece que de alguma forma eu lhes revelo um segredo que todos nós temos, um segredo que todos os funcionários têm. Todos nós conscientemente nos refreamos e não damos o nosso melhor quando temos um chefe que nos deixa na mão. Não queremos nos comportar assim, mas é assim que somos forçados a nos comportar diante de uma liderança fraca e decepcionante.

Acredito que esse seja o preço que as organizações pagam quando mantêm líderes medíocres ou ausentes. Os seus funcionários vão ao trabalho todos os dias pensando: *até que ponto eu realmente quero me empenhar hoje? O meu chefe faz por merecer o meu engajamento?*

Por essa razão, as organizações enfrentam um problema crônico de engajamento dos funcionários. Apenas um em cada cinco funcionários se mantém plenamente engajado sempre. Sabemos que trabalhar para um líder admirado é o maior motivador não monetário dos funcionários, mas parecemos não levar em consideração o modo como uma liderança ruim afeta o engajamento. Líderes ausentes criam funcionários desmotivados. A experiência dos funcionários é uma função da qualidade de sua experiência com a liderança. O líder precisa saber que a organização paga um preço por manter uma liderança decepcionante.

A liderança é solitária

Converso com muitos líderes no meu trabalho, e vários me contam que parecem estar trabalhando em isolamento. Muitos de nós, líderes, nos isolamos dos nossos funcionários e nossos colegas. Estamos todos tentando fazer o nosso melhor, mas não nos sentimos apoiados e não sentimos que formamos uma comunidade com os outros líderes.

Um levantamento conduzido com oitenta e três CEOs de empresas públicas e privadas revelou que metade dos entrevistados se sentia isolada a ponto de prejudicar sua capacidade de executar seu trabalho com eficácia.[5] O levantamento também revelou que os CEOs de primeira viagem são particularmente vulneráveis: 70% dos novos CEOs relataram sentir-se solitários após assumirem o cargo. Embora a pesquisa tenha se concentrado nos CEOs, acredito que a experiência seja mais generalizada. Não se é apenas solitário no topo. Todos os cargos de liderança são solitários.

Precisamos reconhecer que os cargos de liderança, por sua natureza, impõem um sentimento de separação. Os líderes às vezes precisam tomar decisões difíceis. Eles precisam obrigar funcionários de baixo desempenho a prestar contas pelos seus atos, precisam fechar empresas e demitir pessoas. Mesmo quando essas ações são necessárias, elas distanciam os líderes e os isolam dos outros colaboradores. Não dá para escapar disso. Também precisamos reconhecer que, em organizações de grande porte, os líderes muitas vezes não se conhecem. Eles estão tão ocupados e raramente têm tempo para se conectar e construir relacionamentos.

Mas acredito que a nossa experiência na liderança não precisa ser tão solitária. Nós certamente não obtemos o melhor dos nossos líderes desse modo.

Pense na história de Simon, um jovem gerente de produto que trabalhava numa empresa farmacêutica. Simon era inteligente, todo mundo gostava dele e ele fazia seu trabalho muito bem. Assim que os líderes seniores o notaram, ele foi promovido. De repente, Simon passou a ser responsável pelo produto mais bem-sucedido e rentável da empresa.

Por um tempo, as coisas correram muito bem. Simon se destacou em seu novo cargo. Por cerca de um ano e meio, as vendas e a participação de mercado se mantiveram fortes. Simon se tornou o *menino de ouro* da empresa. Ele era visto como um modelo que os outros funcionários da empresa deveriam seguir. Outros gerentes de produto eram avaliados em comparação a ele. E ele passou a ser alvo de muita atenção e adulação.

Foi então que os problemas começaram. Um concorrente lançou um novo produto a um preço bem mais baixo. O lançamento pegou todo mundo de surpresa e o mercado mudou da noite para o dia. Simon

---

5 Shelley DuBois. "Why CEO Loneliness Is Bad for Business". *Fortune*. 19 jun. 2012. Disponível em: http://management.fortune.cnn.com/2012/06/29/ceos-loneliness-isolation.

estava sob uma enorme pressão de encontrar uma solução para o problema. Ele tentou de tudo, mas nada parecia dar certo. Ele começou a sentir-se isolado e sem apoio. Simon não era mais o menino de ouro. E rapidamente notou que não estava mais sendo chamado para as mesmas reuniões. Ele estava sendo isolado. Ele sabia disso. Todo mundo sabia.

Infelizmente, Simon não conseguiu encontrar uma solução que funcionasse. A participação de mercado despencou e seis meses depois Simon foi demitido. A empresa acreditava que Simon os deixara na mão. E até certo ponto, eles estavam certos: ele de fato não se mostrou à altura do desafio inesperado.

Simon também fracassou porque acreditou em toda a badalação e adulação. E sua queda do pedestal foi rápida. Mas eu também acredito que a empresa deixou Simon na mão. A administração ficou encantada com a nova estrela, mas não o apoiou quando ele mais precisava. Talvez, ele tenha sido promovido cedo demais. Eles podem ter focado demais nos resultados imediatos que ele estava obtendo e não se deram ao trabalho de ensiná-lo a traduzir seu sucesso inicial em um plano sustentável para o futuro. Simon fracassou porque ficou isolado e porque não recebeu apoio de sua organização.

A liderança é vergonhosa

A Federação Internacional de Futebol (FIFA) é o órgão mundial que regulamenta o futebol. Em 2015, a organização foi o centro de um escândalo. Muitos executivos e altos funcionários da organização começaram a cair como jogadores de futebol fingindo lesões no campo quando muitos foram presos e acusados de corrupção. Sepp Blatter, o presidente da instituição e alvo de muitas das acusações, não teve como se esconder e finalmente foi forçado a renunciar ao cargo.

Quando ele renunciou, a Interpol já tinha emitido mandados a vários diretores da FIFA por acusações de corrupção, extorsão e formação de quadrilha. O Federal Bureau of Investigation (FBI) também estava investigando formalmente Blatter.

Ficou claro que a FIFA, como organização, era corrupta até a raiz.

Do ponto de vista da liderança, a longa história de dezessete anos de Blatter na FIFA, uma história cheia de altos e baixos, constitui um estudo interessante dos efeitos de um ego inflado, poder descontrolado e ganância. E o mesmo pode ser dito de sua recusa inicial de renunciar à presidência quando membros seniores de sua equipe estavam sendo detidos. Mesmo quando finalmente decidiu renunciar, Blatter sustentou que só estava se afastando porque a comunidade do futebol tinha perdido a fé nele e não porque ele estava envolvido em qualquer ato de corrupção.

"A FIFA precisa de uma profunda reestruturação", Blatter disse em seu discurso. "Decidi concorrer de novo às eleições porque eu estava certo de que era a melhor opção para o futebol. Embora os membros da FIFA tenham me reelegido à presidência, aparentemente eu não tenho o apoio de todas as pessoas do mundo."

Foi só quando se afastou que ele admitiu que a organização que liderava precisava de uma reestruturação. Será que ele realmente poderia ter liderado uma organização corrupta até a raiz sem ter notado?

E se ele notou? Mesmo assim, a história de Blatter continua sendo um caso de fracasso na liderança. Como um líder poderia não saber dos desvios de dinheiro, do tráfico de influência e da ganância desenfreada na raiz da corrupção que se apossou da FIFA?

E o problema não é só a FIFA. Hoje em dia, a liderança caiu na vergonha. Ninguém precisa procurar muito longe para ver que muitos líderes se perderam. Está na primeira página dos jornais: a Enron, a Lehman Brothers, a crise financeira global, o escândalo da taxa Libor. A corrupção está por toda parte. E muitos dos líderes que ocupam o centro dessas histórias parecem sair impunes e, ainda por cima, embolsando grandes indenizações. Como isso é possível?

Os nossos líderes nos decepcionaram. A confiança dos funcionários na liderança sênior, nas organizações e nos conselhos de administração não para de despencar. Os resultados mais pessimistas de levantamentos revelam que apenas 7% dos colaboradores acreditam que os líderes seniores de sua organização protegem os interesses dos funcionários.[6]

Com efeito, sempre que começo a trabalhar com um novo cliente, peço para dar uma olhada no último levantamento do engajamento dos funcionários deles. De início, só procuro um critério: a pergunta sobre a confiança dos funcionários na liderança sênior. Sei que, se a porcentagem for baixa, posso imediatamente ter uma ideia da situação dessa organização. A baixa confiança na liderança sênior tem seu preço.

---

6 Maritz Research. "Maritz Poll: Managing in an Era of Mistrust: Maritz Poll Reveals Employees Lack Trust in Their Workplace". 14 abr. 2010. Disponível em: www.maritz.com/Maritz-Poll/2010/Maritz-Poll-Reveals-Employees-Lack-Trust-in-their-Workplace.aspx.

Escândalos podem enfraquecer toda a cultura de liderança de uma empresa. Lançamos recentemente uma grande iniciativa de desenvolvimento de lideranças em uma organização. Semanas antes do início do programa piloto, a empresa sofreu críticas pesadas devido a um escândalo financeiro.

Quando estávamos iniciando o projeto-piloto, todo mundo evitava falar sobre o escândalo corporativo. Logo percebemos que precisávamos falar a respeito com os líderes. Eles precisavam de um fórum para dizer o que pensavam sobre os eventos. Descobrimos que os líderes estavam furiosos com os acontecimentos.

Muitos dos participantes admitiram que tinham vergonha de trabalhar na empresa. Outros estavam arrasados, porque antes tinham tanto orgulho de trabalhar naquela empresa e agora se sentiam vazios por dentro. Outro grupo de líderes se ressentia muito porque temiam que o escândalo poderia manchar a reputação de todos os líderes da organização. Eles já estavam sentindo uma mudança no relacionamento com clientes e fornecedores. A confiança ficou abalada.

Quando histórias de escândalos corporativos saem na mídia, o foco costuma ser nos péssimos líderes envolvidos ou na reputação maculada da empresa. Poucos se aprofundam para tentar desvendar o impacto sobre os outros líderes e funcionários. O que aprendi com aquela organização é que um escândalo pode abalar as bases da cultura de uma organização. Todos os funcionários saem profundamente afetados. Na verdade, novas pesquisas sugerem que o impacto é muito mais expressivo do que se acreditava.

Em um artigo publicado recentemente na revista *Social Psychological and Personality Science*, os pesquisadores Takuya Sawaoka e Benoît Monin, da Stanford University, revelaram que a reputação pessoal de líderes bons e éticos sai prejudicada em empresas envolvidas em um escândalo ou em caso de corrupção. Os pesquisadores chamam a isso de efeito do "contágio moral".

Em outras palavras, se você trabalhar em uma empresa que estiver passando por um grande escândalo, grandes são as chances de a sua reputação pessoal sair manchada, mesmo se você não tiver qualquer relação com o escândalo. Os pesquisadores também dizem que, além do prejuízo à reputação pessoal, a carreira profissional também pode sair totalmente arruinada. Parece que a negatividade resultante da associação com uma organização corrupta pode perdurar por um bom tempo e reduzir suas chances de ser contratado em outra empresa.

Duvido que os líderes que se comportam mal ou se envolvem em um comportamento antiético se importem muito com os efeitos colaterais de suas ações. Eles sem dúvida não dão a mínima para a reputação pessoal dos colegas. No entanto, isso não muda o fato de que, quando os escândalos acontecem, todos os líderes saem com a reputação manchada. Sou testemunha de que a maioria dos CEOs com quem tive o privilégio de trabalhar leva seu trabalho a sério e lideram com ética, integridade e humildade. Esses são os CEOs que eu admiro. Eles não são o problema. Mas os poucos que agem de maneira vergonhosa destroem a nossa confiança nos líderes. O público simplesmente não confia mais em seus líderes e precisamos fazer alguma coisa a respeito. Precisamos encontrar juntos o caminho de volta e restaurar a confiança das pessoas em nós. Temos de parar de alimentar a liderança vergonhosa.

Como é que isso foi acontecer?

A liderança se enfraqueceu em muitas organizações. Muitos dos líderes com quem trabalho dizem que ficaram complacentes na função porque não são inspirados pelos líderes acima deles. Os funcionários dizem que o desempenho da maioria dos líderes com quem eles trabalham é, na melhor das hipóteses, mediano. E nós, os líderes, sabemos que ser um líder mediano já não basta nos dias de hoje.

Como é que isso foi acontecer? Vários fatores, que veremos a seguir, explicam a crise atual da responsabilização da liderança.

Dependemos demais do modelo do líder herói

A história de Simon que vimos neste capítulo se repetiu incontáveis vezes em inúmeras organizações. Ela se baseia na crença no modelo heroico da liderança. Todo mundo conhece bem esse modelo: a ideia de que um líder, geralmente no topo da organização, tem todas as respostas e é capaz de conduzir sozinho uma organização para o sucesso.

Esse modelo pode até ter, vez ou outra, funcionado no passado, se a pessoa fosse verdadeiramente extraordinária, mas sem dúvida não vai funcionar no mundo atual, marcado pela complexidade e pela incerteza. O velho modelo heroico da liderança simplesmente não se sustenta mais. Nenhum líder vai ter todas as respostas. E mesmo assim ficamos observando os nossos líderes, esperando algum deslize, esperando que eles demonstrem que não sabem tudo.

Um bom exemplo disso é a CEO do Yahoo!, Marissa Mayer. Ela assumiu a liderança do Yahoo! em julho de 2012 e desde então foi alvo de uma constante análise. Vejamos o que aconteceu quando a empresa decidiu proibir os funcionários de trabalhar em casa. A decisão foi bastante comentada porque foi percebida como contraditória em relação ao que seria de esperar de uma empresa repleta de colaboradores digitais. Mas a empresa estava trabalhando para criar uma cultura integrada, de uma única empresa, e acreditava que os colaboradores precisariam estar juntos para fazer isso acontecer. Faz muito sentido. Apesar dos vários benefícios de trabalhar em casa, você acaba se isolando se passar muito tempo sem ir ao escritório. Não dá para criar um senso de comunidade entre um grupo de estranhos.

O que mais me fascinou foi a reação da imprensa a essa história. A reação foi em grande parte negativa, sendo que alguns se referiram a essa decisão de Mayer como um fracasso épico. Sério? Um fracasso épico?

CEOs como Mayer estão sob constante pressão de lidar com as expectativas cada vez maiores de clientes, conselhos de administração e acionistas. Se você for um líder sênior, cada movimento, cada decisão e cada ação são alvos de comentários, debates e críticas. Criamos um mundo no qual se você não for um herói, será um zero à esquerda.

É arriscado colocar toda a sua fé em uma só pessoa. E, quando nos focamos em apenas um líder no topo, acabamos desviando a atenção dos outros líderes da organização. Líderes em ascensão, líderes de nível médio e executivos, todos contribuem para o sucesso de uma organização, mas, se nos focarmos apenas nos poucos líderes do topo, deixamos de apoiar e desenvolver os líderes dos quais precisaremos no futuro.

Glorificamos e cultuamos os líderes carismáticos

Infelizmente, o problema se agrava ainda mais porque não só nos focamos apenas em alguns heróis no topo como, ainda por cima, os transformamos em celebridades. Pense em todos os CEOs carismáticos que vemos por aí. Nós os idolatramos. Jim Collins nos alertou dos perigos dos CEOs carismáticos em seu livro *Empresas feitas para vencer*. E aqui estamos nós hoje, ainda idolatrando esses líderes. No processo, colocamos dinheiro e poder demais nas mãos deles. Não tenho nada contra o carisma. Não me entenda mal. Todos os líderes precisam de certo carisma, mas o carisma também pode ter um lado obscuro.

O autor Geoffrey Nunberg, em seu livro *Ascent of the A-Word*, apelidou os dias de hoje de a "era do babaquismo", porque alguns dos líderes mais detestáveis do mundo também foram os mais bem-sucedidos. Ele cita Steve Jobs como um dos exemplos mais famosos. Walter Isaacson, autor da biografia *Steve Jobs*, descreve-o como uma pessoa que teve sucesso apesar de ser um "babaca colossal". Isso confirma a minha própria experiência trabalhando com esse tipo de líder ao longo dos anos. Quando a biografia de Jobs foi lançada, muitos dos meus clientes a leram. O que eu achei mais fascinante foi a reação que todos eles tiveram. Primeiro, eles admiraram profundamente o que Jobs foi capaz de construir na Apple. Também senti a mesma admiração. No entanto, eles também ficaram confusos com o estilo e a personalidade de Jobs. Muitas pessoas com quem conversei ficaram desapontadas com as histórias recorrentes de ataques de raiva, manipulações, choradeira e outros comportamentos mesquinhos que não refletiam o líder heroico que eles haviam imaginado.

E aprendi outra coisa nessas conversas sobre a história de Jobs. Percebi que os líderes ficavam confusos. Quando vemos esse tipo de líder sendo enaltecido apesar de sua estupidez e grosseria, ficamos céticos. Você se pergunta: é essa a essência de uma grande liderança? Será que eu preciso ser um cretino para ter sucesso na liderança? Se você der uma olhada nos exemplos enaltecidos pela mídia, a resposta parece ser sim. Mas a maioria das pessoas com quem trabalho procura liderar de maneira mais positiva e otimista. E muitos se confundem quando veem líderes cretinos sendo recompensados e celebrados. Essa prática precisa parar.

Sabemos que em algumas ocasiões os líderes precisam ser duros, porque a abordagem positiva nem sempre leva a resultados. Às vezes, você precisa forçar um funcionário de desempenho insatisfatório a se responsabilizar por seus atos. Ou você precisa impor um senso de urgência a uma equipe que não está apresentando bons resultados. Ou, ainda, você está botando ordem na casa depois que alguém pisou feio na bola. Em momentos como esses, um vislumbre do seu lado implacável pode elevar a motivação, melhorar o desempenho e expressar a gravidade da situação. Os líderes cretinos chamam a atenção das pessoas. Mas há uma diferença entre ser seletivamente duro quando a situação requer e ser um cretino o tempo todo. A primeira situação é tática; a segunda demonstra um traço de personalidade.

Promovemos estrelas técnicas para cargos de liderança

Ninguém planeja se tornar um líder inepto ou medíocre. No entanto, alguma coisa aconteceu nas organizações que nos levou a tolerar a mediocridade dos nossos líderes. No meu trabalho, descobri que parte do problema é que promovemos pessoas de alto desempenho técnico para cargos de liderança. Pense na sua carreira. Se for como a maioria dos líderes, você já era muito bom no que fazia, independentemente de atuar em contabilidade, marketing, engenharia, vendas, e assim por diante. Na verdade, você foi um dos melhores. Você foi recompensado com uma promoção para o seu primeiro cargo de gestão ou liderança. A lógica foi que, se você fosse tecnicamente capaz, naturalmente também seria capaz em um cargo de gestão ou liderança.

E, se for como a maioria dos líderes com quem conversei, você na verdade não teve muita escolha. Subir para um cargo de liderança era o único jeito de ganhar mais dinheiro, obter mais prestígio ou ter mais influência. O caminho para cima era o único caminho para progredir na carreira.

Mas, quando assumiu o cargo, você logo percebeu que precisava lidar com os funcionários e tomar importantes decisões de negócios. E, quanto mais tempo você ficava no cargo, mais se distanciava do que levou os seus chefes a promovê-lo para o cargo: a parte técnica do trabalho.

Desse modo, você, um brilhante colaborador individual, foi jogado na piscina da liderança sem saber nadar e sem receber muito apoio da sua organização. Você teve de descobrir sozinho como lidar com os problemas. Você teve de descobrir sozinho como a sua função na empresa mudou e o que a organização esperava de você. Ou você afundava ou aprendia a nadar. Mas, mesmo se aprendeu a nadar sozinho, você pode só ter mantido a cabeça fora da água. Para sobreviver, você relegou os problemas de pessoal ao segundo plano e se concentrou nas partes técnicas, mais interessantes, do seu trabalho. Você se tornou um líder só no título, e não na prática.

Mesmo se você percebeu que ser um líder não é bem a sua praia e estiver cansado de deixar a si mesmo e aos outros na mão, é muito difícil abdicar do cargo. Não é fácil para os líderes simplesmente jogar a toalha e dizer: "Não sou bom nisso. Preciso de ajuda para encontrar outro jeito de agregar valor a esta empresa". Você precisa ser uma pessoa muito especial para admitir as suas fraquezas e abrir mão das mordomias que acompanham um cargo de liderança. Mas enquanto não pararmos de promover estrelas técnicas para cargos de liderança e não pararmos de dificultar para as pessoas recusarem o cargo, as nossas organizações continuarão repletas de líderes que colocam sua paixão pelos aspectos técnicos à frente das demandas da liderança. No fim, eles acabam nos deixando na mão porque não lideram de verdade.

Procuramos soluções rápidas para o desenvolvimento de lideranças

Em seu livro *O fim da liderança*, Barbara Kellerman, professora da Harvard, se concentra na indústria da liderança e recomenda às empresas que assumam uma atitude mais cautelosa em relação a essa indústria. Ela argumenta que a indústria da liderança não reforçou a eficácia e a ética dos líderes, mas fez o contrário. Explica, ainda, que a raiz do problema está em uma série de premissas equivocadas. Para começar, sempre pensamos na liderança como algo estático. Também presumimos que a liderança é simples e pode ser facilmente ensinada e aprendida por qualquer um. E tendemos a acentuar demais a visão individualista da liderança, ignorando o contexto no qual os líderes atuam e o impacto desse contexto sobre a eficácia deles.

Além disso, adotamos uma visão simplista demais sobre o que é realmente preciso para desenvolver líderes. Estamos sempre em busca de uma solução rápida para os nossos problemas. As empresas saltam de um modismo ao outro no desenvolvimento de lideranças e a indústria da liderança está sempre pronta para ensinar a última moda. Além disso, no nosso mundo permeado pelas mídias sociais, em que nos comunicamos com posts curtos e tweets de 140 caracteres, é enorme a tentação de simplificar demais os conselhos de liderança. Estamos emburrecendo os treinamentos de liderança e tentando fazer com que seja rápido e fácil se tornar um bom líder. O que acaba acontecendo é que muitos líderes desconhecem a essência da verdadeira liderança.

Um dia, fui a uma reunião com um cliente potencial. Quando o CEO e eu estávamos falando sobre os desafios de liderança da empresa, ele disse: "Sabe, Vince, eu admiro muito o que o Jack Welch fez na GE. Você tem como criar um programa 'Seja como o Jack' para os nossos líderes?". Esse CEO achava que bastava criar o programa, expor seus líderes a esse programa e todos os problemas estariam resolvidos. Perdi as contas de quantas vezes tive esse tipo de conversa com líderes seniores.

Uma organização de serviços financeiros tentou uma abordagem diferente. Eles estavam em queda, perdendo participação de mercado, e os concorrentes estavam lhes roubando os talentos. Depois de ter uma epifania e perceber que o problema era a falta de liderança, eles pegaram os gerentes de conta e gestores de desenvolvimento de negócios mais seniores e lhes deram cargos de liderança. A esperança era que, ao lhes dar um cargo de liderança, essas pessoas de repente se transformariam e começariam automaticamente a demonstrar a liderança da qual a organização precisava tão desesperadamente. Para a surpresa deles, não deu certo. Nós entramos em cena e os ajudamos a implementar uma estratégia mais sólida e robusta.

Eu já atuei nos dois lados da indústria de liderança, tanto como um comprador quanto como um fornecedor, e não raro vejo no meu trabalho paralelos com os modismos da indústria de fitness e saúde — todas aquelas pílulas mágicas e equipamentos malucos de exercício vendidos em infomerciais de madrugada. O que acontece é que todo mundo promove uma solução rápida para perder peso e melhorar a saúde. A realidade é que, assim como acontece com a conquista da boa forma física na vida real, a liderança requer trabalho e empenho. Temos de admitir que precisamos dar duro para manter constante a alta qualidade da nossa liderança e para promover o desempenho sustentável das nossas organizações. Não tem como só buscarmos uma solução rápida, do tipo quebra-galho.

É hora de parar de se contentar com qualquer coisa e começar a esperar mais

Quando a nossa experiência na liderança fica isolada, decepcionante e vergonhosa, começamos a reduzir as nossas expectativas. Os escândalos ganham manchetes, mas a decepção e a desilusão mais profundas acontecem todos os dias de maneiras mais mundanas, como trabalhar com líderes de cadeira vazia, que não têm visão, não nos inspiram e parecem estar só fazendo o mínimo necessário para manter o emprego.

Quanto mais convivemos com uma liderança ineficaz e sem inspiração, mais nos decepcionamos. A minha preocupação é que, com o tempo, fiquemos insensíveis ao que acontece ao nosso redor. Quando sentimos o isolamento da liderança, começamos a ficar desconectados. E depois começamos a nos desligar.

Quando nos decepcionamos com a liderança de cadeira vazia, perdemos a esperança e jogamos a toalha. Deixamos de ambicionar uma grande liderança para nós ou para os outros. E nos acomodamos. Assim que isso acontece, deixamos de demonstrar a nossa liderança. Nós nos tornamos meros espectadores na nossa organização. Vamos todos os dias ao trabalho e fazemos o mínimo necessário em vez de verdadeiramente liderar. Você pode ter um cargo de liderança, mas não está cumprindo as suas obrigações como um líder. Você pode não ser inspirado pela liderança ao seu redor. E pensa consigo: "Para que me dar ao trabalho de me empenhar e tentar ser um grande líder?". Assim que pensa isso, você reduz as suas expectativas para si e para os outros. Seth Godin, em seu livro *Tribos*, apresenta uma ideia genial. Ele diz que se acomodar é um hábito terrível, que só pode levar ao desastre. Um dia você acorda e se torna um líder de cadeira vazia.

É hora de pararmos de nos acomodar.

É hora de começarmos a esperar mais de nós mesmos como líderes.

É hora de começarmos a trabalhar juntos a fim de redefinir a liderança para o futuro – verdadeiramente prestando contas pelos nossos atos.

Essa é a ideia do contrato de liderança e é o que vamos explorar em seguida.

Questões para reflexão

Qual é o problema da liderança hoje em dia?

Ao refletir sobre as ideias apresentadas neste capítulo, pense nas suas respostas para as perguntas a seguir:

1. Qual é a sua experiência com a liderança de cadeira vazia?
2. Pense no seu papel e pondere se você não se acomodou na liderança.
3. De que maneiras você se sente desconectado? Por quê?
4. Qual é a sua experiência com a liderança vergonhosa?
5. Os seus funcionários podem dizer que dão o máximo por você no trabalho?
6. Você tem altas expectativas para si e para os outros no que diz respeito à liderança?

Capítulo 3

Por que precisamos de um contrato de liderança?

Seria difícil imaginar um CEO mais adorado pelos funcionários que Arthur T. Demoulas da Market Basket, uma rede icônica de setenta e um supermercados da região da Nova Inglaterra, nos Estados Unidos. Em agosto de 2014, várias centenas de trabalhadores da Market Basket, de propriedade familiar, pediram a demissão em protesto quando Demoulas foi deposto pelo primo, Arthur S. Demoulas, e outros membros da família. Outros milhares de funcionários participaram de manifestações e protestos para exigir o retorno de Arthur T. à liderança da rede.

Como Arthur T. Demoulas ficou tão popular? Além de conquistar a reputação de ser um CEO justo, ele insistia que os funcionários ganhassem entre 20% e 30% mais que os salários praticados no setor. E ele liderou um programa de aposentadoria de participação nos lucros 100% financiado pela empresa que fazia inveja aos funcionários de outros supermercados.

Quando outros acionistas exigiram uma mudança na gestão, em grande parte para preparar a empresa para ser adquirida por uma empresa de *private equity*, o conselho de administração expulsou Arthur T. e sua equipe executiva. Isso levou os funcionários não sindicalizados a renunciar. O impasse, que também incluiu um amplo boicote por parte dos clientes, terminou com o anúncio de que Arthur T. comprou a participação dos membros da família rivais por US$ 1,5 bilhão em um acordo que lhe permitiria retomar a liderança das operações da empresa.

Tentei me imaginar sendo um líder tão adorado a ponto de meus funcionários renunciaram ao emprego para me apoiar em um momento de necessidade. É uma expressão incrível de lealdade e afeto. Apesar de "ser amado" não fazer necessariamente parte da descrição do cargo de CEO, ninguém duvida que uma força de trabalho leal constitui uma enorme vantagem em qualquer indústria competitiva.

Infelizmente, muitos CEOs se distanciam dos funcionários, seja devido a seu estilo de gestão, seja porque estão colhendo salários e benefícios totalmente fora de sintonia com o que os funcionários ganham.

A história de Demoulas é importante para todos os líderes porque não havia um fator isolado gerando toda essa lealdade. Ele foi um líder que conquistou o respeito de seus funcionários ao longo de um bom tempo em virtude de uma série de iniciativas e medidas importantes. Sim, a participação nos lucros respondia por grande parte do relacionamento que ele tinha com os funcionários. Mas muitos dos funcionários que renunciaram ao emprego para protestar contra a demissão de Demoulas disseram que o fizeram porque adoravam a empresa e queriam proteger sua cultura sem igual.

Será que seus funcionários colocariam o emprego em risco por você?

Poucos líderes poderiam pedir tanto dos funcionários. Mas esta é uma das verdades fundamentais que aprendi sobre a liderança: nós, seres humanos, instintivamente exigimos um comportamento melhor de qualquer pessoa em posição de liderança. Somos configurados para esperar mais dos nossos líderes.

Pare um pouco para pensar a respeito. Se vê alguém em um cargo de liderança, você automaticamente espera mais dessa pessoa. Não importa qual seja o papel de liderança: professor, pastor, treinador, político, CEO, atleta ou celebridade. Você espera mais e, se essas pessoas deixarem de cumprir as suas expectativas, você se decepciona. Se o comportamento do líder for muito ruim, você pode até ficar indignado e desiludido.

Então, o que é um grande líder? O que faz de um líder uma pessoa que admiramos profundamente e com quem queremos trabalhar? Aprendi que um grande líder é basicamente um líder responsável, alguém que entende e respeita o fato de que o líder deve prestar contas a seus clientes, acionistas e funcionários.

Um líder responsável demonstra uma predisposição a fazer o trabalho mais importante na organização. Ele se compromete plenamente em ajudar a organização a avançar. Em última análise, um líder responsável se responsabiliza pessoalmente por seu cargo, por suas palavras e por suas ações. Na ausência desse alto nível de responsabilização, a liderança se torna inepta e medíocre. Antes de seguir em frente e ler o resto deste capítulo, pare por um momento para responder às perguntas a seguir: você corresponde aos altos padrões de comportamento que todos nós naturalmente esperamos dos líderes? Você se responsabiliza pela sua liderança?

Você sabe no que se meteu?

A GameStation, uma varejista britânica de games, revelou que em abril de 2010 tinha os direitos legais à alma de 7.500 compradores on-line.[7] Em uma piada do Dia da Mentira, a empresa incluiu uma "cláusula da alma imortal" em seu contrato on-line. O contrato dizia:

> Ao fazer um pedido por meio deste site no primeiro dia do quarto mês do ano de 2010 d.C., você concorda em nos conceder a opção não transferível, agora e para sempre, os direitos à sua alma imortal. Caso desejarmos exercer essa opção, você concorda em entregar a sua alma imortal, e quaisquer direitos que possa deter sobre ela, no prazo de 5 (cinco) dias úteis após o recebimento da notificação por escrito da gamesation.co.uk ou de um de seus agentes devidamente autorizados.

Para a sorte dos consumidores desatentos, a empresa decidiu não executar a cláusula. Mas deixou um argumento convincente. Com um simples clique, você está concordando com muita coisa. Você tem uma ideia de que será obrigado a cumprir um contrato, mas desconhece os termos desse contrato. O mesmo se aplica à liderança hoje em dia.

As nossas organizações são regidas com todo tipo de contrato. Durante uma geração inteira, a nossa vida no trabalho foi dominada pelo antigo contrato de trabalho. Todo mundo conhece esse contrato obsoleto: você arranja um emprego, permanece leal à empresa, cumpre as ordens e a organização vai cuidar de você até você se aposentar. Esse contrato funcionou durante décadas, mas sabemos que hoje ele deixou de ser válido. O que o substituiu?

Acredito que seja o que eu chamo de *contrato de liderança*. Na verdade, ele já existe faz um tempo, mas a maioria dos líderes ainda desconhece os termos e as condições e muito menos leem as letras miúdas.

O contrato de liderança e suas quatro cláusulas

Um cliente meu, um CEO, estava prestes a revelar uma nova estratégia que ele e sua equipe executiva estavam elaborando com o conselho de administração. Seria algo novo e demandaria um grande comprometimento por parte da liderança. O CEO e a equipe executiva queriam se

---

[7] Fox News "7,500 Online Shoppers Unknowingly Sold Their Souls". 15 abr. 2010. Disponível em: www.foxnews.com/tech/2010/04/15/online-shoppers-unknowinglysold-souls.

certificar de que os líderes da organização entendessem a nova estratégia e, ainda mais importante, que compreendessem as novas implicações de liderar para o futuro naquela organização. O CEO disse: "Preciso saber que tenho líderes totalmente comprometidos com a nossa estratégia e elevando os padrões da liderança. Não posso ter líderes vacilantes sem comprometimento. Isso não existe mais".

Expliquei a eles algumas das ideias com as quais eu vinha trabalhando sobre a liderança, e eles me contrataram para montar um processo a fim de ajudar os líderes a entender as novas expectativas e ponderar se eles realmente estavam preparados para aceitá-las. Basicamente, os membros do conselho precisavam entender e aceitar uma série de novas expectativas para a liderança da organização. Um novo conjunto de cláusulas foi estabelecido e os líderes foram convidados a assinar o contrato.

Todos nós deveríamos passar por um processo como esse quando assumimos novas funções de liderança. As nossas organizações precisam de líderes fortes para conduzi-las ao sucesso. Quando assina o contrato de liderança, você entra em um acordo. Você se compromete e promete ser o melhor líder possível para a sua organização e para os seus funcionários.

Antes de assinar o contrato, contudo, você precisa entender as quatro cláusulas apresentadas a seguir (figura 3.1):

Figura 3.1 – As quatro cláusulas do contrato de liderança

A liderança é uma decisão
Tome essa decisão

Você ambiciona ser um grande líder? Ou se limita a fazer o mínimo necessário? O contrato de liderança requer que você se comprometa em ser o melhor líder que puder ser. Já não basta mais ser um grande líder técnico. Já não basta ser um líder mediano. A sua organização precisa que você seja um grande líder. E tudo começa com uma decisão. Você está pronto para tomá-la?

A liderança é uma obrigação
Cumpra a sua obrigação

Quando verdadeiramente toma a decisão de ser o melhor líder possível, você percebe que deve se elevar a um novo patamar. Você passa a ter mais responsabilidade. Você tem de cumprir a sua obrigação de liderança para com seus clientes, funcionários, acionistas e sua comunidade. Você está preparado para cumprir as suas obrigações de liderança?

A liderança é trabalho árduo
Seja forte

Você precisa se comprometer a arregaçar as mangas e encarar o trabalho árduo que a liderança implica. Precisa desenvolver resiliência e determinação para ajudar a sua empresa a atingir o sucesso. Você vai precisar servir de exemplo para as outras pessoas da sua organização. Não pode mais ser um mero espectador esperando que as coisas melhorem por conta própria. Você está preparado para se fortalecer e fazer o que for necessário para conduzir a sua organização ao sucesso?

A liderança é uma comunidade
Conecte-se

É hora de parar de se isolar na liderança. Você deve entrar em contato com os outros líderes e criar sólidos relacionamentos com eles. Você precisa se comprometer em criar uma comunidade de líderes. Tudo começa com o compromisso de se conectar. Você está pronto para isso?

Essas quatro cláusulas abordam grande parte dos principais problemas da liderança hoje em dia. Podemos acabar com a liderança inepta nas nossas organizações quando os líderes de fato conhecem as implicações da liderança e assinam o contrato pelas razões certas. Já não basta mais ser um líder complacente ou hesitante. A sua organização precisa que você dê o seu melhor. Os seus funcionários, clientes, acionistas e *stakeholders* precisam do seu melhor.

Se aceitar uma promoção sem tomar a decisão consciente de se tornar um líder, você não obterá o melhor desempenho possível da sua equipe, porque você vai estar simplesmente fazendo o mínimo possível.

Caso tente ser um líder sem levar em consideração as suas obrigações para com as pessoas ao seu redor, você não estará focado nos objetivos mais amplos da sua organização. Você estará focado em progredir na própria carreira e não em trabalhar para o sucesso de longo prazo da organização como um todo. Você se colocará no centro do palco e deixará as suas obrigações para com os outros em segundo plano. Essa situação cria um risco para você e para a sua organização. Você pode ser tentado a fazer coisas que atrapalham a sua liderança.

Se tentar ser um líder sem fazer o trabalho árduo necessário, você não estará preparado para as crises. Você correrá de um lado a outro para apagar os incêndios do dia a dia em vez de se concentrar nos próximos passos para a sua organização atingir o sucesso. Você vai se ver em dificuldades quando a sua equipe começar a ter problemas porque você não se deu ao trabalho de criar uma cultura colaborativa. Você deixará graves lacunas nas competências da sua equipe porque não se preocupou em resolver os problemas mais difíceis.

Se tentar liderar sem se conectar com os outros líderes, você vai se isolar. Vai se concentrar no seu próprio mundinho em vez de colaborar com os colegas na sua organização e na sua comunidade. Você vai ser pego de surpresa por problemas que não esperava porque não se conectou com ninguém que poderia ajudá-lo a se preparar. Você vai acabar estressado e sobrecarregado por não ter ninguém para apoiá-lo.

A liderança é um cargo solitário para muitos de nós. Precisamos colocar na nossa cabeça que a liderança é uma comunidade. Temos de parar de procurar uma solução rápida. Precisamos aceitar que a liderança é trabalhosa e que não temos como evitar os problemas mais complicados.

Você se identificou com alguma dessas dificuldades?

Aceitar esse contrato de liderança vai melhorar a nossa vida no trabalho, mas os benefícios não param por aí. Acredito que os líderes que conhecem suas obrigações para com as pessoas ao seu redor não se meterão em escândalos. Temos visto muitos líderes envergonhar a si mesmos e às suas organizações por só pensarem nos próprios interesses imediatos. Precisamos elevar os nossos padrões e mantê-los elevados. O primeiro passo é realmente entender as obrigações que acompanham a liderança. É ter clareza, saber o que é esperado de você como um líder e se comprometer em ser o melhor líder que puder.

Essa é a base do contrato de liderança. Não se trata de um contrato legal ou formal. Pelo contrário, é um contrato pessoal e até moral. É o comprometimento pessoal em ser um grande líder, o líder que você deve tornar-se para si mesmo, para a sua organização e para todos nós. É um compromisso em redefinir o seu estilo de liderança atual e se preparar para ser um líder orientado para o futuro. É com isso que você está concordando quando aceita um cargo de liderança.

Questões para reflexão

Por que precisamos de um contrato de liderança?

Pondere as ideias apresentadas neste capítulo e reflita sobre as questões a seguir:

1. Você já decidiu conscientemente ser um líder?
2. Você lidera todos os dias com clareza no que diz respeito às suas obrigações como um líder?
3. Qual é o trabalho árduo que você enfrenta na liderança?
4. Você tende a enfrentar o trabalho árduo de frente ou evitá-lo?
5. Você se esforça para criar um senso de comunidade com os outros líderes?

Capítulo 4
A liderança é uma decisão
Tome essa decisão

Vários anos atrás, trabalhei com um grupo de líderes seniores de uma empresa de construção civil de grande porte. Estávamos conversando animadamente sobre a liderança, quando alguém me perguntou: "Ei, Vince, o que é a liderança?" Eu respondi: "A liderança é uma decisão". Foi a primeira vez que eu disse essas palavras em voz alta. Foi uma resposta intuitiva naquele momento. Mas imediatamente Earl, um dos participantes, retrucou: "Bom, eu nunca tive a chance de tomar essa decisão!". Earl era o vice-presidente sênior de serviços de engenharia. Ele tinha começado como um engenheiro, mas a organização logo lhe ofereceu um cargo de supervisão e uma série de promoções. Earl contou que aceitou todas as promoções sem pensar se ele realmente queria um novo cargo ou se estava mesmo pronto para se comprometer com as novas responsabilidades.

Olhei para os outros participantes. Todos ouviam atentamente. Parecia que os outros líderes se identificaram com a história de Earl. Ele explicou que achava natural aceitar aquelas funções de liderança. Vendo a coisa pelo lado prático, era o único jeito de ele ganhar mais dinheiro e obter mais prestígio dentro da empresa. Mas ele disse que, a cada vez que assumia um papel de liderança mais sênior, ele se distanciava cada vez mais do que realmente gostava de fazer: a engenharia.

Contei muitas vezes a história de Earl e me surpreendi ao ver quantos líderes tinham feito exatamente a mesma coisa.

Apesar de ganhar mais, ter a possibilidade de expandir seu conhecimento e poder ter mais impacto na organização serem razões de certa forma válidas para aceitar ser um líder, elas já não bastam no nosso mundo de hoje.

Todos os dias você tem oportunidades de tomar decisões de liderança. Mas será que você toma mesmo essas decisões? Muitas vezes não é fácil tomar a decisão de liderar e é mais fácil simplesmente não fazer nada e evitar correr riscos. Mas não fazer nada é o mesmo que ser um líder de cadeira vazia, ajudando a paralisar a sua organização.

Por que ninguém mais quer ser um líder?

Conheci muita gente que se identifica com a experiência de Earl e a maioria tem mais ou menos a idade dele. Também tenho notado que a geração mais jovem não se mostra tão disposta a assumir um papel de liderança só pelas regalias ou pelo prestígio.

Um tempo atrás, minha equipe e eu trabalhamos com uma empresa de software para elaborar e conduzir um programa de liderança de dois dias para trinta pessoas que eles tinham identificado como líderes de alto potencial. Para dar início ao projeto, entrevistamos esses líderes e o que descobrimos foi surpreendente: a maioria deles não queria ser chamada de líderes de alto potencial. Na verdade, a liderança tinha conotações bastante negativas para a maioria deles. Eles achavam que ser um líder de alto potencial só significava mais trabalho. Eles já estavam sobrecarregados e não tinham qualquer interesse em assumir mais tarefas de liderança (inclusive lidar com os problemas pesados que envolviam o desempenho dos funcionários). Eles fizeram as contas e viram que o aumento de salário não compensava o trabalho adicional. E eles não queriam ter de passar menos tempo com a família para fazer as horas extras que o novo cargo implicaria. Não era um sacrifício que eles estavam prontos para fazer ou queriam fazer.

A equipe executiva ficou bastante surpresa e frustrada ao ouvir a notícia. Eles tinham presumido que todo mundo gostaria de ser um líder. Eles achavam que os funcionários se orgulhariam de serem considerados líderes de alto potencial. Mas, quanto mais conversávamos com esses talentos para descobrir por que eles tinham uma visão tão negativa da liderança, mais percebíamos que o verdadeiro problema estava na equipe executiva. Eles eram o modelo de liderança naquela empresa. Todos eles trabalhavam entre sessenta e oitenta horas por semana. Eles estavam sempre em um avião, viajando pelo mundo. Quem via os atuais executivos de longe só enxergava o trabalho árduo e o sacrifício pessoal.

A equipe executiva logo percebeu que precisava melhorar em demonstrar aos líderes de alto potencial todas as recompensas associadas a cargos de liderança – a gratificação resultante de atender bem os clientes, criar excelentes equipes e construir uma empresa de sucesso.

Em vista disso, mudamos o foco do programa de desenvolvimento de lideranças de dois dias. Expandimos o foco para criar um processo que ajudasse os aspirantes a líder a entender melhor as implicações de um cargo de liderança, incluindo tanto o lado bom, quanto o ruim e o feio. Os participantes adoraram a abordagem. Eles ficaram gratos pela chance de decidir se queriam ou não assumir essas novas funções. Logo perceberam que estavam focados apenas nas desvantagens da liderança. Depois daquele evento de dois dias, todos os potenciais líderes, com exceção de quatro, decidiram continuar. Os que não quiseram alegaram em grande parte razões familiares e pessoais, mas pediram para ser considerados novamente quando os filhos crescessem um pouco.

Alguma coisa está mudando nas nossas organizações. Os funcionários mais jovens sabem que a liderança é uma decisão, que precisa ser tomada deliberadamente. Vi isso recentemente com um membro da minha própria equipe, um sujeito inteligente e agradável que tinha passado um tempo como um líder informal. Quando o chefe dele e eu lhe oferecemos um cargo formal de liderança, ele disse: "Uau, que honra! Muito obrigado. Tudo bem se eu levar umas semanas para pensar?".

Eu e o gestor ficamos um pouco surpresos ao ouvir aquilo. Lembro-me de ter pensado comigo mesmo: "Espere aí, amigo, na minha época, quando alguém oferecia uma chance de subir para a liderança, você só agarrava a oportunidade. Nada de *e se* ou *mas*". Até eu tenho dificuldade de largar essa ideia ultrapassada da liderança.

Nós voltamos a nos reunir com ele depois do prazo de duas semanas e dessa vez ele disse: "Muitíssimo obrigado por me dar esse tempo para pensar sobre essa grande decisão. Eu precisava pensar direito e com calma. Eu e a minha esposa temos empregos que nos demandam muito e os nossos filhos ainda são pequenos. Eu precisava conversar com a minha família antes de aceitar o cargo. Eu pensei bastante e estou dentro".

Eu pensei comigo mesmo: "Esse cara é muito mais esperto do que eu era na idade dele". Ele sabe o que significa ser um líder. Ele sabe que um cargo de liderança implica mais demandas e mais pressão. É por isso que ele queria se certificar de que de fato poderia se comprometer com o empenho necessário para se tornar um grande líder. Ele não se afobou, pediu um tempo para refletir e tomou sua decisão de liderança.

Por que você precisa tomar a decisão de liderança?

A primeira cláusula do contrato de liderança começa com a ideia de que a liderança é uma decisão. Não faz muito sentido discutir qualquer outra coisa sobre a liderança enquanto não esclarecermos esse ponto. Muitas teorias sobre a liderança simplesmente presumem que todo mundo quer ser um líder. Mas a premissa é equivocada e muitas vezes não estamos verdadeiramente cientes disso.

Figura 4.1 – A primeira cláusula do contrato de liderança

Precisamos substituir essa premissa equivocada pela ideia de que todo mundo precisa decidir se realmente quer ser um líder. Se fizermos isso, ficaremos só com os líderes que realmente querem a função e estão preparados para fazer o necessário a fim de ajudar suas organizações a atingir o sucesso. E também ajudamos as pessoas que preferem não assumir a função de liderança a agregar valor de outras maneiras às suas organizações.

Uma das razões pelas quais você precisa ser mais deliberado ao tomar decisões de liderança é o fato de que as organizações mudaram. No passado, as empresas eram muito maiores do que são hoje, com vários níveis de cargos gerenciais espalhados pela hierarquia. A vantagem disso era que todos esses cargos atuavam como etapas ou degraus, possibilitando às pessoas progredir gradualmente de um cargo de liderança a outro. Como era possível ver as etapas adiante, cada promoção parecia como um passo natural e lógico a tomar e você não precisava pensar muito sobre as funções que estava prestes a assumir.

No entanto, as empresas de hoje são mais enxutas e mais horizontais. Os degraus gradativos deixaram de existir e foram substituídos por saltos gigantescos. Assim, quando se assume um cargo de liderança no mundo de hoje, você não tem mais como ver os próximos passos. O que você vê é um grande abismo entre o seu cargo atual e o cargo adiante. O salto é abismal e é uma das principais razões que explicam o fracasso de tantos líderes que assumem novos cargos.

Grande parte das pesquisas demonstra – seja nas linhas de frente, seja na média gestão ou na alta administração – que uma grande parcela dos líderes perde o rumo dentro de um ou dois anos depois de aceitar o novo cargo. Acredito que isso acontece porque eles não tomam deliberadamente decisões eficazes de liderança. Eles não sabem exatamente quais funções e responsabilidades o novo cargo implica e dão o salto às cegas, subestimando as demandas e as expectativas. Você pode se deixar seduzir pelo novo cargo – pelo status, pelo dinheiro e pelas mordomias. Você pode fazer suposições sobre como será a sua vida como um líder, mas essas suposições podem estar erradas.

Para mim, é algo bem parecido com ter o primeiro filho. Não importa quantos livros sobre criação de filhos você lê ou quantas histórias você ouve de amigos e parentes, você só entende de verdade quando está naquela situação. E você se toca disso às três da madrugada, quando o bebê acorda com fome, ou depois de quatro noites sem dormir. Aí você sabe como é difícil cuidar de um bebê.

A outra razão pela qual você precisa ser mais deliberado ao tomar decisões de liderança é que nós sempre presumimos que todo mundo quer ser um líder e acabamos glorificando mais os cargos de liderança do que qualquer outro cargo nas nossas organizações. Damos aos líderes mais dinheiro, mais regalias, mais prestígio. Mas, na verdade, nunca deixamos as pessoas decidirem se elas de fato querem assumir um papel de liderança. Como resultado, tenho visto muitos líderes que não tomaram a decisão consciente de liderar. Pelo contrário, eles só aceitam o cargo que a empresa lhes oferece. Com o tempo, eles se tornam líderes hesitantes ou relutantes como Earl. Ou acabam sempre se questionando e duvidando de si mesmos.

Bem… Quer saber? Se você for desse tipo, saiba que não está enganando ninguém. Podemos sentir o cheiro da indecisão, da hesitação e da incerteza que você projeta.

É importante notar que, no passado, até dava para escapar ileso com uma liderança fraca, porque o nosso mundo era menos complexo do que é hoje. Até era possível se virar com pessoas que não tomaram a decisão deliberada de serem líderes. Mas as coisas mudaram muito. Os líderes hesitantes e sem paixão não são fortes o suficiente para nos conduzir por esse ambiente complexo. Há muito mais em jogo hoje em dia. Os que lideram unicamente por razões pessoais também não serão eficazes. Precisamos nos certificar de que todos os líderes consciente e deliberadamente tomem a decisão de liderar e tomem essa decisão pelas razões certas. Esse é o ponto de partida para a verdadeira prestação de contas na liderança.

Os dois tipos de decisão de liderança

Os atletas precisam tomar muitas decisões em campo (ou na quadra). No meio da ação, eles têm de ser capazes de decidir vez após vez como conduzir o time para a vitória. Técnicos e jogadores também podem pedir um tempo quando acham que têm uma decisão particularmente importante para tomar, uma decisão que não pode ser tomada num piscar de olhos.

Como os atletas, os líderes também tomam dezenas de decisões em tempo real no meio da ação. Essas decisões de liderança, que chamo de decisões do tipo "d minúsculo", surgem várias vezes em um dia normal. E também há os momentos que requerem pedir um tempo, as decisões de liderança do tipo "D maiúsculo", as quais constituem os momentos críticos da sua carreira, quando você precisa fazer uma pausa e ponderar sobre a decisão que está prestes a fazer.

Os dois tipos de decisão são importantes. As decisões de liderança do tipo D maiúsculo surgem em momentos cruciais da sua carreira e o forçam a refletir sobre quem você é como um líder e se você realmente está pronto para assumir uma nova função de liderança. As decisões de liderança do tipo d minúsculo são tomadas no calor do momento e podem parecer menos importantes em comparação com as decisões do tipo D maiúsculo, mas, com o tempo, elas também podem afetar muito a sua eficácia ao liderar.

É importante deixar um ponto bem claro. Os líderes tomam todo tipo de decisão, o que investir para crescer, quais fornecedores usar e como resolver problemas com os clientes. São decisões de negócios típicos e muito já foi escrito sobre como os líderes podem tomar decisões mais eficazes.

Neste livro, refiro-me a algo mais específico. Estou me referindo àquelas decisões que você precisa tomar sobre a sua função na liderança tanto em momentos críticos (decisões de liderança do tipo D maiúsculo) quanto na experiência cotidiana da liderança (decisões do tipo d minúsculo). Essas decisões de liderança determinam o tipo de líder que você acaba sendo. E também ditam o modo como os outros vão julgar a sua eficácia na liderança.

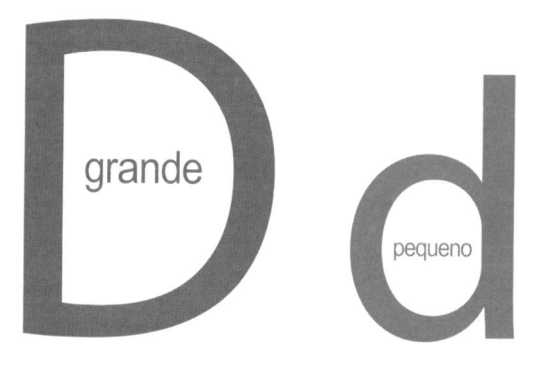

Figura 4.2 – Os dois tipos de decisão de liderança.

As decisões de liderança do tipo D maiúsculo

Em dezembro de 1968, os astronautas da *Apollo 8* foram os primeiros seres humanos na órbita lunar. Sua principal tarefa era tirar fotos da Lua e identificar possíveis locais de pouso para futuras missões.

Quando a nave espacial saiu de trás da Lua, eles viram a Terra se elevando acima do horizonte lunar. O astronauta William Anders rapidamente tirou uma foto da incrível cena.

Aquela foto representaria a primeira vez que conseguimos ver a Terra do espaço. Até aquele momento, a nossa visão da Terra tinha vindo apenas de mapas e imagens em globos de países divididos por linhas e cores. A foto de Anders nos mostrou o planeta como ele realmente é: uma esfera. Muitos acreditam que aquele foi um momento decisivo na história humana porque mudou fundamentalmente o modo como nos vemos e como vemos o nosso planeta.

Os historiadores usam o termo *momento decisivo* para se referir a momentos importantes da história – como o caso da *Apollo 8* –, momentos que revolucionaram o curso da história.

Os líderes também passam por esses momentos em sua carreira, quando estão prestes a assumir um cargo mais sênior de liderança. Nesses momentos críticos, é importante que os líderes parem para refletir sobre as implicações dessa importante decisão.

Como líderes, a nossa carreira evolui com o tempo. Se tivermos sucesso, a nossa empresa nos oferecerá cargos de responsabilidade cada vez maior. Nessa jornada, aprendemos que quatro momentos críticos são particularmente importantes para os líderes.

Esses quatro momentos decisivos requerem tirar um tempo para pensar sobre o que vai mudar no seu papel de liderança e, ainda mais importante, sobre como você deve mudar para ter sucesso no cargo. Em todos esses quatro momentos decisivos, você deve fazer uma pausa e deliberadamente tomar uma decisão de liderança do tipo D maiúsculo.

- ✓ O primeiro momento decisivo ocorre quando as pessoas da sua organização dizem achar que você tem potencial de liderança. Foi o que aconteceu comigo quando Zinta me disse, no início da minha carreira, que eu tinha potencial de liderança. Eu imediatamente parei para refletir sobre o que as palavras dela significavam para mim e o que eu precisava fazer para me tornar um líder.

- ✓ O segundo momento decisivo ocorre quando você assume o seu primeiro cargo de supervisão. Quando isso aconteceu comigo, logo percebi que, a partir daquele momento, eu era responsável também por outras pessoas. Antes o meu foco era em mim mesmo e no meu desempenho, mas esse foco mudou para ajudar os outros a melhorar o desempenho deles.

- ✓ O terceiro momento decisivo da liderança é quando você assume um cargo da média gestão ou alta administração. As exigências da liderança mudam consideravelmente e o modo como você se vê também precisa mudar. Quando assumi um desses cargos, percebi que eu precisava mudar a minha abordagem à liderança, de ajudar a minha equipe a melhorar seu desempenho e ser capaz de trabalhar com os meus colegas espalhados por toda a empresa para ajudar a nossa organização toda a atingir e manter o sucesso.

✓ O último momento decisivo da liderança ocorre quando você assume um cargo executivo. Quando isso aconteceu comigo na Knightsbridge, senti o peso da minha obrigação para com o nosso conselho de administração e nossos acionistas. A minha responsabilidade para com a minha equipe e os meus colegas espalhados por toda a nossa empresa também aumentou muito.

Cada um desses momentos constitui um ponto decisivo na sua carreira. Cada um deles representa uma grande mudança no que se espera de você como um líder. Não é só o seu cargo que muda; você também precisa mudar. Você deve saber exatamente o que esperam de você e como você tem de mudar o seu estilo de liderança para ter sucesso. Você não pode simplesmente mergulhar de cabeça no novo cargo cheio de entusiasmo ingênuo ou achar que a sua vida no trabalho não vai mudar muito.

Pelo contrário, você precisa fazer uma pausa e descobrir exatamente quais serão as demandas do novo cargo. Você também deve saber com certeza se está realmente preparado para atender essas demandas para ter sucesso quando der o salto. E, no fim das contas, essa é a essência de uma decisão de liderança do tipo D maiúsculo. Se você não der um tempo para tomar deliberadamente as decisões de liderança do tipo D maiúsculo, pode se meter numa situação para a qual não está preparado, o que pode afetar a sua possibilidade de sucesso no novo cargo.

As decisões de liderança do tipo d minúsculo

Você, como um líder, toma decisões de liderança do tipo d minúsculo todos os dias. Embora essas decisões possam parecer pequenas e de menor importância quando comparadas às decisões de liderança do tipo D maiúsculo, elas desempenham um importante papel na sua formação como um líder. No entanto, percebo que muitos líderes não dão a devida importância a essas pequenas decisões de tipo d minúsculo.

Vejamos o exemplo de Curt, que atua como *controller* na organização dele. Dia após dia ele se vê sobrecarregado, correndo de um lado a outro para apagar incêndios. Nos momentos em que uma decisão de liderança do tipo d minúsculo precisa ser tomada, Curt sabe o que deveria fazer, mas está ocupado demais para fazer uma pausa e tomar uma decisão deliberada. Ele pensa consigo mesmo: *Vou deixar passar, só desta vez*. Antes de se dar conta, ele se vê fazendo uma concessão após a outra. Ele nunca chega a reconhecer em que extensão está perdendo a eficácia na liderança e que ele, sem querer, está deixando sua equipe e sua organização na mão.

São nesses pequenos momentos, quando está sob pressão e se sentindo sobrecarregado, que você precisa tomar as decisões certas de liderança do tipo d minúsculo. Veja algumas situações comuns que você pode encontrar na liderança:

- ✓ Você está em uma reunião e discorda de uma questão importante. O que você faz? Você questiona a ideia ou deixa passar?

- ✓ Um colega está se comportando mal, desrespeitando os valores da empresa. O que você faz? Você lhe diz a sua opinião na hora ou espera a próxima oportunidade?

- ✓ Um projeto de outra área da empresa está fora de controle. Ninguém parece se importar. O que você faz? Você confronta o problema ou o ignora porque você não tem nada a ver com isso?

No decorrer de um dia, você pode se encontrar em várias dessas situações. Isoladamente, elas podem não parecer tão importantes. Você pode simplesmente abrir uma concessão, deixar o problema de lado ou ignorá-lo só daquela vez. Mas, juntas, essas decisões de liderança do tipo d minúsculo afetam algo muito maior: a sua identidade como um líder. Elas afetam a sua credibilidade. Com base nelas, os seus colegas sabem se podem ou não confiar em você.

Agora imagine se isso acontece não só com você, mas também com outros líderes da sua organização. Imagine o impacto coletivo de líderes indo ao trabalho todos os dias e abrindo concessões nessas situações pequenas e aparentemente inofensivas. Dá para começar a entender por que as organizações têm dificuldade de manter a inovação e a alta performance por um bom tempo.

É hora de começar levar essas decisões do tipo d minúsculo a sério. É hora de você ser mais deliberado nas suas decisões de liderança.

Então, como podemos melhorar? Na próxima vez que você se vir em uma situação na qual uma decisão do tipo d minúsculo precisa ser tomada, pergunte-se:

- Como devo manifestar a minha liderança neste momento?
- Qual é a minha obrigação como um líder?
- De acordo com os valores essenciais da minha organização, o que eu devo fazer neste momento?

Quando começar a internalizar essas perguntas e aplicá-las à sua liderança todos os dias, você vai começar a ser um líder mais deliberado e coerente. Você proporcionará a liderança que a sua organização e a sua equipe precisam. Você vai começar a criar uma sólida reputação como um líder confiável e deliberativo.

As decisões de liderança dos tipos D maiúsculo e d minúsculo
Clareza e comprometimento

John Mulligan, o CEO interino da Target Corporation, tinha uma mensagem simples para seus executivos seniores: é hora de liderar. Mulligan fora encarregado de botar ordem na casa depois que o ex-CEO da empresa, Gregg Steinhafel, havia deixado a gigante do varejo se recuperando de empreendimentos fracassados e uma enorme violação de dados dos clientes das operações das varejista na internet. Além de afastar Steinhafel, investidores e consultorias especializadas declararam guerra ao conselho de administração da Target. As consultorias recomendaram que os acionistas usassem o encontro geral anual para afastar sete dos dez membros do conselho da empresa. Todos eles foram reeleitos, mas a mensagem dos investidores ficou bem clara: deem um jeito na situação ou serão afastados. Tendo recebido a mensagem, Mulligan se pôs a tomar medidas ousadas para reinventar a cultura de liderança da Target.

Ele transferiu todos os altos executivos da empresa para salas no mesmo andar que os funcionários da sede da empresa em Minneapolis. O antigo comitê executivo da empresa passou a ser chamado de "equipe de liderança". Comitês executivos internos foram dissolvidos para agilizar o processo decisório.

"Precisamos de mais 'liderança' e menos 'comitês' por toda a Target", Mulligan disse aos executivos em uma carta obtida pelo *Wall Street Journal*.[8]

Mulligan achava que a Target estava atolada na burocracia da alta administração. Acredito que seria seguro dizer que a Target colocou administradores e burocratas em funções que deveriam ser preenchidas por verdadeiros líderes.

Nesse cenário, ninguém tem coragem de se impor e expressar suas opiniões em público. As pessoas assistem de braços cruzados enquanto os outros cometem erros. Todo mundo tem medo de expor suas ideias. Ninguém toma as grandes ou pequenas decisões de liderança que precisam ser tomadas.

Vi essa história se desenrolar incontáveis vezes. Quando uma empresa está em dificuldades e apresentando um desempenho não satisfatório, tentamos encontrar a causa de todos os problemas. Muitas vezes deixamos de perceber como a falta de prestação de contas da liderança no dia a dia pode empurrar a empresa inteira a uma espiral descendente. É por isso que é importante ser deliberado na liderança, dia após dia. A sua responsabilidade na liderança começa com a sua decisão de liderança.

Em última análise, as decisões de liderança tanto do tipo D maiúsculo quanto do tipo d minúsculo requerem clareza e comprometimento da sua parte. Você precisa saber com clareza no que está se metendo quando assume um cargo de liderança. Você precisa saber exatamente quais são as respostas para as perguntas a seguir:

- Quais são as implicações do cargo?
- Quais são as expectativas?
- Como deve ser o sucesso ao estar nesse cargo?
- Como eu posso agregar valor como um líder?
- Qual deve ser o meu impacto?

Você também vai precisar de um grande comprometimento pessoal. Pergunte a si mesmo:

- Estou mesmo preparado para isso? Eu mergulhei de cabeça na liderança?

---

8 Paul Ziobro. "Target CEO Memo: Less Committee, More Leadership". *Wall Street Journal*. 9 jun. 2014.

- Estou plenamente comprometido em fazer o que deve ser feito para levar a minha equipe e a minha empresa ao sucesso?
- Sou capaz de aguentar a pressão à qual estarei exposto?
- Estou preparado para as dificuldades que enfrentarei?
- Estou me comprometendo pelas razões certas ou só estou fazendo isso para alimentar o meu ego?

É importante fazer uma pausa e refletir sobre essas questões. Especialmente quando você está em um ponto crítico na liderança. Por quê? Porque muitos aspectos em seu papel de liderança mudam.

Por exemplo, você vai perceber que cada momento decisivo leva a um aumento da complexidade com o qual você vai ter de lidar. Pode parecer que a complexidade aumenta exponencialmente. Você precisa ser capaz de tolerar a incerteza e a pressão às quais você estará exposto. Se tiver sorte, a sua organização o ajudará nesse processo. Mas a maioria dos líderes vai ter de enfrentar esse desafio por conta própria.

Você também será exposto a uma grande avaliação, que só vai aumentar à medida que avança por cada um dos quatro momentos decisivos. Você deve se manter aberto a essa avaliação e desenvolver uma resistência a críticas para não perder a confiança como um líder. Acredito que essa maior apuração resulta do fato de a liderança ter passado a fazer mais diferença hoje em dia. Muita coisa depende de você, então é melhor não pisar na bola! Para começar, os seus colegas estão de olho em você para ver se de fato você tem um alto potencial. Além disso, seus funcionários analisam cada palavra e ação sua, e também colegas espalhados por toda a organização que acham você está dificultando mais do que o necessário a vida deles estão sempre avaliando o seu desempenho. E, como se tudo isso não bastasse, membros do conselho, clientes, analistas e acionistas vão analisar meticulosamente todas as suas decisões e todas as suas ações. O holofote está ficando cada vez mais luminoso.

Você perceberá um fato, repetidas vezes e com clareza: é o responsável pelas suas decisões. Um líder não tem como dar desculpas. Você precisa entregar a solução e não meramente apresentar o problema. Teoricamente, essa ideia não poderia ser mais óbvia, mas nem sempre isso é tão claro na prática.

Também vai perceber que deve demonstrar níveis cada vez mais elevados de maturidade profissional. Se você for um líder emergente, vai perceber que as pessoas ao seu redor vão querer que você manifeste a sua liderança. Nas linhas de frente, você precisará se impor a todo o ruído e a todo drama dos problemas das pessoas e se apresentar como um líder. Na média gestão, você terá de atuar como um embaixador da sua organização, o que implica equilíbrio e confiança. Por fim, no nível executivo ou da alta administração, a sua maturidade profissional (ou a falta dela) irá definir os rumos de toda a organização. Você vai precisar ter uma presença verdadeiramente executiva porque a sua reputação pessoal estará intimamente vinculada à reputação da sua organização.

Você também vai entender que o seu impacto vai aumentar muito a cada momento decisivo. Por exemplo, quando você se torna um líder mais sênior, o seu impacto fica mais claro para todos. O outro lado da moeda é que os seus erros também ficam mais claros. Você vai se cobrar um senso de urgência maior para ter um verdadeiro impacto (ou pelo menos deveria se cobrar). Você vai ter de encarar as suas obrigações como um líder e vai precisar levá-las a sério.

Essa é a razão pela qual você precisa de mais clareza e comprometimento para tomar as decisões de liderança do tipo D maiúsculo e do tipo d minúsculo, porque, a cada momento decisivo, a pressão aumenta e se aproxima cada vez mais da pressão máxima. É por isso que você não pode assumir um cargo de liderança simplesmente porque a promoção parece ser o próximo passo lógico. É por isso que você não pode mais aceitar uma oportunidade só por um salário maior, por mais benefícios ou por um título mais pomposo no seu perfil do LinkedIn. É por isso que você não pode simplesmente clicar no botão CONCORDAR sem entender exatamente as letras miúdas do contrato. É por isso que você precisa fazer uma pausa e descobrir exatamente quais são as implicações da liderança, porque, a cada momento decisivo, a pressão aumenta muito. Pela minha experiência, muitas pessoas nunca chegam a saber ao certo do que se tratam as letras miúdas da liderança.

A verdadeira decisão de liderança é visceral

Dei uma palestra sobre a decisão de liderança em uma conferência e o CEO da empresa com quem eu estava trabalhando fez um comentário interessante. Ele me disse: "Achei interessantíssima essa ideia da liderança como uma decisão. Pensando bem, sei dizer exatamente quais são os líderes da minha empresa que tomaram a decisão de liderança e quais não tomaram essa decisão".

Acho que qualquer um pode dizer quem tomou a decisão de liderar, só que a maioria de nós ainda não pensa nesses termos. Mas, quando tomar a decisão de liderar, acredito que você vai ver que a mudança que ocorrerá em você será visceral – você a sentirá e saberá que está mudando e os outros também. A liderança responsável vai transpirar de todos os poros do seu corpo. E, quando você tomar decisões de liderança do tipo D maiúsculo e do tipo d minúsculo com clareza e comprometimento, estará atuando em um patamar completamente novo. Vejamos alguns exemplos dessa mudança visceral.

Vejamos o exemplo do Rei George VI da Grã-Bretanha, que governou de 1936 até sua morte, em 1952. A história dele é interessante porque ele nunca esperava herdar o trono. Na verdade, ele passou a maior parte da vida à sombra de seu irmão mais velho, Edward. Quando Edward subiu ao trono, ele teve dificuldade em governar. Ele abdicou ao trono para se casar com Wallis Simpson, uma socialite norte-americana. De repente, George se viu jogado em um cargo de liderança. Ele subiu ao trono depois de uma grande controvérsia quando seu irmão renunciou ao cargo.

A história de George foi retratada no filme ganhador do Oscar, *O discurso do rei*. O filme mostra as dificuldades do rei George VI no cargo. Ele tinha uma gagueira que afetava a sua confiança e sua capacidade de falar claramente em público, e acabava tendendo a se esconder. George era indeciso e vacilante e só era o rei em título, não na prática. Mas ele conseguiu virar a mesa. Perto do fim do filme, ele deveria fazer seu primeiro discurso de guerra. Fazer um discurso tão importante naquele momento da história da Inglaterra era fundamental para ele e para o seu país. Apesar da gagueira e da enorme pressão, ele conseguiu fazer um belo discurso. A reação foi extremamente positiva.

Ao refletir sobre o discurso que acabou de fazer, ele percebeu que precisaria fazer muitos outros discursos como rei da Inglaterra. Naquele momento, ele finalmente percebeu o que deveria fazer na liderança. E esse momento de percepção é representado na bela cena em que toda a atitude dele se transforma. Ele passa a projetar uma energia e uma confiança diferentes. E aproveita a ocasião para agradecer seu fonoaudiólogo, Lionel Logue, pela ajuda. Naquele momento, Logue fez uma reverência e se dirigiu a ele como "Sua Majestade" pela primeira vez.

Assim que o rei George ganhou a clareza da qual precisava como um líder, o comprometimento foi uma consequência natural, o que, por sua vez, lhe deu a confiança necessária para *ser* um líder. O rei da Inglaterra verdadeiramente tornou-se o rei da Inglaterra. Como já vimos, foi uma mudança visceral. Ele sabia que tinha mudado e todo mundo também sabia.

Acredito que você vai descobrir que, quando realmente tomar a sua decisão de liderança e se comprometer em ser um líder responsável, algo vai mudar dentro de você.

Vejamos o exemplo de Lucia. Ela mora na América do Sul e entrou em contato comigo pelo LinkedIn. Ela queria me agradecer por ter escrito *Liderança é um contrato* e dizer que o livro a ajudou muito. Na nossa conversa, ela contou que sempre foi o tipo de pessoa que evitava correr riscos no trabalho. Até que um dia a empresa que ela trabalhava abriu uma vaga na diretoria. A primeira reação dela foi não se candidatar ao cargo porque ela não se achava capaz. Ela escreveu: "Mas, depois de ler o seu livro, decidi me oferecer e consegui o emprego!". Fiquei empolgado por ela. Lucia contou que foi a melhor decisão que ela já tomou. Ela jamais teria imaginado todas as oportunidades que se abririam para ela devido àquela decisão de liderança. A história de Lucia tem muito a dizer sobre o poder de uma decisão de liderança.

Decidir não liderar é uma importante decisão de liderança

As pessoas costumam me perguntar: "E se eu decidir *não* ser um líder?". Creio que decidir não ser um líder também seja uma importante decisão de liderança. As decisões de liderança do tipo D maiúsculo são importantes porque as suas ações na liderança fazem muita diferença. Mas, se você tomar essas decisões levianamente, se você for pressionado a assumir um cargo de liderança, se você só aceitar o cargo pelo dinheiro e pelas mordomias, corre o risco de se tornar um líder de cadeira vazia. Você pode até conseguir disfarçar por um tempo, mas a sua falta de clareza e comprometimento inevitavelmente vai começar a se mostrar. Portanto, devolvo a pergunta: você se conhece o suficiente para decidir se pode ser um bom líder? Você tem maturidade e coragem suficientes para recusar uma oferta de um cargo de liderança? Acredito que precisamos de mais pessoas com o tipo de autoconhecimento e maturidade necessária para tomar boas decisões de liderança, inclusive a decisão de recusar um cargo inadequado para as suas características pessoais.

Steve Wozniak teve a coragem de dizer não. Muito antes de ele aparecer em um *reality show* na TV, Wozniak foi o engenheiro que inventou o primeiro computador da Apple. Ele era um programador da HP quando a Apple lhe ofereceu um emprego. Ele sabia que não queria ser um líder corporativo, de modo que não estava muito propenso a entrar em outra empresa. Mas a Apple prometeu que ele não precisaria atuar na administração e poderia ficar na base da pirâmide organizacional como um engenheiro. A Apple se voltou a Mike Markkula, um investidor-anjo de sucesso, para administrar a empresa, e deixaram que Wozniak continuasse fazendo o que ele faz de melhor. Embora Wozniak não tivesse o título, ele continuava sendo um importante líder técnico da empresa.

Outro bom exemplo vem de Phil Libin, da Evernote. Em junho de 2015, ele anunciou que se afastaria do cargo de CEO. Sou um grande fã do Evernote e seu serviço de organização de anotações on-line, de modo que a história me chamou a atenção.

Libin foi extremamente franco sobre a sua decisão. Ele disse que a empresa que ele liderara desde 2007 ficaria nas mãos de "alguém melhor do que eu na liderança". "A minha especialidade é em produtos", Libin explicou. Tenho certeza de que vocês vão concordar comigo que esse não é o tipo de comportamento que costumamos ver em CEOs e executivos seniores.

Ao acompanhar a história de líderes de negócios, temos mais chances de ver os líderes se agarrando ao cargo a todo custo, mesmo se a empresa acabar saindo prejudicada com isso. Por sua vez, Libin parece ser um sujeito bastante modesto, ciente das necessidades de sua empresa. Para mim, o mais importante dessa história não é o fato de Libin se dispor a se afastar do cargo, mas o fato de ele saber que é uma pessoa mais voltada aos produtos e que a sua empresa precisa de um "CEO profissional". Essa é uma enorme decisão liderança. Será que as ações de Libin sugerem que ele não tem mais o necessário para ser um líder forte? Será que suas ações são um indicativo de fracasso? De jeito nenhum!

Na minha opinião, essa história é sobre um líder que tinha o autoconhecimento e a maturidade suficientes para saber onde ele agregava mais valor, aliados à autoconfiança de admitir onde ele não agregava tanto valor.

Infelizmente, vi muitos líderes com dificuldades na mesma situação. Alguns deixam o ego entrar no caminho e admitir que não são bons em alguma coisa é simplesmente impossível para eles. Para outros, a sua identidade está tão associada ao título, que eles não conseguem se ver em qualquer outro cargo. Também vi líderes teimosos, fazendo de tudo para manter o cargo e acabando humilhados quando alguém decide que é hora de se afastarem.

A história de Steve Wozniak demonstra o autoconhecimento necessário para tomar uma decisão de liderança. Ele se conhecia muito bem, sabia do que gostava e do que não gostava de fazer e onde ele poderia agregar mais valor. Libin percebeu que a sua empresa precisava de um tipo diferente de líder para a nova era.

E se você não se encaixa mais?

Outro dia desses fui abordado por um líder de nível médio de uma grande empresa de engenharia. Eu tinha acabado de dar uma palestra para seiscentos gestores de todos os níveis na qual compartilhei as ideias apresentadas neste livro. O sujeito ficou na sala depois da palestra, até que acabou se aproximando. Dava para ver que ele precisava conversar.

Nós nos sentamos e ele imediatamente contou que estava diante de uma encruzilhada. Ele tinha passado um tempo em sua organização mas andava meio desgostoso com a empresa. Ele andava distante no trabalho, e sua equipe estava notando. Pedi um exemplo e ele contou que não estava transmitindo bem as mensagens dos executivos ao seu departamento. Ele sempre acabava incluindo uma dose de ceticismo. Ele estava basicamente malhando a empresa. Ele sabia que, por ser um líder, não deveria se comportar assim. Mas não conseguia se controlar.

Por um lado, fiquei impressionado com o nível de compreensão dele. Ele sabia o que estava fazendo de errado. Por outro lado, contudo, ele não conseguia evitar a própria negatividade.

Ele também contou que tudo isso estava destruindo sua reputação na empresa. Estava preocupado com a possibilidade de isso afetar suas chances de subir na organização.

Perguntei a ele: "Por que você não sai da empresa?". Ele explicou que se sentia preso. Ele tinha passado um tempo na empresa e tinha investido um bom dinheiro em seu plano de aposentadoria. E também tinha de pensar na faculdade dos filhos. Ele tinha medo de recomeçar em outra empresa.

Vi esse tipo de coisa repetidas vezes: muitos líderes se tornam rebeldes na organização. Várias razões podem levar a isso. Você pode não estar mais alinhado com os valores da sua empresa. Você pode discordar do direcionamento estratégico da empresa. Ou você sente, com cada vez mais intensidade, que simplesmente não se encaixa mais na empresa. E então você começa a se distanciar. Nesse momento, você precisa fazer uma pausa e tomar uma decisão de liderança do tipo D maiúsculo. Se você não fizer nada, pode descobrir que está rapidamente se tornando irrelevante aos olhos dos colegas.

Se isso descreve a sua liderança, você precisa se perguntar: o que estou fazendo aqui? Você sabe que está nessa situação quando perde a paixão pela liderança. Você começa a ver tudo de uma perspectiva negativa. Ou começa a deixar a situação piorar e o seu desempenho e o desempenho da sua equipe acabam caindo. Se isso estiver acontecendo com você, há boas chances de você estar insatisfeito. E quer saber? A sua família também está sabendo.

Não basta permanecer no seu cargo porque você precisa do salário ou não quer perder os benefícios. Vi alguns líderes revoltados e desajustados que sabem que não se adequam à cultura de sua organização e estão absolutamente infelizes no trabalho, mas preferem esperar alguma coisa acontecer, na esperança de a organização demiti-los para eles receberem a indenização. Essa não é a verdadeira liderança responsável.

Então, o que você deve fazer quando se vê nessa situação? Em primeiro lugar, você precisa botar na sua cabeça que todos os líderes passam por fases difíceis, períodos em que eles questionam seu papel, o direcionamento de sua empresa ou a possibilidade de eles não se encaixarem mais na cultura de sua organização. O seu desafio é garantir que essa fase difícil não se transforme em uma condição permanente.

Você também precisa encarar as desvantagens do seu comportamento. A negatividade, especialmente vinda dos líderes, pode prejudicar a sua saúde e a saúde e o moral dos seus funcionários.

Por fim, estabeleça um prazo para tomar a sua decisão final: sair ou ficar. Se você decidir ficar, deve comprometer-se a melhorar o seu comportamento. Seja o líder! Se você resolver sair, saia nas melhores condições possíveis. Não deixe que sua a negatividade prejudique as suas chances de garantir um cargo de liderança em alguma outra empresa.

E se você mudar de ideia?

É importante ter em mente que a sua decisão de liderança pode mudar. Trabalhei recentemente com uma cliente chamada Barb, diretora de recursos humanos de uma empresa de energia global. Um dia estávamos conversando sobre alguns líderes de alto potencial da empresa. Ela contou uma história sobre uma subordinada direta dela, chamada Marcela.

Nas conversas sobre o desenvolvimento de carreira dela, Marcela disse a Barb: "Ando reparando em como você atua no seu cargo. Vejo você trabalhando com o CEO, outros executivos seniores, membros do conselho de administração, sindicatos… e dá para ver que você atua sob muita pressão. Sabe, eu não acho que estou pronta para esse tipo de pressão agora".

Esse é um excelente exemplo do trabalho que os líderes precisam fazer para desenvolver sua clareza. Barb identificou Marcela como uma líder de alto potencial, mas Marcela não parou por aí. Ela analisou as demandas do cargo para o qual estava sendo preparada e teve autoconhecimento suficiente para saber que não estava pronta para isso. Isso requer maturidade e humildade. Toda organização precisa de mais líderes como Marcela.

Ela passou o ano refletindo sobre o que queria fazer. Como uma grande líder, Barb continuou expondo Marcela a oportunidades maiores, que poderiam lhe dar mais informações e *insights*. Então, depois de doze meses, Marcela decidiu que estava pronta. Nesse ponto, ela já tinha desenvolvido a clareza e o comprometimento necessários para se tornar uma grande líder. Barb também sabia que Marcela estava pronta pelas razões certas.

Infelizmente, nem todo mundo tem a maturidade de Marcela e nem todo mundo tem um chefe como Barb. Trabalhei com muitos líderes que queriam tão desesperadamente assumir um cargo sênior e agarraram a chance sem saber ao certo as demandas da função; acabaram fracassando alguns meses depois. Você precisa ter autoconhecimento para saber se está pronto ou não para o cargo. Você também precisa ter a maturidade para tomar essa decisão. Você precisa levar essa decisão a sério, para o bem da sua organização e para o seu próprio bem.

Questões para reflexão

A liderança é uma decisão

Ao refletir sobre as ideias apresentadas neste capítulo, pense nas suas respostas para as perguntas a seguir:

1. Você já agarrou uma oportunidade de liderança sem pensar no que o cargo realmente implica?
2. Quais são as maiores complexidades e pressões do seu cargo? Quem está legitimamente de olho em você?
3. Você já esteve numa situação na qual foi forçado a tomar uma decisão de liderança do tipo D maiúsculo?
4. Pense nas decisões de liderança do tipo d minúsculo que você tem de tomar no dia a dia. Quais critérios você usa ao tomar essas decisões?

Capítulo 5
A liderança é uma obrigação
Cumpra a sua obrigação

Cooper foi escolhido devido à sua reputação fora de série, sua ilustre carreira e sua ampla experiência na construção de pontes. Seu livro de 1884, *General Specifications for Iron Railroad Bridges and Viaducts* [*Especificações gerais para viadutos e pontes ferroviárias*], era o guia definitivo para outros engenheiros de projeto de pontes na época.

Mas, num dia quente de verão no fim de agosto daquele ano, aconteceu uma tragédia. Perto do fim do dia de trabalho, um operário instalava rebites no trecho sul da ponte. Ele notou que os rebites instalados uma hora antes tinham se partido em dois. Quando estava prestes a relatar o fato a seu supervisor, ele ouviu o som ensurdecedor de metal rangendo.

O operário olhou para cima e viu a ponte começar a desabar na água, criando uma força como nada que ele já tinha visto antes. O som foi ouvido a quilômetros de distância. Os moradores da cidade de Quebec sentiram um tremor parecido com um terremoto.

A maior parte dos oitenta e cinco operários que trabalhavam na ponte foi imediatamente catapultada centenas de metros no ar quando a ponte desabou sob seus pés. Eles morreram instantaneamente, assim que atingiram a água. Outros operários foram esmagados ou arrastados para debaixo d'água pela ponte. Alguns morreram em terra, porque a equipe de resgate não conseguiu libertá-los dos escombros fatais de metal retorcido antes da maré alta da noite. A comunidade assistiu, impotente, aos operários se afogando. Setenta e cinco homens perderam a vida naquele dia.

A Comissão Real investigou o trágico acontecimento e descobriu que a ponte tinha desabado com o próprio peso. O problema foi causado por erros de projeto e de cálculo do peso que a estrutura era capaz de suportar. Mas os problemas foram além de erros técnicos. A comissão criticou Cooper e a construtora da ponte por priorizar os lucros em detrimento da segurança pública.

Cooper sofreu duras críticas porque, embora fosse um especialista em design de pontes, ele mesmo nunca tinha projetado uma ponte tão grande quanto a Ponte de Quebec. A comissão também concluiu que pressões políticas e econômicas influenciaram as decisões dele. Por fim, a arrogância de Cooper o levou a ignorar os vários sinais de alerta levantados durante a construção relativos ao peso da ponte e à qualidade dos materiais. Como a autora Kip A. Wedel relata no livro *The Obligation: A History of the Order of the Engineer* [A obrigação: uma história da Ordem dos Engenheiros dos Estados Unidos], "ele ignorou muitas advertências, negligenciou muitos questionamentos e, à medida que os investimentos se acumulavam e a construção progredia, só ficou cada vez mais difícil para ele admitir seus erros. No momento em que o enorme projeto despencou, ele pode ter decidido que não seria possível a ponte despencar porque ela tinha sido projetada por ele".[9] A reputação de Cooper despencou junto com a ponte.

Foram necessários dois anos inteiros para retirar todos os detritos de metal do rio. E nem assim a história da Ponte de Quebec chegou ao fim. Em 1916, uma segunda tentativa de construir a ponte terminou em outro desabamento. Mais treze vidas foram perdidas. As duas tragédias mostraram claramente que a profissão do engenheiro precisava mudar.

Em 1918, a profissão passou por uma reforma que reforçou as bases da prática. Os engenheiros profissionais teriam de ser licenciados e os projetos de infraestrutura pública teriam de ser aprovados por um engenheiro licenciado. Em 1925, um grupo de engenheiros canadenses criou uma cerimônia chamada Ritual da Profissão do Engenheiro, para conscientizar os engenheiros que se formavam das obrigações da profissão.

A Cerimônia do Anel de Ferro

Desde aquela época, o ritual, hoje conhecido como a Cerimônia do Anel de Ferro tem sido realizado em universidades do Canadá. A cerimônia secreta salienta as obrigações que os engenheiros aceitam quando entram para a profissão. Engenheiros mais velhos e experientes contam

---

9   Kip A. Wedel, *The Obligation: A History of The Order of The Engineer*. Bloomington, Author House, 2012.

a história do desastre da Ponte de Quebec para que os recém-formados licenciados saibam o que pode acontecer quando não fazem seu trabalho corretamente.

Um anel de ferro é usado no dedo mínimo da mão dominante para servir como um símbolo e um lembrete das obrigações que a profissão de engenheiro implica. Como os engenheiros usam o anel em sua mão dominante, ele entra em contato com todos os projetos que criam, servindo como um lembrete constante de sua obrigação para com a segurança pública e dos sólidos princípios morais que caracterizam a profissão de engenharia.

O design do anel de ferro também é simbólico. Os novos anéis são feitos com arestas não lapidadas para simbolizar que um jovem engenheiro ainda é não lapidado e inexperiente. Isso inculca um senso de humildade e atua como um lembrete do quanto o engenheiro ainda tem a aprender. Com o tempo, as arestas não lapidadas vão se atenuando, à medida que o engenheiro cria planos de design e ganha experiência, idade e sabedoria. O anel é dado ao jovem engenheiro por um profissional mais velho que atuará como um mentor para o candidato.

Durante a cerimônia, os jovens engenheiros também são lembrados de nunca perder de vista seu centro moral diante das pressões externas. Eles devem ter em mente que seus atos afetam a segurança das pessoas. Eles são lembrados de que terão de tomar decisões éticas ao longo de sua carreira e quando o fizerem, eles não devem simplesmente tentar se livrar dos problemas, mas devem tomar decisões com base do desejo de manter os mais elevados padrões da profissão de engenharia. A cerimônia também salienta a necessidade de um espírito de camaradagem entre os engenheiros para que eles se ajudem a se desenvolver e crescer.

Ao longo da minha carreira, trabalhei com muitas organizações técnicas e muitos engenheiros. Respeito e admiro profundamente o cuidado e a preocupação dos engenheiros em relação à segurança do trabalho que fazem. Eles parecem ponderar tudo o que fazem, dia após dia, no que se refere às obrigações da profissão.

Acredito que hoje em dia muitos líderes não têm esse senso de obrigação. Quando as pessoas assumem um cargo de liderança pela primeira vez, ninguém lhes ensina que a liderança é uma obrigação. Basta dar uma olhada nos líderes que protagonizam escândalos e casos de corrupção corporativa. Fica claro que muitos deles perderam o rumo; ou se esqueceram ou nunca souberam das obrigações que acompanham a liderança.

Figura 5.1 – A segunda cláusula do contrato de liderança

É por isso que a obrigação é a segunda cláusula do contrato de liderança (figura 5.1). O líder precisa reconhecer que, quando assume um cargo de liderança, o foco deixa de ser só nele.

As ideias deste capítulo podem parecer pesadas. E deveriam. Como um líder, você precisa sentir o peso das suas obrigações de liderança. Caso contrário, você corre o risco de não cumprir essas obrigações e já sabemos o que acontece nesse caso. As consequências afetam muito mais gente do que só você – acabam impactando os seus clientes, a sua organização, os seus funcionários e as suas comunidades.

Você com certeza já trabalhou com líderes motivados unicamente pelo ganho pessoal. Para eles, a liderança era só uma questão de dinheiro, título, opções sobre as ações da companhia, carros da empresa, mordomias e poder. Trabalhando com eles, você tem a sensação de que eles perderam alguma coisa ao longo do caminho. Simplesmente não percebem isso ou podem ter perdido completamente o rumo.

Acredito que isso explica em parte o baixo nível de confiança e de crença na liderança sênior. Os funcionários olham para os mais elevados escalões da organização e só veem líderes motivados pelo ganho pessoal. Suspeito que, se alguém perguntasse, os funcionários diriam: "A gente sabe o que você ganha com isso, mas não sei como a gente se beneficiaria".

É por isso que precisamos começar a refletir sobre as obrigações da liderança. Se achar que você é o centro de tudo, nunca vai poder ter sucesso, porque estará liderando pelas razões erradas. Você estará deixando na mão todas as pessoas que contam com você. E, ainda mais importante, você mostrará quem realmente é quando a sua liderança for colocada à prova.

Precisamos conhecer as verdadeiras implicações da liderança e ter uma ideia mais clara das obrigações fundamentais dela.

O que você vai precisar fazer?

A professora de Harvard, Barbara Kellerman, diz que os líderes de hoje em dia precisam ser responsabilizados por suas ações e por seu mau comportamento da mesma forma como os profissionais da saúde ou da advocacia.[10] Ela argumenta que, quando suas ações ou sua negligência causam danos, os líderes deveriam ser processados por "imperícia na liderança". Ela menciona vários CEOs que saem ilesos da empresa depois de anos de desempenho sofrível, saindo com generosos pacotes de indenização para garantir sua segurança financeira, mesmo sem terem protegido os empregados e os acionistas da empresa. A liderança deve ser considerada uma profissão à parte. Médicos, advogados e engenheiros, todos têm seus padrões profissionais. A liderança também precisa de um conjunto de normas.

Embora a ideia de um conjunto de normas tenha o seu mérito, acredito que precisamos começar com algo mais fundamental. Precisamos ser mais diretos para ajudar os líderes a entenderem quais são suas obrigações de liderança e o que eles devem fazer para cumprir essas obrigações. Tire um momento para refletir sobre a sua experiência na liderança. Pense na primeira vez que você assumiu um cargo de liderança. Você parou para pensar nas obrigações que estava assumindo quando aceitou o cargo? Eu iria ainda mais longe e sugeriria que o seu chefe ou a sua organização provavelmente não marcou uma reunião formal com você para dizer: "Estas serão as suas obrigações na liderança". Sei que isso raramente acontece. Se for como a maioria dos líderes com quem trabalho, você provavelmente teve de descobrir isso sozinho. A maioria

---

10 Barbara Kellerman. "Leadership Malpractice". *Harvard Business Review* (blog). 21 nov. 2008. Disponível em: http://blogs.hbr.org/kellerman/2008/11/leadership_malpractice.html; ou no site http://barbarakellerman.com.

dos líderes é inteligente e mais cedo ou mais tarde descobre por conta própria quais são suas obrigações. Mas e se eles nunca descobrirem? Não acredito que a melhor coisa a fazer seja simplesmente confiar no acaso. Precisamos ser mais deliberados e ter mais clareza sobre as nossas obrigações como líderes.

Vou revelar um segredo para você não ter de descobrir quais são as suas obrigações por conta própria: para ser eficaz, às vezes você vai ter de separar os seus sentimentos pessoais das suas obrigações como um líder. Pode deixar que eu explico. Você precisa ser capaz de separar as suas opiniões pessoais das suas obrigações profissionais. Você vai ter de ser forte para atingir esse nível de compreensão da sua missão, mas será crucial para o seu sucesso na liderança, especialmente à medida que você avança para funções de nível mais sênior.

Um excelente exemplo desse conflito interior vem de um episódio da série *The West Wing – Nos bastidores do poder*. Jed Bartlet, interpretado por Martin Sheen, é o presidente dos Estados Unidos. Ele está diante de um dos maiores dilemas que já enfrentou na presidência. Um detento está no corredor da morte e Bartlet está sob grande pressão de intervir e dar a ordem de suspender a execução. Ele pede conselhos a muitas pessoas. Ele solicita que um velho amigo, um padre interpretado por Karl Malden, lhe faça uma visita na Casa Branca. Quando o padre chega, fica espantado ao entrar no famoso Salão Oval da presidência. Depois de conversar um pouco sobre banalidades, o padre pergunta ao presidente Bartlet: "Como o senhor quer que eu o chame, de Jed ou de senhor Presidente?". O presidente faz uma pausa e responde: "Senhor Presidente". Ele se sente na obrigação de explicar suas razões. Ele insiste que não é uma questão de ego. Como presidente, ele tem de tomar decisões importantíssimas: quais pesquisas sobre doenças deverão receber financiamento ou quais soldados deverão ser enviados à batalha. Jed explica que, quando se vê diante de decisões como essas, é importante para ele pensar como presidente e não como homem. É uma afirmação brilhante. Demonstra ser um líder que nunca perde de vista suas obrigações profissionais gerais. Ele sabe que a questão não é pessoal, mas envolve a sua função e ele precisa de um jeito de separar o homem do presidente para poder cumprir com eficácia as suas obrigações.

Eu, pessoalmente, considero interessante aplicar essa ideia na minha própria liderança, não de uma maneira tão dramática como no exemplo anterior, mas mesmo assim é importante saber fazer essa separação. Lembro-me de uma mudança que ocorreu na minha mentalidade durante uma reunião da equipe. Estávamos discutindo uma estratégia na qual vínhamos trabalhando. A minha equipe é formada por consultores inteligentes e entusiasmados que defendem suas ideias com veemência. Naquela conversa, tínhamos chegado a um impasse. Ao observar a discussão, percebi que eu estava me empenhando muito para explicar a minha ideia. Foi quando eu parei para me perguntar: "Qual é a minha obrigação, neste exato momento, como um líder?". E a resposta me veio imediatamente. A minha obrigação era não vender a minha ideia à equipe. Na verdade, como líder da equipe, eu poderia simplesmente impor a minha vontade, mas sabia que não seria a melhor solução para a empresa. A minha obrigação naquele momento era criar as melhores condições possíveis para a minha equipe gerencial e eu ponderarmos a nossa estratégia: aquela era a minha obrigação como líder da equipe. Era a minha obrigação para com o meu CEO, o meu conselho de administração e os meus clientes e acionistas. Você não pode deixar de desenvolver essa capacidade de separar a pessoa (os seus interesses pessoais) das suas obrigações de liderança no trabalho.

Para tanto, você também sabe com clareza quais são as obrigações fundamentais que deve cumprir na liderança. Exploraremos essas obrigações a seguir.

As cinco obrigações fundamentais da liderança

"Quem é 'a empresa'?" Foi o que um dos meus clientes perguntou outro dia desses a seus colegas. Estávamos no meio de uma sessão sobre liderança e esse vice-presidente sênior estava tentando explicar o que significava ser um líder para ele. Ele contou que, quando assumiu seu primeiro cargo de gestão, ele ficou empolgado com a oportunidade. Ficou deslumbrado com o título, o aumento de salário e o poder que o cargo implicava. Ele finalmente se sentiu como um peixe grande no mar.

Porém, quanto mais tempo passava no cargo, mais frustrado ele ficava. Agora, na gestão, ele tinha uma visão melhor do modo como a empresa operava em comparação com o que ele conseguia ver em seu cargo anterior. Ele passou a ver problemas maiores e disfunções mais graves do que conseguia enxergar antes. E ele reclamava e dizia para si mesmo: "Esta 'empresa' precisa dar um jeito nesses problemas!".

Ele passou um bom tempo acreditando que a empresa era uma "coisa", uma entidade externa, separada dele. Ele culpava os líderes seniores da empresa pelos problemas que enfrentava.

Então ele disse: "Quando assumi este cargo de liderança sênior, logo percebi que 'a empresa' na verdade não era uma 'coisa'… a empresa era eu. Eu era a empresa". Ele disse que, naquele momento, seu foco como um líder mudou. "Percebi que eu não era o centro da história. Eu tinha de corresponder a expectativas mais elevadas".

Quando percebeu isso, ele deixou de ser um gestor egocêntrico e se tornou um verdadeiro líder, um líder ciente de suas obrigações com o sucesso da organização.

Ele parou de ver seu trabalho em termos do que ele tinha a ganhar. E começou a notar e aceitar as obrigações mais amplas de liderança, a aceitar que um líder é uma pessoa que assume a responsabilidade pela empresa e por seus clientes, seus funcionários e as comunidades nas quais a empresa atua. Ele começou a sentir o peso de ser um verdadeiro líder e percebeu que tinha muita responsabilidade sobre seus ombros. E se comprometeu com sua função na liderança e com as obrigações que o cargo implicava.

Figura 5.2 – As cinco obrigações fundamentais da liderança

Todos os líderes têm obrigações. Algumas são legais, algumas, financeiras e outras, de natureza moral e social. No fim, as suas obrigações como um líder se resumem a um senso de dever para com quem você trabalha e que são afetadas pelas suas ações. As suas obrigações de liderança devem impeli-lo a liderar tendo em vista o bem comum.

Todos os líderes devem entender, internalizar e cumprir cinco obrigações fundamentais (ver figura 5.2). Elas serão explicadas a seguir.

A sua obrigação consigo mesmo

Quando você assume um cargo de liderança pelas razões certas, deve sentir o peso de ser um verdadeiro líder, percebendo que você passa a ser responsável por muita coisa e muito se espera de você. Você deve perceber que tem a obrigação consigo mesmo de ser o melhor líder que é capaz de ser. Quando entende essa obrigação fundamental, você percebe que se sente muito bem ao atingir o seu pleno potencial, ao crescer, não se deixar estagnar nem se tornar um líder de cadeira vazia.

Infelizmente, muitos líderes são incapazes de cumprir até mesmo essa primeira obrigação. Muitos líderes param de se desenvolver. Eles atingem um certo nível de desempenho e param de crescer, presumindo que já estão totalmente formados. Eles param de se desafiar. E, em consequência, muitos perdem o rumo. Outros não conseguem atingir seu potencial. No fim, eles não cumprem nem mesmo as suas obrigações pessoais, seu compromisso em ser o melhor líder possível.

Trabalho com líderes como esses o tempo todo. Entramos na organização deles para conduzir programas de liderança e eles presumem que as oportunidades de desenvolvimento são para os outros líderes, não para eles. Eles acham que não precisam participar do programa porque não acreditam que precisam se desenvolver.

Mas as suas obrigações consigo mesmo são muito mais profundas. Você precisa ter o autoconhecimento e a honestidade necessária para conhecer os seus pontos fracos e suas limitações na liderança. Muitos líderes assumem cargos de liderança com uma atitude de arrogância e não de humildade. Quando você começa com uma postura de humildade, reconhece que trabalha em um mundo complexo. A qualquer momento alguma coisa pode acontecer no seu ambiente operacional que colocará à prova a sua capacidade de liderança.

Você também deve reconhecer que a liderança também traz suas tentações: poder, dinheiro, ganância, sucesso e fama. Muitos líderes que não conseguem cumprir suas obrigações pessoais não lidam bem com essas tentações. E você também deve ficar de olho em outras tentações, como sexo, álcool e drogas. Todo mundo já viu líderes arruinados por escândalos de todos os tipos.

Muitos líderes têm o poder, a influência e o dinheiro para se entregar a todo tipo de vício. No entanto, se você não se adiantar e controlar as suas tentações, acabará sendo controlado por elas. Uma pesquisa recente corrobora essa ideia.

Um estudo recente, publicado na edição de maio de 2015 do *Personality and Social Psychology Bulletin,* sugere que pessoas boas podem fazer coisas muito ruins se não forem preparadas para as tentações com as quais elas podem se deparar. Os pesquisadores Oliver Sheldon e Ayelet Fishbach descobriram que, quando alguém se adianta à tentação e é lembrado das implicações éticas e morais de cometer uma má ação, essa pessoa tem muito menos chances de sucumbir. O estudo pediu que duzentos alunos de administração participassem de uma transação imobiliária simulada envolvendo propriedades tombadas pelo patrimônio histórico. Um grupo de estudantes foi submetido a uma série de exercícios para lembrá-los da necessidade de preservar essas propriedades e da importância de não sucumbir a um comportamento antiético. O outro grupo foi informado de que estaria representando um cliente que queria adquirir a propriedade com a finalidade expressa de demoli-la e construir um prédio novo.

Os resultados foram claros. Mais de dois terços dos estudantes que não passaram por qualquer preparação mentiram sobre o verdadeiro propósito da compra da propriedade. Enquanto isso, menos da metade dos alunos que foram lembrados das obrigações morais e éticas de preservar a propriedade mentiu.

Os autores do estudo concluíram que, na ausência de alertas específicos sobre os perigos da tentação, a natureza humana nos leva a crer que não há problema em violar regras. "O comportamento antiético pode não ser visto como algo que deve ser refreado se as pessoas acreditarem que é socialmente aceitável ou que o comportamento não reflete sua autoimagem moral", afirmaram os pesquisadores.[11]

Quais são as implicações disso para os líderes? Sempre que você aceitar uma posição de liderança, precisa cultivar a autoconsciência e a honestidade, o que o ajudará a se adiantar aos momentos em que você pode entrar em apuros. Você precisa estar ciente das suas tentações potenciais.

Comece admitindo que você se deparará com tentações no seu cargo de liderança. Você terá acesso a determinados recursos e terá o poder de tomar certas decisões, o que pode lhe dar oportunidades de agir exclusivamente em interesse próprio. Se você souber, desde o início, que essas tentações existem, pode se preparar para tomar as decisões corretas quando efetivamente se vir diante da tentação.

Quais tentações poderiam prejudicar a sua liderança?

Também é importante saber que as suas obrigações para consigo mesmo na liderança implicam que você precisa fortalecer a sua saúde se exercitando regularmente, construindo uma sólida vida familiar e uma boa rede de apoio e levando uma vida equilibrada. Uma participante de um dos nossos *workshops* sobre contrato de liderança contou que sua

---

[11] Oliver J. Sheldon e Ayelet Fishbach. "Anticipating and Resisting the Temptation to Behave Unethically". *Personality and Social Psychology Bulletin*. 22 maio 2015.

obrigação mais importante era cuidar da saúde. "Se eu não estiver saudável, não vou ser capaz de liderar com eficácia."

Em resumo, a sua principal obrigação é simples: ser líder. Alguns anos atrás, eu vi na TV um programa sobre criação de filhos. Câmeras escondidas foram instaladas na casa de uma família típica, composta de uma mãe, um pai e dois dos adolescentes mais indisciplinados que você pode imaginar. Uma semana se passou e o especialista convidado pelo programa trabalhava com os pais, mostrando-lhes os clipes da semana. Foi duro ver aquilo. Os adolescentes não demonstravam qualquer respeito pelos pais. Eles discutiam continuamente com os pais, questionando todas as decisões que estes tomavam. Os pais brigavam com os filhos adolescentes em vez de discipliná-los e todas as interações acabavam em uma guerra de gritos. O especialista em criação de filhos disse aos pais enquanto eles assistiam a uma das piores brigas da semana: "Quem vocês acham que são os pais nesta situação?". Os pais ficaram um pouco confusos, mas responderam: "Nós". O especialista retrucou: "Então por que vocês se comportam exatamente como os seus filhos?". Ele explicou que, como pais, eles têm a obrigação de ser os pais, por mais difícil que a situação seja. E repetiu: "Sejam os pais".

Com a minha equipe, uso uma frase parecida, mas a alterei um pouco: "Sejam os líderes". Por mais difícil ou problemática que a situação possa ser no trabalho, por mais difícil que o conflito possa ser, como um líder você tem a obrigação de ser o líder. Você precisa cumprir essa obrigação. É esse o padrão mais elevado que você deve manter.

As pessoas costumam me perguntar: "Vince, é fácil fazer isso quando você tem um chefe excelente, mas e se o chefe for um cretino ou uma pessoa sem qualquer inspiração?". Sei que não é fácil, mas mesmo assim cabe a você manter os mais elevados padrões na liderança. Um cliente me falou de uma bela citação sobre o tema: "Não lidere como você é liderado, lidere como você sabe que deve liderar". É isso que separa os grandes líderes do resto. Eles cumprem sua obrigação como um líder mesmo cercados de uma liderança inepta.

Qual é a obrigação que você tem consigo mesmo como um líder?

A sua obrigação com os seus clientes

Durante anos, Chip Wilson, o presidente da Lululemon, foi reconhecido por defender com unhas e dentes a cultura da empresa. Até

2012, a ênfase de Wilson na cultura parecia absolutamente acertada. A empresa superou as expectativas repetidamente e o preço das ações da empresa subiu sem parar. Em apenas quinze anos, a empresa passou de uma única loja em Vancouver, Canadá, a um império bilionário de roupas esportivas. É inegável que Wilson ajudou a criar uma das marcas mais icônicas do varejo internacional.

E então tudo começou a dar errado. Em menos de um ano, a Lululemon teve de recolher milhares de calças de ioga defeituosas, perdeu seu CEO e outros altos executivos e viu o preço de suas ações entrar em queda livre.

No olho do furacão, Wilson ainda jogou lenha na fogueira quando sugeriu que alguns dos clientes da empresa simplesmente não tinham o corpo adequado para usar as calças de ioga da Lululemon. Os investidores reagiram com uma ação judicial coletiva. Wilson teve de renunciar em dezembro de 2012.

Os comentários de Wilson causaram danos enormes à reputação da empresa e ao relacionamento entre a empresa e seus clientes. Naquele momento, aquele líder simplesmente não fez jus à sua obrigação para com seus clientes. As pessoas acharam que as palavras de Wilson revelaram o que ele realmente acreditava sobre os clientes da Lululemon. Não importa se essa interpretação estava correta ou não. Seus comentários impensados romperam os fortes laços que ele tinha criado com os clientes e enfureceram os investidores da empresa. E suas palavras também contradisseram a cultura da empresa.

Gosto de repetir uma frase para a minha equipe: "No nosso negócio, nada acontece enquanto um cliente não decidir comprar alguma coisa". É importante repetir isso porque percebi que muitos líderes não dão o devido valor a seus clientes. É bem verdade que muito se fala em ser focado no cliente ou em superar as expectativas dos clientes, mas a realidade é que muitos líderes raramente se lembram de sua obrigação para com os clientes. Na verdade, um dos sinais desse problema surge quando eu trabalho com novos clientes. Sempre presto atenção ao vocabulário que eles usam quando falam nas reuniões. Sempre me surpreendo ao ver como os líderes seniores são capazes de passar dias falando sobre estratégia sem jamais mencionar a palavra *cliente*.

A sua obrigação como um líder é focar a sua liderança em entregar valor aos seus clientes. No fundo, essa é a promessa de toda organização.

Como um líder, você precisa saber claramente quais são as necessidades e as expectativas deles. Isso o ajudará a focar as decisões e as prioridades do negócio na entrega de valor. Cabe a você se certificar de que os produtos e os serviços da sua organização sejam projetados para atender ou superar as expectativas dos seus clientes.

Você tem a obrigação de dar um tratamento justo aos seus clientes. Se você deixar cair a bola enquanto lida com um, precisa assumir a responsabilidade e reagir rapidamente para resolver o problema. Você também precisa atuar como um defensor dos clientes na sua organização para que todos conheçam as necessidades deles.

Quando cumpre a sua obrigação com os seus clientes, você conquista a fidelidade deles. Mas essa fidelidade não dura para sempre. A pressão é constante e você nunca pode se esquecer da sua obrigação para com eles. Na minha experiência, descobri que existe uma maneira simples de manter essa obrigação sempre em mente como um líder, e ela se resume a uma palavra: *gratidão*.

Quando você é grato aos seus clientes, reconhece que o seu negócio não existiria sem eles. Converso com donos de pequenas empresas de construção, lojinhas de varejo e outros pequenos negócios, e esses microempresários sempre parecem ter um sentimento autêntico de gratidão, porque sabem que não faltam a seus clientes opções de lugares para eles gastarem seu dinheiro.

No nosso mundo competitivo, os clientes têm muitas opções. E quando eles escolhem você e a sua organização, você precisa ser grato. Você precisa manter essa gratidão sempre em mente ao trabalhar com eles, para que sintam a sua gratidão.

Como você definiria a sua obrigação com os seus clientes?

A sua obrigação com a sua organização

Um dia um entrevistador perguntou a Sam Palmisano, ex-CEO da IBM, qual era a sua principal obrigação como líder. Ele respondeu que sua obrigação era ser um bom administrador temporário da empresa. Não tinha nada a ver com ele pessoalmente nem com seu ego. Pelo contrário, ele sabia com clareza que sua obrigação fundamental era *deixar a IBM mais forte do que estava quando ele assumiu o controle*. E, em seus onze anos como CEO, ele fez exatamente isso. Por exemplo, o retorno sobre o capital da empresa subiu de 4,7% quando ele assumiu o cargo para 15,1% quando o deixou. Mas ele também equilibrou robustos resultados financeiros com um foco implacável no desenvolvimento de futuros líderes. Geoff Colvin, da revista *Fortune*, escreveu que Palmisano deixou um legado de liderança na IBM,[12] e foi isso que fez dele um líder verdadeiramente raro. Raro até que ponto? Bill George, da Harvard Business School, o caracterizou como o melhor CEO do século XXI, uma pessoa capaz de unir humildade e abertura com franqueza e pragmatismo.[13]

Sempre se concentre na visão de longo prazo para o sucesso da sua organização. Essa é uma característica de líderes fortes que tenho testemunhado ao longo dos anos. Eles sabem que o velho modelo dos líderes heroicos já está ultrapassado. Eles se veem como parte de uma comunidade de líderes. Eles não só sabem claramente quais são suas obrigações para com os resultados financeiros imediatos da organização como também conhecem suas obrigações mais amplas em relação a saúde e a sustentabilidade de suas organizações.

Como um líder, você tem a obrigação fundamental de garantir o sucesso futuro e a sustentabilidade de longo prazo da sua organização, algo tão óbvio que nem precisaria ser mencionado. Infelizmente, vejo muitos líderes que agem como espectadores em suas organizações: ficam de braços cruzados observando os projetos irem por água abaixo ou vendo os problemas sem fazer nada para resolvê-los. Hoje em dia um líder não pode mais limitar-se a fazer o mínimo e achar que os outros são responsáveis pela situação. Outros líderes desperdiçam recursos financeiros sem pensar em como isso pode afetar a empresa. Muitos não conseguem administrar ativamente os funcionários de baixo desempenho, sem perceber que, com isso, estão impedindo o sucesso da organização. Essa atitude também passou a ser inaceitável.

Se você se identificar com algum desses pontos, é hora de começar a repensar o seu estilo de liderança.

Trabalhei com uma organização que tinha várias linhas de negócios. Um líder, Wayne, liderava um negócio de muito sucesso. No entanto, o mercado deu muitos sinais de alerta de que estava mudando a ponto de colocar o negócio em risco. Mas os sinais de alerta pareciam tão distantes...

---

[12] Geoff Colvin. "Sam Palmisano's Legacy of Leadership at IBM". *Fortune*, 18 nov. 2011. Disponível em: http://management.fortune.cnn.com/2011/11/18/sam-palmisano-ibm.

[13] Bill George. "How IBM's Sam Palmisano Redefined the Global Corporation". *Harvard Business Review* (blog). 18 jan. 2012. Disponível em: https://hbr.org/2012/01/howibms-sam-palmisano-redefin.

E ele achou que não precisava fazer nada naquele momento porque o negócio estava indo tão bem... Nesse ponto, o negócio estagnou e parou de crescer. Quando Wayne se deu conta, todos aqueles sinais de alerta desestabilizaram seu mercado de uma maneira que ele nunca tinha imaginado ser possível. Em reuniões executivas, ele disse que foi pego de surpresa, alegando que essas forças de mercado surgiram quase da noite para o dia. Não era verdade. Apesar de ele estar cumprindo sua obrigação de promover o crescimento imediato de sua organização, ele negligenciou sua obrigação para com o sucesso de longo prazo da organização. Quando percebeu que tinha de fazer alguma coisa, ele já tinha perdido sua chance.

Você deve cumprir a sua obrigação para com a sua organização. Você deve arregaçar as mangas para melhorar a cada dia e posicionar a sua organização tanto para o sucesso imediato quanto para o futuro. Essa é a obrigação que você assumiu, estando ou não ciente disso. Quando se apresenta como um líder dia após dia, você trabalha tendo em vista o interesse da empresa como um todo. Você não se concentra unicamente no seu próprio departamento ou área funcional ou nos seus próprios interesses. Você precisa se adiantar a ameaças no seu ambiente operacional que possam colocar sua organização em risco. Você deve criar uma estratégia de negócios sustentável para promover a vantagem competitiva em longo prazo.

Você deve construir relacionamentos fortes com outros grupos, como fornecedores, legisladores e sindicatos. Em muitas organizações, esses relacionamentos são antagônicos, tensos e improdutivos. Você deve trabalhar para melhorá-los, porque só assim poderá cumprir a sua obrigação para com a organização.

No fim, acredito que os líderes que realmente conhecem a sua obrigação para com a organização a veem como um organismo vivo, algo que deve ser cuidado para garantir sua sobrevivência e seu sucesso no futuro.

Como você definiria a sua obrigação com a sua organização?

A sua obrigação com os seus funcionários

Como um líder, você também tem uma obrigação com os seus funcionários. Isso implica se comprometer com a criação de uma experiência de liderança positiva para eles, promovendo uma cultura de excelência, um ambiente de trabalho baseado no respeito e na dignidade e que incentiva relacionamentos positivos, celebra o sucesso e valoriza os funcionários.

Quando você cria uma cultura de excelência, os seus funcionários se engajam plenamente e os seus clientes sentem esse engajamento. Aprendi que uma experiência de liderança positiva se traduz em uma experiência positiva para os funcionários, o que, por sua vez, cria uma experiência positiva para os clientes. Em outras palavras, os funcionários não terão como apresentar um bom engajamento se o líder não estiver engajado.

Como líder, você também tem a obrigação de garantir que seus funcionários conheçam a estratégia da empresa e saibam como seu trabalho contribui para o sucesso da sua organização como um todo. É isso que dá sentido ao trabalho.

Depois de assegurar a clareza a seus funcionários, você deve ajudá-los a fazer o trabalho. Isso implica eliminar os silos que impedem o desempenho deles e ajudá-los a crescer e se desenvolver continuamente.

No fim das contas, você precisa gostar de ajudar as pessoas a crescer, desafiando-as e expandindo seus horizontes. Você não é o único responsável pelo sucesso ou engajamento dos seus funcionários; eles também têm seu papel. Mas você sem dúvida é responsável por criar condições para que eles atinjam o sucesso e se engajem no trabalho. Você deve prestar atenção ao desenvolvimento da carreira deles, conversando com eles sobre o assunto. Pense nas suas próprias experiências, nas quais você se mostrou em seu melhor desempenho quando ainda não era um líder. Provavelmente você teve um líder que cumpria a obrigação para com os funcionários com a mesma seriedade do que qualquer outra obrigação. Esse líder deu atenção ao seu crescimento e ao desenvolvimento da sua carreira.

Desde a publicação da primeira edição deste livro, tenho pensado bastante sobre a obrigação de um líder para com seus funcionários. Percebi que o melhor presente que você pode dar a um funcionário é a chance de ele liderar também.

Na verdade, aprendi essa lição quando entrei no meu primeiro emprego de meio expediente, na minha adolescência. Eu tinha dezesseis anos e queria muito trabalhar em uma loja de roupas masculinas que ficava em um shopping perto de casa. Eu não tinha experiência, mas não me faltava otimismo. Gary, o gerente da loja, hesitou em me contratar. Ele me disse que eu era jovem demais e que a loja se concentrava em uma clientela mais velha, mais madura. Eu lhe disse que a minha idade não faria diferença alguma. Prometi que teria sucesso na função. E fiquei passando na loja para perguntar se ele já tinha tomado uma decisão. Ele finalmente decidiu me dar uma chance.

Eu sabia que ele estava correndo um risco ao me contratar, de modo que me empenhei muito para impressioná-lo. No fim, tudo acabou dando certo e fui eficaz na minha função. Mas a minha maior lição com a minha experiência com Gary foi o fato de ele se manter sempre em busca de oportunidades para me ajudar a crescer e aprender sobre o negócio. Aquele foi seu presente de liderança para mim.

O presente de Gary me acompanhou durante toda a minha carreira. E, como líder, estou sempre em busca de compartilhar o presente da liderança, dando às pessoas da minha equipe a oportunidade de liderar, crescer e ter um maior impacto sobre o nosso negócio.

Pense nas suas funções atuais e pergunte-se: como estou cumprindo a minha obrigação para com os meus funcionários?

A sua obrigação com as suas comunidades

Em 2014, a CVS anunciou que se tornaria a primeira grande rede de farmácias dos Estados Unidos a banir a venda de produtos de tabaco. Em uma época na qual cada vez menos pessoas fumam, você pode não se impressionar muito com a decisão. Mas pense que o custo estimado da decisão foi de US$ 2 bilhões em vendas perdidas nas 7.600 lojas da CVS nos Estados Unidos.

A estratégia por trás da manobra foi bastante simples. Com a Lei de Proteção e Cuidado ao Paciente (o famoso "*Obamacare*") em vigor e dezenas de milhões de americanos a mais recebendo seguro de saúde, a CVS queria ser um importante prestador de cuidados de saúde. Como o Walmart e outras grandes varejistas, a CVS começou a abrir miniclínicas em suas lojas para prestar serviços básicos e dar orientações de saúde.

A CVS claramente percebeu que a venda de um produto tóxico como o tabaco simplesmente não se alinhava com seu perfil corporativo voltado à saúde e sua meta essencial de ajudar as pessoas a melhorá-la.

A empresa apostou alto com a decisão. A CVS estava apostando que a nova atividade em torno de serviços de saúde compensaria a perda nas vendas de tabaco. Embora muitos especialistas do setor tenham aplaudido a manobra, os riscos para a empresa foram altos.

Muitos líderes hesitam em tomar decisões difíceis, mesmo se for a coisa certa a fazer. Vamos encarar, vivemos mum mundo em que fazer a coisa certa não raramente é ignorado a favor dos lucros. Como a CVS demonstrou, as decisões difíceis podem implicar perder receita a curto prazo. Muitos analistas do varejo acreditam, contudo, que a CVS vai se beneficiar a longo prazo ao confrontar o problema agora.

E, ainda mais importante: se você tiver força para fazer a coisa certa, precisa aceitar os riscos e admitir que as suas decisões podem não dar certo. Pense na sua empresa ou setor. Qual importante problema exige que você se apresente para fazer a coisa certa para seus clientes, seus acionistas e a sociedade?

Charles Garfield foi um pesquisador pioneiro na área do máximo desempenho pessoal e organizacional. Ele percebeu, décadas atrás, que não é possível criar organizações de sucesso em uma sociedade decadente. Ele acredita, e eu concordo com ele, que as organizações e as comunidades nas quais as organizações atuam estão profundamente conectadas.

Essa obrigação também implica cumprir os deveres óbvios. Pagar os impostos. Comportar-se como um bom cidadão corporativo. Assumir a responsabilidade pela preservação do meio ambiente. Ajudar grupos locais, escolas e instituições de caridade. Entender que criar uma organização de sucesso é importante para as comunidades nas quais você faz negócios. As organizações de sucesso criam valor econômico. Elas criam empregos. Elas se tornam multiplicadoras para uma série de empresas locais que dependem delas. Essas ideias não são novas, mas é hora de nos lembrarmos delas.

Mas também é importante reconhecer que hoje em dia todos os líderes e empresas passaram a esperar que essas obrigações sejam cumpridas. O pessoal da Geração Y espera trabalhar em organizações vistas como grandes empresas, que apresentam um sólido desempenho financeiro e cumpram suas obrigações para com as comunidades nas quais fazem negócios.

O lado animador é que um número crescente de organizações está tentando redefinir a liderança e as empresas de modo a lhes possibilitar se dar bem e ao mesmo tempo fazer o bem. Esses dois objetivos não são mutuamente exclusivos.

John Mackey, coCEO da Whole Foods Markets, está abrindo o caminho nesse sentido. Em seu livro *Capitalismo consciente*, ele e seu coautor, doutor Rajendra Sisodia, afirmam que as empresas precisam redefinir seu propósito e não se limitar a ganhar dinheiro. Eles argumentam que passamos muito tempo acreditando que o único propósito de uma empresa é ganhar dinheiro. Eles afirmam, contudo, que é hora de transcendermos esse objetivo limitado. Para explicar sua proposta, os autores apresentam uma analogia. O corpo humano precisa produzir glóbulos vermelhos para viver, mas o propósito da vida e o propósito do corpo humano não se limitam à produção de glóbulos vermelhos. O propósito é muito maior e mais amplo do que isso. É hora de as empresas e as corporações encontrarem esse propósito mais amplo, contribuindo para a sociedade e fazendo do mundo um lugar melhor.

O nosso desafio é que grande parte do trabalho realizado nas áreas de responsabilidade corporativa, ambiental ou social faz com que essa obrigação pareça ser um objetivo abstrato demais. Em uma ocasião, trabalhei com os trinta líderes de mais alto potencial de um cliente. Eles eram vistos como sucessores potenciais para os cargos de nível executivo da empresa. Uma das vice-presidentes seniores foi convidada para apresentar a estratégia de responsabilidade social corporativa da empresa. No decorrer da apresentação, pude ver que as ideias eram abstratas demais e não se sustentavam. No final, a estratégia de responsabilidade social corporativa acabou sendo vista como apenas mais uma iniciativa corporativa, com um bom *branding* e frases de efeito instigantes. Mas a verdadeira mensagem era confusa.

Os líderes de hoje precisam aceitar seu dever de cumprir essa importante obrigação. Não podemos mais ter uma iniciativa de responsabilidade social corporativa abstrata e sem substância. Precisamos evoluir como líderes para criar um valor compartilhado e encontrar um propósito mais amplo para as nossas organizações. O lado animador é que este é o melhor momento para as empresas se darem bem fazendo o bem. É um legado espetacular que todos nós podemos deixar como líderes. As cinco obrigações fundamentais na prática

Todo mundo reconhece um líder que sabe profundamente quais são as suas obrigações fundamentais. Mark Bertolini, presidente e CEO da seguradora de saúde Aetna Inc., recentemente confirmou que sua empresa aumentou o salário de todos os funcionários para uma base de US$ 16 por hora. O aumento salarial e de benefícios promovido pela

Aetna vai ajudar cerca de 5.700 funcionários, sendo que a maioria ganhava entre US$ 13 e US$ 14 por hora.

A Aetna descobriu que a maioria de seus funcionários menos remunerados era composta de mães solteiras e ficou sabendo que o salário dessas mulheres não era suficiente para elas pagarem suas despesas. Bertolini disse que não podia mais justificar salários tão baixos sendo que a empresa ia tão bem. "Somos uma empresa da Fortune 50 e estamos prestes a forçar essas pessoas a entrar na pobreza. Eu simplesmente não acho que isso seja justo", ele afirmou.

A decisão da Aetna de aumentar voluntariamente os salários acima do mínimo obrigatório faz parte de um movimento crescente entre os CEOs de empresas de sucesso para restaurar a dignidade da remuneração. Jim Sinegal, cofundador e ex-CEO da Costco, não só aumentou os salários e benefícios de seus funcionários para o mesmo nível dos líderes do setor, como também pressionou o governo a aumentar o salário mínimo.

Esses grandes líderes fazem o que é certo para sua empresa, seus funcionários e os principais *stakeholders* que eles servem. Os líderes verdadeiramente responsáveis vão um passo além e garantem que suas organizações ajam pelo bem da sociedade.

Isso nem sempre é fácil de fazer. Muitos de nós tendemos a nos focar muito nos acontecimentos da nossa vida. Quando uma catástrofe acontece em alguma outra parte do mundo – um terremoto, um tsunami ou outro acontecimento trágico com muitas vidas perdidas –, a história é coberta por todos os jornais e noticiários, e mesmo assim, quando você vai ao trabalho na segunda-feira, segue a rotina do dia a dia.

Você e os seus colegas podem até conversar sobre os eventos, mas por pouco tempo. As pessoas com quem você trabalha estão mais interessadas em falar sobre os filhos, sobre onde planejam ir nas férias ou sobre os problemas no trabalho. Então você abaixa a cabeça e continua o seu trabalho.

Por que nos preocupamos tanto com os detalhes mundanos da nossa vida? Por que não nos preocupamos mais com os acontecimentos mais importantes que ocorrem ao nosso redor?

Uma explicação para isso pode ser que os nossos líderes não se interessam tanto pelo mundo fora da organização. Se os líderes não parecem se importar com o sofrimento, a injustiça ou a tragédia, por que nós deveríamos?

É claro que nem todos os líderes são assim.

Em junho de 2013, Ed Clark, o CEO do venerável TD Bank, o sexto maior banco da América do Norte, fez um discurso na Conferência de Direitos Humanos WorldPride em Toronto sobre como o mundo corporativo precisa aceitar e respeitar as necessidades das lésbicas, gays, bissexuais, travestis, transexuais e transgêneros (LGBT).

A TD começou a apoiar oficialmente o movimento do Orgulho Gay no início dos anos 1990 e, em 1994, ofereceu benefícios plenos aos parceiros de funcionários casados com parceiros do mesmo sexo. No entanto, nenhum executivo sênior do banco tinha expressado seu ponto de vista de maneira tão incisiva e em um fórum tão público em apoio à comunidade LGBT.

Será que foi só uma jogada de marketing, uma maneira de bajular a comunidade LGBT e ganhar uma vantagem competitiva sobre os concorrentes? Clark não negou que ser mais esclarecido e inclusivo ajudava os resultados financeiros. Mas ele também deixou claro em entrevistas depois do discurso que aquela também era uma questão de liderança, de ser um bom cidadão corporativo e, por fim, ser uma boa pessoa.

Outro exemplo vem do CEO da Apple, Tim Cook, que tem sido chamado de "o gay mais poderoso da América" por alguns gurus da mídia.[14] E mesmo assim Cook chamou a atenção da mídia quando liderou cerca de 5 mil funcionários da Apple em um desfile do Dia do Orgulho em São Francisco.

Em muitos aspectos, Cook tem sido muito mais aberto sobre questões sociais do que seu antecessor, Steve Jobs. No encontro anual da empresa em 2014, Cook se envolveu em uma discussão bastante pública com um acionista que não acreditava na mudança climática e que criticou a Apple por investir demais em iniciativas ambientais e de sustentabilidade. Cook rebateu furioso os argumentos do acionista, dizendo: "Se você quer que eu faça as coisas só pensando no retorno sobre o investimento, você não deveria investir na Apple".

Por fim, temos outro grande exemplo na pessoa de Howard Schultz, o CEO da Starbucks. Schultz nunca foi o tipo de líder que ignora o

---

14 Ryan Tate. "Tim Cook: Apple's New CEO and the Most Powerful Gay Man in America". *Gawker* (blog) 24. ago. 2011. Disponível em: http://gawker.com/5834158/timcook-apples-new-ceo-and--the-most-powerful-gay-man-in-america.

mundo ao seu redor. Pelo contrário, ele é um executivo sempre em busca de acontecimentos e tendências e que sempre fala abertamente quando vê algo de errado na sociedade.

As cartas abertas de Schultz se tornaram lendárias. Desde comentários sobre a paralisia hiperpartidária do governo federal americano até uma carta aberta alertando os amantes de armas de fogo a deixarem suas armas em casa ao parar para tomar um café em uma loja do Starbucks. Schultz nunca deixou de dizer o que pensava. Mesmo quando era controverso. E, em dezembro de 2014, ele escreveu o que pode ter sido a sua carta mais importante até o momento.

Schultz escreveu uma carta emotiva aos funcionários sobre a questão do racismo. Ele também convocou um fórum aberto improvisado na sede da Starbucks em Seattle para quatrocentos funcionários e parceiros. Nas palavras de Schultz, ele estava preocupadíssimo com a violência e a agitação que vinha se espalhando pelos Estados Unidos, desde Ferguson, Missouri, até Oakland, Califórnia. Schultz perguntou: "Quais são as nossas responsabilidades individuais e coletivas para com o nosso país e a nossa empresa?".

"Na semana passada, uma coisa ficou bem clara: não podemos continuar a vir ao trabalho todos os dias cientes das experiências difíceis e dolorosas que a nossa nação enfrenta e sem reconhecer essas experiências juntos, como uma empresa", Schultz escreveu. "Com efeito, apesar de todas as fortes emoções geradas pelos acontecimentos e das questões raciais envolvidas, nós, da Starbucks, devemos nos dispor a falar a respeito na empresa. Não para apontar dedos ou culpar os outros e não porque nós temos as respostas, mas porque não somos pessoas que ficam em silêncio."

Na opinião de Schultz, a empresa fundada por ele não está isolada do mundo ao redor. Ele usa a visibilidade que tem como um dos executivos mais famosos do mundo para pregar mais compreensão, tolerância e valores progressistas. Ele não só reconhece os problemas como também contribui para o diálogo sobre as soluções.

Schultz nos leva ao questionamento de como seria um mundo no qual outros poderosos líderes empresariais tomassem a mesma atitude. Sempre achei que muitas organizações e líderes tentam ignorar os acontecimentos e as tendências ao seu redor. Eles acham que, de alguma maneira, podem simplesmente continuar produzindo isso ou vendendo aquilo sem parar para ponderar sobre os problemas sociais, econômicos e políticos da sociedade.

No entanto, como Schultz demonstrou, não só reconhecer mas também falar em público sobre os desafios sociais está se tornando a nova norma para os líderes empresariais. Acredito que todos nós nos beneficiamos quando os nossos CEOs e executivos demonstram que estão cientes e são sensíveis a acontecimentos e problemas sociais. Schultz parece saber que esses problemas sociais – racismo, violência e controle de armas de fogo – são questões com as quais seus funcionários convivem todos os dias. Mesmo se não forem problemas difundidos na organização, eles são proeminentes na vida dos funcionários fora do ambiente de trabalho.

Os líderes que fecham os olhos e os ouvidos acabarão perdendo a credibilidade diante de seus funcionários, que não podem se dar ao luxo de ignorar esses problemas. Por sua vez, nada reforça mais a lealdade e o engajamento que um líder que toma medidas para mostrar aos funcionários que está vendo os mesmos problemas que eles. É isso que significa fazer jus às suas obrigações como um líder: focar-se no quadro geral de si mesmo, seus clientes, seus funcionários, sua organização e sua comunidade.

Revisão da Cerimônia do Anel de Ferro e suas implicações para os líderes

Acredito que nós, líderes, precisamos de uma versão da Cerimônia do Anel de Ferro para nos ajudar a conhecer e internalizar as nossas obrigações de liderança.

O que eu mais gosto da Cerimônia do Anel de Ferro é que ele inculca, desde o início, os conceitos de humildade, obrigação e deliberação. No centro da cerimônia e do simbolismo do anel de ferro está a ideia de que os engenheiros devem ser humildes. Eles devem ter em mente que seus atos afetam a sociedade como um todo. Eles aprendem que, como o anel, eles ainda são inexperientes e não lapidados e devem crescer e se desenvolver com o tempo. E são informados de que poderão contar com o apoio de um mentor.

Vamos comparar essa experiência com o que acontece com a maioria dos novos líderes. Para começar, não existe uma cerimônia como a do Anel de Ferro para ajudar os novos líderes a conhecer suas obrigações na liderança. Em segundo lugar, se você tiver sorte, um mentor ou *coach* pode ser alocado para ajudar na sua integração no novo cargo nos primeiros cem dias, mas para a maioria das pessoas a experiência da liderança implica um grande isolamento. O apoio e orientação são escassos. É como se você tivesse sido jogado numa piscina e as suas duas únicas opções fossem afogar-se ou nadar. Por fim, e o mais importante, a maioria das pessoas que assumem cargos de liderança o faz com um senso de presunção e arrogância, e não de humildade. É difícil admitir que você ainda não está lapidado como um líder, porque você não pode demonstrar as suas fraquezas ou vulnerabilidades. Você também se sente pressionado a provar o seu valor a todo custo. Talvez seja por isso que até 40% dos líderes fracassam depois de assumir novas funções de liderança.

Rosabeth Moss Kanter, da Harvard Business School,[15] diz que os líderes de hoje em dia precisam de uma boa dose de humildade. Eles precisam de um profundo desejo de servir os outros, com ênfase nos valores e em um senso de propósito, uma conscientização das consequências de suas ações e o conhecimento tanto de seus pontos fortes quanto de suas limitações. Segundo ela, os líderes devem ter o desejo de agir motivados pelo bem comum, não apenas pelos próprios interesses pessoais.

Considerações finais: A liderança é uma obrigação

Também é importante saber que não é fácil cumprir as cinco obrigações da liderança. Elas podem entrar em conflito umas com as outras. Você vai precisar lidar com tensões que inevitavelmente surgirão. Precisará fazer escolhas difíceis e abrir mão de algumas coisas. Nesses casos, será preciso reconhecer que não haverá uma solução fácil para a situação. A liderança nunca é fácil, por mais que desejemos isso.

No entanto, se você estiver realmente ciente das suas obrigações como um líder e nunca as perder de vista ao liderar, será mais capaz de lidar com as tensões que surgirão. Não basta mais se conscientizar das suas obrigações fundamentais no nível individual; todos os líderes da sua organização devem fazer o mesmo. Quando isso acontece, podemos dar início a um diálogo no qual as obrigações ficam cada vez mais claras

---

15 Rosabeth Moss Kanter. "Five Self-Defeating Behaviors That Ruin Companies and Careers". Harvard Business Review (blog). 20 nov. 2012. Disponível em: https://hbr.org/2012/11/five-self-defeating-behaviors.html.

e transparentes. Ficamos mais cientes das nossas crenças mais profundas e das ideias que alardeamos mas não colocamos em prática. No fim, esse processo ajuda todos os líderes a cumprir suas obrigações.

> # Questões para reflexão
>
> ## A liderança é uma obrigação
>
> Ao refletir sobre as ideias apresentadas neste capítulo, pense nas suas respostas para as perguntas a seguir:
>
> 1. Qual é a sua principal obrigação como um líder? Até que ponto você lidera todos os dias com essa obrigação em mente?
> 2. Reflita sobre as cinco obrigações fundamentais da liderança descritas neste capítulo. Quais são as suas constatações sobre a sua obrigação para com:
>   a. você mesmo como um líder?
>   b. os seus clientes?
>   c. a sua organização?
>   d. os seus funcionários?
>   e. as comunidades nas quais a sua organização atua?
> 3. O que você faz para cumprir as suas obrigações fundamentais como um líder?

Capítulo 6
A liderança é trabalho árduo
Seja forte

Vamos encarar: a liderança dá muito trabalho e vai dar ainda mais. Para verdadeiramente se destacar, para verdadeiramente ser um grande líder no futuro, você precisa ter coragem e persistência para lidar com o árduo trabalho da liderança. Não é fácil obter sistematicamente bons resultados financeiros, levar a sua equipe a atingir um alto desempenho, executar a estratégia, administrar várias prioridades, muitas vezes conflitantes, e promover a inovação. Você deve saber que isso tudo demanda muito trabalho, que só você, como um líder, pode e deve fazer e que, se não o fizer, você só vai puxar a si mesmo e a sua organização para trás.

No entanto, pela minha experiência, vejo que muitos líderes relutam em mergulhar de cabeça no trabalho. Outros se limitam a agir como meros espectadores, apenas observando os acontecimentos. E outros líderes simplesmente procuram o caminho mais fácil, achando que uma solução rápida vai resolver o problema, e depois se surpreendem quando essas soluções rápidas não resolvem nada. Precisamos parar de subestimar o trabalho necessário para sermos sistematicamente grandes líderes. É bem verdade que a liderança pode ser fácil se você se contentar com a mediocridade. Mas a ideia do contrato de liderança é justamente evitar a liderança medíocre.

É hora de nós, líderes, entendermos que o verdadeiro trabalho da liderança não é fácil. Também precisamos colocar na nossa cabeça que precisaremos de resiliência, resolução e uma profunda determinação para sermos eficazes. Essa é a base da terceira cláusula do contrato de liderança (ver a figura 6.1).

Figura 6.1 – A terceira cláusula do contrato de liderança

Temos fracotes ou líderes nas nossas organizações?

Muitos clientes comentam que seus líderes não parecem estar dispostos a assumir o trabalho árduo que acompanha um cargo de liderança. Não é raro ouvir comentários como: "Os nossos líderes evitam lidar com os funcionários de baixo desempenho", "Os nossos líderes não dão um feedback sincero" ou "Os nossos líderes têm muita dificuldade de tomar decisões espinhosas".

Ouvindo a mesma coisa vez após vez, de um cliente após o outro, não posso deixar de me perguntar: *será que as nossas organizações têm algum líder de verdade ou estamos rodeados apenas de fracotes?* Parece que temos muitos fracotes, pessoas que não têm coragem de encarar o trabalho árduo da liderança.

Não é fácil fazer as pessoas prestarem contas por seus atos. Não é fácil gerenciar funcionários de baixo desempenho. Não é fácil receber um feedback sincero sobre os pontos que você precisa melhorar na liderança. Requer coragem confrontar os seus pontos fracos. Mas, em vez de se fortalecerem, muitos líderes optam por evitar o trabalho árduo.

Você deve aceitar essa terceira cláusula do contrato de liderança. Não dá para tomar o caminho mais fácil. Já não basta mais ser um mero espectador. Você precisa se fortalecer. Todos, inclusive a sua equipe, o seu departamento, o seu chefe e a sua organização, estão contando com você para ser um líder e não tentar se esquivar dos problemas. Isso também significa que você terá de ser duro consigo mesmo e aguentar o tranco.

A regra básica da liderança

Se você estiver pronto para ser um verdadeiro líder, é hora de aprender uma regra que poucos líderes entendem. Chamo essa regra de "a regra básica da liderança": *Se você evitar o trabalho árduo da liderança, será um líder fraco. Se você enfrentar o trabalho árduo da liderança, será um líder forte.*

Quando estou falando sobre o contrato de liderança com os clientes, costumo apresentar essa regra quando a sala fica em silêncio. Esse é o momento em que começamos a evocar as limitações e as inseguranças que todos nós temos mas nunca temos a chance de falar a respeito abertamente e sem ficar na defensiva. Esse é o momento em que começamos nos aprofundar no que realmente está acontecendo no nosso dia a dia, confrontando as razões pelas quais não estamos cumprindo as nossas obrigações como líderes.

Deixe-me explicar o que eu quero dizer com isso.

Evite o trabalho árduo da liderança e você será um líder fraco

Tire um momento para ser honesto consigo mesmo e pense em como essa regra básica da liderança se aplica a você. Qual trabalho árduo você anda evitando no trabalho? Pode ser uma decisão difícil que só você pode tomar. Pode ser algum feedback direto que você precisa dar a um colega. Você pode precisar ter uma conversa séria com um funcionário de desempenho insatisfatório. Você pode estar adiando a sua avaliação de 360 graus com medo do feedback que vai receber.

Muitos líderes não percebem que, quando evitam o trabalho árduo da liderança, eles acabam se enfraquecendo. E o problema não para por aí. Você acaba enfraquecendo a sua equipe, o seu departamento e a sua organização inteira. Se você evitar o trabalho árduo, será forçado a lidar com os mesmos problemas vez após vez. Os problemas não vão desaparecer em um toque de mágica. Você nunca vai realmente progredir. Você, a sua equipe e a sua organização ficarão atolados, sem conseguir sair do lugar. Você se reconhece nessa situação?

Vejamos a história de Margaret. Ela era uma líder sênior de uma empresa de serviços especializados em tecnologia da informação e a empresa estava em dificuldades. Eles contrataram um novo diretor de operações, que me procurou em busca de ajuda para ele e sua equipe sênior elaborarem uma nova estratégia para o futuro. Marcamos encontros periódicos para os líderes seniores, e Margaret estava entre eles. No terceiro encontro, notei que Margaret estava ficando frustrada.

Perguntei: "Margaret, o que está acontecendo? Você não parece muito satisfeita". Ela pensou um pouco e disse, entregando-se à frustração: "Não aguento mais estes encontros. Eu sempre chego aqui com uma lista de coisas para fazer e sempre saio sem conseguir fazer nenhum item da lista".

Eu disse: "Certo, Margaret. Obrigado por dizer o que pensa. Por que você não tira um minuto para repassar a sua lista agora e se pergunta quantos itens poderiam ter sido resolvidos antes de você vir a este encontro?". Enquanto ela relia a lista, eu orientei: "Margaret, quero que você seja sincera".

Ela me olhou timidamente e disse: "Todos os itens".

Eu perguntei: "Qual você acha que é o problema?".

Ela fez uma pausa e explicou: "O problema é que estes itens envolvem muitas conversas difíceis com as pessoas que estão nesta sala".

Eu disse a Margaret e ao grupo todo que o objetivo dos encontros era explorar a estratégia da organização para o futuro. Eles não podiam se dar ao luxo de se deixar atolar nos problemas operacionais do dia a dia. Era o trabalho deles, como líderes, encarar esses problemas operacionais de frente, por mais difíceis que eles pudessem ser. Desafiei o grupo a ir aos encontros tendo feito o maior número possível de itens de suas listas de afazeres a fim de que eles ficassem livres para pensar sobre o futuro nas nossas sessões. Durante o resto daquele dia, vi Margaret conversando com os colegas e marcando reuniões para lidar com os problemas espinhosos que ela vinha evitando. Ficou claro que ela tinha aprendido a regra básica da liderança.

Muitos líderes não entendem que é o trabalho deles arregaçar as mangas e encarar as tarefas mais espinhosas. Como Margaret, muitos líderes acabam sem fazer nenhum item da lista de afazeres que todos nós temos. Você pode ter dificuldade de confrontar os colegas. Pode ter a impressão de que nunca é o momento certo de fazer isso.

Infelizmente, a falta de coragem é uma grande falha na liderança. Evitar essas conversas difíceis impede você e a sua empresa de avançar. Você se distrai com as pendências e fica preso, paralisado, atolado.

As dez maneiras de os líderes dificultarem ainda mais o trabalho

Com base na minha própria experiência na liderança e no meu trabalho com centenas de líderes de todos os níveis, aprendi que a liderança não só é trabalho árduo como muitos de nós sem querer dificultamos ainda mais esse trabalho. Como? Fazendo certas coisas que acabam nos levando a evitar o trabalho árduo da liderança (ver figura 6.2). Precisamos nos conscientizar de como fazemos isso para nos fortalecer como líderes e desenvolver a confiança necessária para encarar o trabalho árduo que acompanha a liderança.

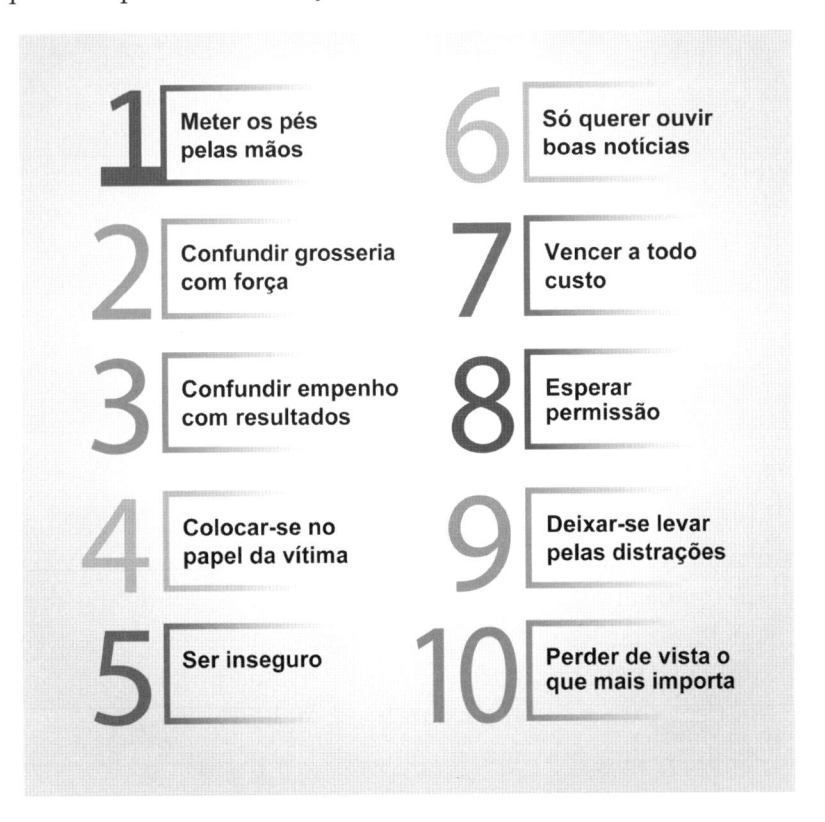

1	Meter os pés pelas mãos	6	Só querer ouvir boas notícias
2	Confundir grosseria com força	7	Vencer a todo custo
3	Confundir empenho com resultados	8	Esperar permissão
4	Colocar-se no papel da vítima	9	Deixar-se levar pelas distrações
5	Ser inseguro	10	Perder de vista o que mais importa

Figura 6.2 – As dez maneiras de os líderes dificultarem ainda mais o trabalho

Ao ler a próxima seção, reflita sobre as suas funções na liderança e tente identificar as maneiras nas quais você dificulta ainda mais o trabalho da liderança.

1. Meter os pés pelas mãos. Pode acontecer de a situação mudar e você não estar mais preparado para lidar com ela. Você pode não ter as habilidades necessárias para atingir o sucesso nessa nova situação. O seu orgulho pode impedi-lo de pedir ajuda. Você pode ainda estar tentando provar o seu valor para os seus colegas e a sua organização. Você pode estar inseguro e todo mundo pode estar sentindo isso. A sua equipe sente a sua insegurança, e a sua credibilidade acaba sofrendo. Você começa a evitar riscos e se torna um líder de cadeira vazia. Se você se identifica com esse cenário, pode estar metendo os pés pelas mãos.

Trabalhei com um líder cujo desempenho começou a cair. Todo mundo gostava dele, mas em pouco tempo isso passou a não importar mais, porque o mau desempenho dele começou a frustrar sua equipe. Ele sabia que não estava fazendo por merecer o cargo. Mas, em vez de admitir o problema e encará-lo de frente, ele deixou o desempenho cair ao ponto de forçar seu chefe a demiti-lo. Se você meter os pés pelas mãos a ponto dos seus projetos correrem o risco de ir para o saco, você precisa ter coragem de pedir ajuda. Caso contrário, você vai forçar a si mesmo e a todas as pessoas ao seu redor a ficarem no seu nível de incompetência.

Colocamos as nossas organizações em risco quando não temos coragem de admitir que estamos metendo os pés pelas mãos. Não é fácil pedir ajuda. O nosso ego entra no caminho. Você sentir muita pressão para se provar aos outros. Mas, no mundo complexo de hoje, você precisa monitorar continuamente o seu desempenho e jamais colocar a si mesmo e a sua empresa em risco.

É importante notar que às vezes meter os pés pelas mãos é uma excelente maneira de crescer como um líder. Se você conseguir administrar a situação, pode atingir um melhor nível de desempenho. Mas me refiro aqui àquelas situações em que você é incapaz de elevar o seu desempenho a um novo patamar. Você está tão imerso no problema, que passa a criar um risco para si mesmo e para a sua organização.

Você acha que pode estar metendo os pés pelas mãos na liderança?

2. Confundir grosseria com força. Hoje em dia, poucos líderes são verdadeiramente fortes. Muitos líderes acham que são fortes, mas na verdade só são grosseiros. Eles se apegam a ideias obsoletas de liderança e acham que precisam ser estúpidos com as pessoas para demonstrar força. Muitos desses líderes maltratam, desrespeitam e insultam as pessoas. Eles não raro perdem o controle e desrespeitam seus subordinados diretos, até mesmo em público. É fácil gritar com as pessoas. É muito mais difícil ser um líder verdadeiramente forte.

Um artigo recente do *Washington Post* intitulado "Você está adoecendo por causa do seu chefe?" cita uma série de estudos seminais mostrando que a liderança abusiva pode, com o tempo, contribuir para taxas mais elevadas de doenças do coração, ataques cardíacos e angina entre os funcionários. Esses estudos também associam chefes abusivos com problemas de sono, pressão alta e uma ampla gama de problemas de saúde mental, incluindo a depressão.

Se você for um desses líderes grosseiros propensos a acessos de fúria, explosões emocionais ou mau humor crônico, tenho um conselho básico para você: vê se cresce! Esse comportamento é justificável em criancinhas, não em líderes. A sua falta de maturidade profissional dificulta ainda mais as coisas para você. A sua incapacidade de controlar as suas emoções deixa todo mundo tenso. Você cria uma atmosfera de medo e nunca será capaz de tirar o melhor desempenho da sua equipe e dos seus colegas.

Uma geração atrás, até dava para maltratar as pessoas sem grandes consequências. Os líderes podiam fazer isso porque tinham poder e a geração dos *baby boomers* abaixava a cabeça e aguentava o tranco. Mas, se você for tosco ou grosseiro com os seus subordinados e colegas hoje em dia, logo se tornará um líder solitário. Em resumo, se você for um líder estúpido, ninguém vai querer trabalhar com você. É simples assim. E por que isso acontece? Porque o pessoal da Geração Y não vai suportar isso. Eles simplesmente vão sair da sua equipe ou da sua empresa. Para piorar a situação, os *baby boomers* estão seguindo o exemplo dos colegas mais jovens e ficando cada vez menos dispostos a engolir um líder grosseiro.

Você confunde força com grosseria?

3. Confundir empenho com resultados. Vic saiu furioso de sua análise de desempenho anual. Ele não conseguia acreditar que sua chefe, a diretora de informática da empresa, lhe atribuiu um "desempenho insatisfatório". Ela não via que ele estava se matando no trabalho?

Vic era o gerente de TI e seu grande projeto naquele ano foi a implementação de um novo sistema de gestão de relacionamento com o cliente (CRM) na nuvem. E ele deparou com um problema após o outro desde o começo. O primeiro fornecedor que ele escolheu não se mostrou à altura da tarefa. O fornecedor aconselhou mal a empresa e, quando Vic percebeu, meses já tinham se passado e os custos do projeto foram às alturas. Agora ele estava sendo pressionado para entregar o sistema e resolveu economizar no treinamento de pessoal. Quando o sistema foi implementado na força de vendas, ele recebeu uma montanha de reclamações.

Vic achava que tinha dado o seu máximo no projeto. Foi um ano difícil. Ele fez incontáveis horas extras. Ele não raro ficava de sobreaviso 24 horas por dia e sete dias por semana. De qualquer maneira, ele achava que tropeços eram comuns na implementação de qualquer novo sistema, de modo que não precisava se preocupar muito com isso.

Sua chefe não pensava assim. Ela sabia que Vic tinha se empenhado muito mas, no fim, ele simplesmente não conseguiu entregar os resultados esperados. Desse modo, embora Vic tenha considerado que seu desempenho no ano anterior foi "de acordo com as expectativas", sua chefe considerou seu desempenho "insatisfatório".

Durante a reunião, a diretora de TI explicou que, como um líder, Vic não deveria confundir o empenho com resultados. "É uma das primeiras regras básicas da liderança", ela disse. Ela também observou que, como um líder, ele precisava ser capaz de ter uma visão objetiva do próprio desempenho, mesmo quando o desempenho ficou aquém do esperado.

Vejo muitos líderes como Vic. Eles ficam tão focados no quanto estão se empenhando, que não enxergam os resultados que atingem ou deixam de atingir. Com isso, eles não conseguem ver objetivamente o próprio desempenho e acabam dificultando coisas. Muitos líderes pensam que dar duro no trabalho equivale a fazer o trabalho árduo da liderança. Não é. Não é fácil manter-se ocupado na labuta e você vai acabar exaurido. Mas isso é muito diferente de encarar o verdadeiro trabalho árduo da liderança. Você tende a confundir empenho com resultados?

4. Colocar-se no papel de vítima. Os líderes dificultam a própria vida no trabalho quando se consideram e agem como vítimas. Um dia, tive uma conversa por telefone com uma líder com quem eu estava trabalhando que me incomodou muito. A mulher passou meia hora reclamando da empresa e do trabalho. Quanto mais ela falava, mais frustrado eu ficava.

Nunca é divertido se expor à negatividade das pessoas, mas eu não conseguia tirar aquele telefonema da cabeça. Passei o dia inteiro pensando naquilo. Até que finalmente entendi por quê: aquela mulher era uma líder sênior, mas não se comportava como uma líder. As reclamações dela faziam com que ela parecesse uma subordinada.

Todo mundo se frustra no trabalho. Isso é normal. Mas os líderes precisam ser capazes de superar a frustração. Eu até posso deixar passar um funcionário "reclamão", porque ele provavelmente não tem como mudar muito as suas circunstâncias de seu dia a dia. Mas um líder pode.

Liguei de volta para aquela líder e tive uma conversa franca com ela. Disse a ela que, embora eu entendesse as razões de sua frustração, ela precisava parar de reclamar e seguir em frente. Ela precisava parar de se colocar no papel da vítima e enfrentar as dificuldades inerentes às suas funções na liderança. Se você encontrar um problema, não reclame. Arregace as mangas e resolva o problema! Você às vezes se coloca no papel da vítima? Como essa atitude impede o seu progresso?

5. Ser inseguro. Quando você é inseguro na liderança, fica indeciso e incapaz de se posicionar. Pode acontecer de você não ter coragem de ser um líder e tomar o caminho mais fácil nas decisões importantes. Se você ficar muito inseguro, acaba não confiando nos outros e microgerenciando a sua equipe. Você fica incapaz de abrir mão de qualquer coisa. Você faz um trabalho que não deveria fazer e impede as pessoas de crescer. Você também pode tender a contratar colaboradores fracos, com medo de ser deixado para trás pelos verdadeiros talentos.

Outros líderes inseguros precisam que todo mundo goste deles. Eles são bonzinhos… bonzinhos demais. Eles evitam os problemas espinhosos com medo de as pessoas não gostarem deles. A liderança não tem nada a ver com vencer um concurso de popularidade. Na verdade, você vai descobrir que o objetivo não é ser um líder querido por todos. Você inevitavelmente vai ser obrigado a fazer algumas coisas de que nem todo mundo vai gostar. Você não pode deixar a insegurança impedi-lo de fazer o que precisa ser feito.

É importante reconhecer que a maioria de nós, como líderes, se sente insegura em alguns momentos. Você pode estar enfrentando um grande desafio que o leva a questionar a sua capacidade. Uma intensa avaliação pode estar fazendo com que você duvide de si mesmo. Seja qual for a razão, a maioria dos líderes tem essa sensação de insegurança de tempos em tempos. Quando a insegurança é momentânea ou fugaz, não costuma ser um grande problema. Mas, quando persiste e você começa a ser dominado por ela, a insegurança pode ser um silo no seu caminho para o sucesso.

No passado, exigíamos que os nossos líderes agissem e aparentassem ser super-heróis invulneráveis e infalíveis o tempo todo. Essa cultura desencoraja muitos líderes de confrontar suas inseguranças. Infelizmente, quando tentamos fugir das nossas inseguranças, raramente as conquistamos e as superamos. Quando evitamos enfrentar as nossas inseguranças, normalmente o resultado é o drama. Muitos líderes inflam o ego para compensar a baixa autoestima.

A chave para superar as inseguranças começa em admitir que você as tem. Não é um sinal de fraqueza, mas a marca de um líder forte.

Você tem inseguranças que reduzem a sua eficácia na liderança?

6. Só querer ouvir boas notícias. Muitos líderes só querem ouvir boas notícias. Eles dificultam a própria vida porque sua equipe acaba distorcendo as informações e eles nunca ficam sabendo da verdade. Se você evitar as más notícias, vai viver na ilusão, sem jamais confrontar a realidade. É como entrar na Casa de Espelhos de um parque de diversões. Tudo o que você vê é distorcido. Essa visão distorcida o mantém alheio aos acontecimentos e você corre o risco de deixar de ver a situação como um todo. Os problemas se agravam e o seu trabalho fica mais difícil.

Evitar ou ignorar as más notícias impedem o seu progresso. Deixe-me dizer de outra forma: o seu trabalho como um líder não é evitar, ignorar ou negar as más notícias. É se informar das más notícias assim que possível para poder resolver a situação antes de o problema se agravar.

Você é um líder que só quer ouvir boas notícias?

7. Vencer a todo custo. A competitividade é um excelente motivador, mas alguns líderes a levam a um extremo absurdo. Eles acham que todo mundo é um adversário ou inimigo... até na própria organização. Tudo para eles é uma proposição na qual alguém sai ganhando e alguém sai perdendo. Essa postura também se estende aos relacionamentos e eles eliminam qualquer pessoa que não apoie o que eles estão tentando realizar. Se você for competitivo em excesso, não vai tolerar dissidentes ou pontos de vista diferentes. Você provavelmente será visto como uma pessoa convencida, pretensiosa e totalmente voltada aos próprios interesses pessoais.

A competitividade em excesso leva a relacionamentos insatisfatórios com os membros da equipe e impede um engajamento autêntico com os seus *stakeholders*. Se você não conseguir trazer as pessoas para o seu barco, a sua vida será muito mais difícil. No mundo de hoje, você precisa ser um bom influenciador e um bom colaborador. Você não pode simplesmente intimidar as pessoas para forçá-las a fazer o que você quer. Você precisa ser capaz de criar situações nas quais todo mundo sai ganhando em vez de tentar vencer a todo o custo por razões egoístas.

Você é um líder motivado a vencer a todo o custo? Você sabe como essa estratégia pode estar dificultando a sua vida na liderança?

8. Esperar permissão. Alguns líderes não encaram o trabalho árduo da liderança porque acham que precisam de permissão para agir. Vi líderes que pareciam estar sempre apreensivos, esperando permissão para liderar. Isso gera muita frustração para os líderes de nível sênior. Sempre ouço CEOs exclamarem: "O que é que eles estão esperando?". Muitos líderes presumem equivocadamente que não podem agir sem a aprovação dos líderes seniores. Você precisa botar na sua cabeça que recebeu um cargo de liderança para agir e para enfrentar o trabalho árduo da liderança. Você não ganhou um cargo de liderança para ser um mero espectador.

Psicólogos sociais identificaram um padrão de comportamento chamado de *efeito espectador*. As pessoas não se oferecem para ajudar uma vítima numa situação de emergência se houver outras pessoas presentes. Na verdade, quanto mais pessoas estiverem presentes, menores são as chances de a vítima receber ajuda. A mera presença de outros espectadores dilui a responsabilidade de agir.

Isso está acontecendo com você? Você está esperando permissão ou agindo como um espectador?

9. Deixar-se levar pelas distrações. Em uma ocasião, trabalhei com uma chefe muito boazinha, mas totalmente desorganizada. Não dava para contar com ela para nada. Reuniões eram canceladas no último minuto. As prioridades viviam mudando. A equipe se comprometia com um plano de ação em um projeto e ela alterava os prazos ou as coisas eram deixadas em banho-maria só porque não conseguíamos nos organizar.

A pobre assistente dela passava o tempo todo marcando e remarcando reuniões. O resultado é que a cada seis meses a chefe acabava com uma nova assistente.

Estava claro que ela não tinha disciplina, o que estava acabando com sua capacidade de nos liderar. A falta de disciplina gera uma enorme incerteza nas pessoas que você lidera. O seu despreparo cria um ambiente no qual a crise reina suprema. Um colega que estava padecendo nas mãos de um chefe desorganizado me disse: "Eu simplesmente vou ao trabalho todos os dias esperando o próximo incêndio para apagar. Parece que tudo o que eu faço não faz diferença alguma".

De que maneiras você pode estar se deixando levar pelas distrações na liderança?

10. Perder de vista o que mais importa. Outro dia desses, em um programa de desenvolvimento de lideranças, vi três líderes seniores do setor público tendo uma discussão acalorada. Dava para ver que eles estavam discutindo sobre um problema bastante sério, de modo que resolvi não interferir.

Mas, depois de um tempo, alguma coisa naquela discussão começou a me incomodar. Pedi um tempo e disse: "Eu estava entendendo a discussão até agora, mas estou ficando confuso. Quando foi que esse problema aconteceu?". Em uníssono, eles responderam: "Dez anos atrás". E eu achando que eles estavam discutindo um problema que precisava ser resolvido agora. "Vocês passaram 25 minutos falando sobre isso", comentei. "Alguém pode me dizer como esse problema é relevante para as suas funções de liderança hoje?" Silêncio. Eu continuei: "Não estou entendendo como vocês ainda podem estar tão emocionalmente envolvidos numa coisa que aconteceu tanto tempo atrás. Está claro que vocês perderam de vista o que mais importa na liderança".

Infelizmente, tenho proferido muito esse discurso. É muito fácil para as pessoas em uma organização desenvolverem o hábito de requentar velhos problemas. Mas se agarrar ao passado não ajuda em nada. O passado é como uma âncora impedindo o seu avanço. Você precisa abrir mão do passado.

É bem verdade que os líderes precisam aprender com o passado, mas, se você se vir discutindo repetidamente sobre as mesmas velhas questões, isso é um sinal de que você perdeu a perspectiva.

Você se vê paralisado porque costuma perder de vista o que mais importa?

Enfrente o trabalho árduo da liderança e você será um líder forte

A regra básica da liderança também diz que, se enfrentar o trabalho árduo da liderança, você se tornará um líder forte. E não é só você que sai fortalecido. A sua equipe, o seu departamento e a sua organização como um todo também saem mais fortes. Por quê? Porque você não fica atolado. Você continua progredindo, avançando o tempo todo, em vez de deixar as mesmas situações e problemas continuarem a dominar a sua vida.

Figura 6.3 – As três maneiras de se fortalecer

Você precisa entender três pontos (ver figura 6.3) para aplicar essa regra à sua liderança:

1. Você precisa mudar o modo como encara o trabalho árduo da liderança.
2. Você precisa desenvolver uma mentalidade de resiliência.
3. Você precisa desenvolver uma grande determinação.

Mude a sua visão

O modo como você vê o mundo no qual lidera pode afetar consideravelmente a sua postura na liderança. Os nossos programas de desenvolvimento de lideranças incluem uma atividade que chamamos de Mapa do Ambiente de Negócios no Futuro. Durante a atividade, os participantes identificam as principais tendências de seu ambiente de negócios. Eles identificam uma série de tendências tecnológicas, regulamentares, na dinâmica dos clientes, dos concorrentes, e assim por diante. Anotamos as ideias em grandes Post-its e os colamos em um cartaz enorme. Quando os líderes veem as centenas de ideias, eles imediatamente se dão conta da complexidade de seu ambiente operacional. Eles também começam a ver que não é tarefa fácil promover o crescimento. E, por fim, eles começam a internalizar os desafios que irão enfrentar como líderes.

Nesse ponto, proponho aos líderes uma última pergunta: "Ao olhar para esse novo ambiente, vocês acham que este é o melhor momento ou o pior momento para ser um líder na sua empresa?". É uma pergunta importante e polêmica. Muitos líderes se focam no lado negativo do novo ambiente operacional e tudo o que veem é o trabalho árduo que têm pela frente. Para eles, esse é o pior momento para ser um líder e muitos questionam se serão capazes de fazer jus ao cargo.

Outros líderes são mais otimistas. Eles se focam nas oportunidades. Eles reconhecem a complexidade, os riscos e o trabalho árduo, mas encaram tudo isso com empolgação.

Segundo Stephen Covey: "O problema é o modo como você encara o problema". Você precisa começar a encarar o trabalho árduo da liderança de um jeito diferente. Em vez de ver algo a ser evitado, comece a ver o trabalho árduo como um sinal de progresso. Você precisa ser capaz de olhar a sua função na liderança e o seu novo ambiente e ver todo o trabalho árduo adiante com uma visão otimista, não pessimista.

Quando você muda a sua perspectiva dessa maneira, começa a se adiantar aos problemas. Você fica mais ativo e tenta encontrar logo os problemas, antes que eles possam impedir o seu sucesso. Você vai querer saber das más notícias assim que elas surgirem, para se posicionar melhor para mitigar os riscos, enfrentar e resolver o problema antes de ele sair do controle ou antes de se agravar mais do que deveria.

Então, como você pode saber, de todos os problemas, em qual deles se focar? Pergunte a si mesmo: os resultados pelos quais sou responsável estão em risco? Se a resposta for sim, é melhor encarar o problema de frente. Depois, pergunte-se: o modo como o trabalho está sendo feito está de acordo com os valores da minha organização? Se não for o caso, se você não encarar o problema de frente, ele pode causar outros problemas que inevitavelmente demandarão a sua atenção. Por fim, pense nos seus *stakeholders*: o problema poderia comprometer a minha obrigação para com os meus *stakeholders* mais importantes? Se você achar que sim, precisa arregaçar as mangas e resolver o problema.

Todos nós, líderes, precisamos reconhecer que cabe a nós enfrentar o trabalho árduo da liderança. Pare de evitar o problema. Você é o único que pode resolvê-lo. Muitos dos seus subordinados diretos não podem, então não fique esperando que eles se fortaleçam.

Desenvolva a resiliência

Um dia desses, no avião, tive a oportunidade de ver o filme *Chef*, sobre Carl Casper, um chef de cozinha, interpretado por Jon Favreau, que vive um embate com o influente crítico gastronômico Ramsey Michel, interpretado por Oliver Platt.

O filme acompanha a história de Casper enquanto ele tenta lidar com uma crítica extremamente negativa publicada por Michel. Casper fica tão magoado com a crítica, que acaba confrontando o crítico e perde totalmente o controle, em uma briga que acaba sendo filmada e postada na internet. O vídeo vira um fenômeno viral e Casper é demitido e forçado a dar início ao doloroso processo de reconstruir sua vida.

O que mais me comoveu no filme foram as repetidas declarações de Casper durante o confronto com o crítico gastronômico de que ele não dá a mínima para a crítica negativa, apesar de ficar absolutamente claro que ele está se moendo por dentro. Ele ficou profundamente magoado com a crítica e expressou enfaticamente sua mágoa. Quando o filme terminou, não consegui parar de pensar sobre como Casper ficou obcecado com a crítica negativa. Estava claro que ele foi sensível demais para lidar com o feedback.

Fiquei pensando sobre vários líderes com quem trabalhei – dos níveis seniores mais elevados até gerentes de linha de frente – que às vezes se deixavam desanimar completamente diante de críticas e da avaliação negativa.

A moral do filme é uma lição de vida para os líderes: não importa o que as pessoas estiverem dizendo sobre você, não importa como estiver sendo criticado, você não pode se deixar afetar. As críticas vêm com a liderança e, se você não estiver preparado para ser criticado, pode precisar repensar a sua decisão de ser um líder.

Não é fácil receber críticas, especialmente se você estiver mergulhado de corpo e alma no seu trabalho como um líder. É exatamente esse tipo de paixão e comprometimento que leva à grandeza na liderança. E, quando somos criticados, podemos ficar magoados. Mas não podemos nos deixar levar pelas críticas. A única maneira de não nos deixar abalar é reconhecer que as críticas fazem parte do trabalho.

A sua incapacidade de encarar as críticas pode prejudicar o seu desempenho como um líder. As pessoas podem achar que você é sensível e defensivo demais. E, pior ainda, se você for incapaz de lidar com um feedback negativo, pode tender a puxar o saco dos seus vários *stakeholders*. Você começa a liderar para tentar satisfazer a todos em vez de liderar tendo em vista o sucesso da sua organização. Em vez de tentar encontrar maneiras de ajudar o seu pessoal a melhorar, você fica obcecado com o que as pessoas podem estar dizendo sobre você e como fazer com que elas gostem de você.

Do outro lado da equação estão os líderes que lidam com as críticas isolando-se completamente. Eles simplesmente rejeitam ou negam toda e qualquer crítica. Às vezes eles reagem com raiva às pessoas que fazem os comentários desagradáveis. Eles esquecem que as críticas, em alguns casos, podem nos proporcionar um feedback valioso que podemos usar para nos tornar líderes melhores.

É um equilíbrio delicado. Você não pode simplesmente ignorar o feedback negativo. Mas não pode se deixar abalar tanto com as críticas a ponto de se distrair dos seus deveres na liderança. Você precisa aprender a aceitar as críticas e seguir em frente. Precisa saber se levantar, sacudir a poeira e dar a volta por cima.

Outro dia desses me reuni com um cliente para falar sobre as necessidades de desenvolvimento de lideranças de sua empresa. A empresa estava passando por uma mudança transformacional e seus líderes estavam sob uma enorme pressão. O cliente explicou que o principal foco do desenvolvimento de lideranças era ajudar os líderes a desenvolver a resiliência.

Considerando os desafios e as pressões que os líderes enfrentam, é fácil ver por que a resiliência é tão importante. As organizações precisam de líderes capazes de se recuperar rapidamente de contratempos e dificuldades. Precisam de líderes capazes de lidar com as mudanças no ambiente de trabalho e administrar não só suas próprias reações pessoais ao estresse como também as reações dos seus subordinados diretos.

No entanto, temo que a visão tradicional de resiliência possa estar ultrapassada. De acordo com a antiga visão, a resiliência é como aquele palhaço de brinquedo inflável que a gente pode socar o quanto quiser e ele balança mas nunca cai. Acredito que muitos líderes acham que a resiliência deve ser algo assim: receber os socos e se recuperar para receber mais. No entanto, essa abordagem não é sustentável. Você vai acabar se exaurindo.

Em vez disso, você precisa pensar na resiliência em termos de como manter o seu nível ideal de desempenho enquanto enfrenta o trabalho árduo da liderança. Você demonstra uma verdadeira resiliência quando é capaz de manter níveis ideais de desempenho da seguinte maneira:

Você é uma pessoa resiliente? Reflita sobre as perguntas a seguir:

- Eu mantenho o otimismo diante da adversidade?
- Eu tendo a não me deixar abalar pelas avaliações e pelas críticas?
- Sou capaz de administrar as minhas emoções e reações a eventos estressantes?
- Eu consigo me recuperar de contratempos ou decepções?

Você precisa conhecer o seu grau de resiliência para enfrentar os problemas, porque a sua reação afeta o modo como você lidera e as pessoas que você lidera. Por exemplo, diante de uma situação difícil, você tende a ver o lado negativo ou o lado positivo primeiro? Você tende a minimizar os acontecimentos ou transformá-los numa catástrofe? Você tende a internalizar a situação (levar tudo nos próprios ombros) ou exteriorizar a situação (procurar por toda a parte mas não em você)?

A resiliência começa com uma perspectiva equilibrada. Uma reação extrema pode acabar com a sua eficácia. Tente manter um ponto de vista saudável diante dos acontecimentos, ponderando os prós e os contras e buscando uma solução positiva. O lado animador é que a resiliência não é um traço de personalidade. É um músculo que pode ser exercitado e fortalecido. Quanto mais você enfrentar o trabalho árduo da liderança, mais forte ficará e maior será a sua resiliência.

Desenvolver uma grande determinação

A resiliência é capacidade de se recuperar. A determinação é a capacidade de se aprofundar e avançar diante das adversidades. Resulta de um forte senso de propósito, motivação e tenacidade que o ajudam a enfrentar as pressões da liderança. Com determinação, você consegue ter sucesso apesar de todos os silos e contratempos.

Você recorre à sua determinação para enfrentar o trabalho árduo da liderança. Você a usa para ajudá-lo a dar conta das tarefas difíceis que você sabe que precisam ser feitas para ter sucesso, mesmo diante de alternativas mais fáceis. A determinação lhe possibilita ter aquela conversa difícil hoje em vez de adiá-la para amanhã ou sair de uma reunião frustrante e não se deixar distrair durante o resto do dia. É não se deixar controlar pelos acontecimentos. Aprenda com os problemas e siga em frente!

Os líderes com um sólido senso de determinação conseguem ser fortes em meio a uma situação difícil. Eles encontram um jeito de usar as adversidades para gerar energia positiva e usar essa energia para seguir em frente. Os líderes determinados também aprendem com as experiências, o que, por sua vez, os ajuda a enfrentar as pressões com mais eficácia no futuro. Basicamente, eles se mantêm firmes porque enfrentam a parte difícil da liderança. Isso é ser um líder forte. Então, como desenvolver a sua determinação? Veja algumas lições que aprendi trabalhando com milhares de líderes nos nossos programas de desenvolvimento de lideranças:

- Para começar, é interessante ter uma importante obrigação de liderança para se ancorar. Isso o motiva a avançar quando estiver em dificuldades.
- Em segundo lugar, lembre-se de ocasiões nas quais você foi determinado e teve sucesso. Investigue o que levou ao seu sucesso no passado e veja como você pode aplicar as mesmas lições na sua situação atual.
- Administre a sua energia pessoal para manter seu nível ótimo de desempenho. Isso inclui tudo o que você já sabe: exercitar-se regularmente, comer bem, dormir bem, fazer exercícios de relaxamento ou meditação e levar uma vida equilibrada.
- Recorra à sua comunidade de líderes em busca de apoio e encorajamento. Nada prejudica mais a sua determinação do que ficar isolado e desconectado dos outros. Você tem um colega de confiança para quando precisar desabafar?
- Por fim, é sempre interessante ter o que eu chamo de um bom "botão reinicializar", que lhe possibilita mudar a sua perspectiva, mudar o foco e avançar em qualquer situação. Da próxima vez que acontecer alguma coisa que puser à prova a sua determinação, observe a sua reação. Você deixa o evento afetar o seu dia inteiro? Ou você aceita a situação, aprende com ela e segue em frente? É interessante nesses momentos fazer uma reinicialização mental e emocional:

1. *Acalme-se.* Respire fundo e observe as suas reações à situação. Não faça nada imediatamente.
2. *Repense a situação.* Qual é a oportunidade oculta que acabou de surgir? Como você pode usar a criatividade para reverter a situação?
3. *Aprenda com a situação.* O que você pode aprender com a situação? Como você pode abordar a situação de um jeito diferente da próxima vez?
4. *Inspire-se.* Com base no que aprendeu, use a energia gerada para seguir em frente. Use as lições aprendidas como uma fonte de inspiração.

Considerações finais: é hora de ser forte

Como disse o jogador de beisebol Sam Ewing: "O trabalho árduo revela o caráter das pessoas: algumas arregaçam as mangas, algumas torcem o nariz e outras simplesmente se escondem".

Comecei este capítulo dizendo que a liderança envolve trabalho árduo e, com base nas minhas discussões com líderes, parece que a situação só vai ficar ainda mais difícil. A essa altura já deve ter ficado claro que, se você se esquivar dos problemas e evitar o trabalho árduo da liderança, vai enfraquecer a si mesmo e à sua organização. Você vai cair num círculo vicioso e ficar cada vez mais fraco. O que você precisa fazer é desenvolver um senso de resiliência e determinação que irá ajudá-lo a enfrentar o trabalho árduo da liderança. Só então você vai ficar mais forte e será capaz de enfrentar os desafios que o aguardam no futuro. É hora de ser forte.

Questões para reflexão

A liderança é trabalho árduo

Ao refletir sobre as ideias apresentadas neste capítulo, pense nas suas respostas para as perguntas a seguir:

1. Qual é o trabalho árduo da liderança que você deve enfrentar como um líder? Qual trabalho você anda evitando? Por quê?
2. De que maneiras você pode dificultar ainda mais o trabalho para si mesmo?
3. Você costuma encarar o trabalho árduo da liderança com otimismo ou pessimismo? Você tende a ver o lado positivo ou o lado negativo das situações?
4. De que maneiras você precisa fortalecer a sua determinação?

Capítulo 7
A liderança é uma comunidade
Conecte-se

Um número cada vez maior de líderes com quem trabalho tem expressado o desejo de mudar de alguma forma a sua experiência na liderança. Dá para entender o porquê. Para a maioria de nós, essa experiência tem sido medíocre.

Pense na sua experiência. Há boas chances de você e os outros líderes da sua organização não estarem na mesma página e então trabalharem em busca de objetivos diferentes porque a estratégia não está muito clara para vocês. Ou o foco principal pode ser proteger o próprio território, competindo internamente uns contra os outros em uma guerra de silos dentro da organização. O conflito parece correr solto. A frustração é grande e parece quase impossível fazer qualquer coisa.

Ou a sua experiência pode ser de pura apatia, com muito pouca energia ou vitalidade. Você e os outros líderes parecem que só estão fazendo o mínimo necessário, meros espectadores escondidos atrás de pomposos títulos de liderança. É cansativo e, por vezes, desmoralizante.

Qualquer que seja a sua experiência, você pode acabar questionando as razões de ter se tornado um líder. No fundo você também sabe que deve ter um jeito melhor.

E tem.

Figura 7.1 – A quarta cláusula do contrato de liderança

E se, em vez disso, você trabalhasse com um grupo de líderes verdadeiramente alinhados com a visão e a estratégia da sua organização? E se houvesse um verdadeiro senso de colaboração que possibilitasse a inovação? E se todos os líderes da sua organização fossem ao trabalho totalmente comprometidos em serem os melhores líderes que puderem ser? E se os líderes se apoiassem uns aos outros para promover o desempenho pessoal e coletivo?

É assim que deve ser uma autêntica comunidade de líderes. É o quarto termo do contrato de liderança (ver figura 7.1). Essa é a base para criar uma cultura de liderança forte, que será o maior diferenciador da sua organização.

A oportunidade perdida

Acredito que a comunidade de líderes seja a maior oportunidade perdida nas organizações hoje em dia. Se eu aprendi alguma coisa nos últimos vinte e cinco anos trabalhando com líderes, a lição é simples: *se você puder criar uma comunidade forte de líderes, ela se tornará o maior diferenciador da sua organização.* Como cliente meu, um CEO, disse outro dia: "Se eu conseguir achar um jeito de alinhar as três camadas mais altas da liderança e comprometer esses líderes com a nossa estratégia – plenamente comprometidos a serem os melhores líderes que puderem –, essa seria a nossa fórmula secreta, a nossa vantagem no mercado". Ele não é o único a pensar assim. Um número cada vez maior de líderes seniores com os quais eu trabalho está começando a perceber a vantagem de criar uma comunidade forte de líderes. Essa é a essência da última cláusula do contrato de liderança e será o nosso foco neste capítulo.

Esse é o tema mais importante que surgiu para mim desde que escrevi a primeira edição deste livro. De todas as ideias desta obra, o conceito de criar uma comunidade de líderes é o que mais repercute entre líderes e organizações ao redor do mundo.

Todas as conversas que tive confirmam o fato de que os líderes estão desconectados. Estamos cansados de trabalhar com objetivos diferentes. Queremos nos sentir mais conectados com os outros líderes. E as organizações também sabem que não estão fazendo o suficiente para criar comunidades fortes de líderes. Elas sabem que teriam muito mais sucesso se conseguissem fazer isso.

Como vimos no capítulo 2, os nossos antigos modelos de liderança sempre se concentraram no líder individual, aquele herói isolado no topo da organização. Esse modelo pode ter bastado numa época em que as coisas eram mais simples. No entanto, está ficando claro que esse modelo não tem como se manter num mundo mais complexo. Nenhum líder sozinho pode ter todas as respostas hoje em dia. E, se você parar para pensar, verá que é até arriscado colocar toda a sua fé numa pessoa só.

Somos programados para viver em comunidade

Se o velho modelo da liderança sempre se baseou em líderes individuais, o modelo do futuro se baseia em uma comunidade de líderes. A boa notícia é que já estamos prontos para isso, porque, como seres humanos, fomos programados para viver em comunidade.

Seth Godin, em seu livro *Tribos*, diz que os seres humanos passaram milhões de anos convivendo em algum tipo de tribo ou, em outras palavras, uma comunidade. Simplesmente não temos como evitar. A nossa necessidade de pertencer a um grupo constitui um dos nossos mecanismos de sobrevivência mais eficazes. Seja nas pequenas aldeias onde moramos, seja nos clubes e grupos que formamos, parece que temos uma necessidade interna de nos conectar e interagir uns com os outros.

A neurociência valida essa teoria e nos mostra que ficamos intrinsecamente satisfeitos, no nível celular, quando nos sentimos conectados.[16] Pesquisas da área da saúde também mostram que a rede social de apoio resultante da participação em comunidades fortes chega a fazer bem para a nossa saúde.[17] Basta dar uma olhada na proliferação de sites de mídia social. As comunidades on-line têm esse mesmo efeito sobre nós, explorando a nossa necessidade de pertencer a um grupo e nos conectar.

Se estendermos essa ideia à liderança, acredito que as pessoas capazes de criar e manter uma comunidade forte de líderes terão um futuro próspero. Mas essa é uma ideia nova e precisamos reconhecer que a maioria de nós ainda está bem longe de viver em comunidades fortes de líderes. Como sempre nos focamos nos líderes individuais, na verdade nunca paramos para descobrir como alavancar mais amplamente a liderança nas organizações. É bem verdade que algumas empresas investem muito no desenvolvimento de lideranças, mas, no fim, tudo se baseia em um modelo voltado a produzir líderes individuais. Muito pouco se fala em ajudar a criar uma liderança coletiva. Poucas organizações são capazes de verdadeiramente criar e sustentar uma cultura de liderança forte. Em consequência, os tipos de cultura de liderança existentes na maioria das organizações de hoje em dia não são muito eficazes e, em alguns casos, são pura e simplesmente disfuncionais. Vamos dar uma olhada em alguns exemplos.

Zumbis em putrefação

Nesse tipo de organização, os líderes vão ao trabalho e fazem só o mínimo necessário para manter o emprego. Eles são zumbis, mortos-vivos. A cultura de liderança que eles criam não tem vitalidade, foco nem energia positiva. O clima é maçante e rotineiro. Os líderes não sabem ao certo o que deveriam fazer e não se comprometem com o trabalho. O ambiente de trabalho pode chegar a ser tenebroso. Foi esse tipo de ambiente que encontrei na organização na qual trabalhei com Zinta.

---

16 Naomi Eisenberger and George Kohlrieser. "Lead with Your Heart, Not Just Your Head". *Harvard Business Review* (blog). 16 nov. 2012. Disponível em: http://blogs.hbr.org/cs/2012/11/are_you_getting_personal_as_a.html.
17 Pesquisas demonstram que as pessoas com relacionamentos sociais de alta qualidade e/ou em grande quantidade têm menor risco de mortalidade em comparação com pessoas com relacionamentos sociais de baixa qualidade ou em baixa quantidade. O isolamento social é muitas vezes identificado como um importante fator de risco de mortalidade. Disponível em: http://www.ncbi.nlm.nih.gov/pmc/articles/PMC2729718.

Esse tipo de ambiente é típico de muitas organizações extremamente burocráticas. O desempenho é baixo e é quase impossível fazer qualquer coisa. No nível individual, a sensação pode ser sufocante. Dá para sentir o cheiro do ar viciado da mediocridade. É como viver em alguma repartição pública depois de eles trancarem todas as portas, sabendo que você não tem como escapar.

Você sabe que faz parte de um grupo de zumbis em putrefação quando o seu ambiente não tem qualquer senso de urgência. Não existe uma força unificadora que reúne os líderes para atingir um objetivo em comum. Os líderes não sabem com clareza o que se espera deles nem como eles deveriam se comportar e agir.

No fim, os líderes trabalham mecanicamente, limitando-se a fazer o mínimo possível. Ninguém se sente conectado com ninguém e não há uma visão mais ampla. Pelo contrário, o que une os funcionários é seu tormento coletivo. O clima é de apatia e desamparo. Eles são como caranguejos num balde. Se um deles tenta escapar, os outros vão agarrá-lo e puxá-lo de volta, dando um jeito de manter todos na infelicidade. Os verdadeiros líderes que tentam melhorar a situação acabam desistindo devido a toda a inércia. Minha colega Zinta tentou mudar uma organização como essa vinte e cinco anos atrás. Ela enfrentou resistência a cada passo do caminho. Como sabemos, ela também pode ter pagado com a própria vida. O estresse de trabalhar numa cultura de liderança caracterizada por zumbis em putrefação lastimavelmente cobrou um preço altíssimo de Zinta.

Não muito tempo atrás, fui convidado para dar uma palestra sobre o contrato de liderança em um evento da Conference Board. No fim da palestra, desafiei a plateia a criar uma comunidade de líderes no local de trabalho deles, se abrindo aos colegas e fortalecendo os relacionamentos com os outros líderes. Quando terminei minha palestra, alguns participantes ficaram para trás para conversar um pouco e fazer perguntas. Uma mulher se aproximou e disse: "Sabe, Vince, eu pensei muito sobre o seu desafio e não consigo pensar em um único colega pelo qual eu me interesse o suficiente para querer fortalecer o relacionamento". Ela viu a minha decepção e se pôs a descrever seu ambiente de trabalho. Ela não sabia, mas estava descrevendo um grupo de zumbis em putrefação que a estava exaurindo. A cultura de liderança era fraca. Não havia qualquer conexão emocional entre os líderes daquela organização. Perguntei se ela aprendeu alguma coisa com a minha apresentação. Ela respondeu: "Ficou claro que eu tenho uma escolha a fazer: sair daquela empresa ou começar a construir uma comunidade de um jeito ou de outro". Não sei o que ela decidiu fazer, mas espero que ela não tenha voltado a ser uma zumbi.

Uma liga de heróis

Muitas organizações têm culturas de liderança que podem ser descritas como uma liga de heróis, muitas vezes fundamentadas na personalidade carismática de um líder, geralmente o fundador ou CEO da empresa. Essas culturas se baseiam no antigo modelo de liderança que glorifica o herói. Uma organização como essa pode ter alguns aspectos positivos se o líder glorificado for uma pessoa íntegra. Quando o líder glorificado é extremamente narcisista, contudo, o ambiente de trabalho se deteriora rapidamente e pode tornar-se disfuncional.

O maior risco de uma liga de heróis é que muita coisa depende do líder individual. Quando esse líder sai da organização, nada sustentável é deixado para trás. A organização morre.

Trabalhei com uma organização liderada por um desses líderes glorificados. Greg era o fundador e CEO de sua empresa. Ele era uma pessoa incrível, extremamente carismático, e muito bom no que fazia. Ele também era adorado pelos empregados. E, quando eu digo "adorado", quero dizer *verdadeiramente* idolatrado. Não era incomum para os funcionários de filiais em outras cidades do mundo ter a foto de Greg emoldurada na mesa. Quantos líderes podem dizer que os funcionários têm sua foto na mesa? Esse é o nível de conexão que os funcionários daquela organização tinham com Greg. Ele tinha um impacto enorme sobre a empresa. No entanto, sobrava pouco espaço para os outros líderes influenciarem a organização. A cultura de liderança não era tão forte quanto precisava ser. Muito dependia de Greg, porque os outros líderes não se apresentavam para cumprir suas obrigações na liderança.

Infelizmente, Greg faleceu em um trágico acidente. A empresa ficou consternada e se perdeu sem ele. O desempenho despencou. Uma enorme lacuna foi deixada e os outros líderes, lançados sem preparação em cargos seniores de liderança, tiveram muita dificuldade de lidar com a situação. A organização levou um tempo para se recuperar e só conseguiu depois de muito sofrimento. A empresa acabou sendo vendida para um concorrente. Era a única maneira de manter o legado que Greg criou quando fundou a empresa.

Essa história mostra os riscos de uma cultura de liderança que fica na dependência de apenas um líder, o herói. Quando tudo depende de apenas um líder (mesmo se ele for espetacular), a empresa pode perder o rumo sem esse líder, por não ter criado nada sustentável.

Um estábulo de puros-sangues

Imagine cavalos na pista de corrida se preparando para partir. Eles estão nos portões de partida, batendo as patas no chão, bufando, cheios de energia contida. A sirene soa e os cavalos partem, decididos a cruzar primeiro a linha de chegada.

Muitas organizações têm uma cultura de liderança que pode ser descrita como um estábulo de puros-sangues. Os líderes se comportam como aqueles cavalos. Cada líder está em seu portão de partida, representando seu departamento ou área. Eles usam antolhos do lado dos olhos e são completamente focados nos próprios objetivos e prioridades. Quando a sirene soa, os portões se abrem e eles partem, cada um tentando vencer e cruzar a linha de chegada primeiro. A concorrência é feroz, focada internamente e extremamente disfuncional.

Trabalhei com os 80 líderes mais seniores de uma organização em um encontro da liderança. O objetivo da reunião era resolver muitas das maneiras disfuncionais nas quais os líderes seniores trabalhavam uns com os outros. Alguém levantou uma questão polêmica no segundo dia do programa e a casa caiu. Deixei quieto por um tempo para ver se alguém notaria. Às vezes você precisa fazer isso para conscientizar os líderes da disfunção que criaram. Depois de vários minutos, a CEO finalmente notou. Ela se virou para mim absolutamente frustrada e exasperada e me disse: "Por que a gente não consegue trabalhar como uma única empresa?". Naquele momento, ela se deu conta da extensão dos problemas que sua organização enfrentava. A cultura de liderança da empresa não era sustentável. A CEO não conseguiria mudar a empresa enquanto não mudasse a cultura de liderança. Ela precisava criar uma mentalidade de uma única empresa.

Deixei a discussão prosseguir até o líderes começarem a ficar extremamente frustrados. Nesse ponto, subi numa mesa e gritei para chamar a atenção deles. "Senhoras e senhores, o que está acontecendo aqui?", perguntei. "É bom lembrar que a concorrência não está aqui. Ela está lá fora [apontando para as janelas] e vocês estão apanhando dos concorrentes porque preferem passar os dias lutando uns com os outros aqui."

A sala caiu em silêncio. Aos poucos as pessoas começaram a falar, ponderando sobre o que tinha acontecido na reunião e como aquela situação representava exatamente o dia a dia deles na empresa. Continuamos falando a respeito até que, aos poucos, o grupo de líderes começou a se conscientizar melhor da situação. A verdade era que eles precisavam mudar ou teriam de fechar as portas. A urgência da situação lhes possibilitou redirecionar seu foco para o que precisava ser feito para a organização sobreviver.

Descobri que essa ideia de criar a mentalidade de "uma única empresa" é uma excelente oportunidade para as organizações. Um número cada vez maior de CEOs quer desesperadamente que a ideia "pegue" na organização porque eles sabem que é isso que impulsionará o sucesso no futuro. No entanto, não é fácil colocar essa ideia em prática, especialmente quando se trabalha com puros-sangues todos os dias.

Você sabe que a sua cultura de liderança é como um estábulo de puros-sangues quando os líderes seniores se comportam como chefes de seus respectivos departamentos e não como verdadeiros líderes da organização como um todo. Uma ou duas áreas funcionais normalmente dominam a organização e os líderes acabam competindo uns com os outros, tentando ser o único a administrar a empresa. É comum ver estruturas departamentais clássicas e silos profundamente entrincheirados impedindo qualquer verdadeira colaboração, inovação ou motivação.

Percebi que o maior desafio de um estábulo de puros-sangues é que a competição interna acaba sendo a maior força impulsionadora da organização. Os líderes ficam obcecados com a competição interna e ainda são recompensados por isso. A cultura é dominada pela politicagem e por demonstrações de poder. Você vence quando o outro perde, mesmo se o outro for um colega. Será impossível criar uma mentalidade de uma única empresa com essa cultura de liderança.

Um cliente com quem trabalhei tinha dois executivos fortes: um liderava o marketing e o outro liderava a pesquisa e desenvolvimento (P&D). O pessoal de marketing se considerava os líderes da empresa porque eram eles que definiam a estratégia de vendas. O pessoal de

P&D se via como os líderes porque eram eles que desenvolviam novos produtos para os clientes. Os dois vice-presidentes seniores eram extremamente capazes, mas criaram uma falsa concorrência entre as duas áreas da organização. A competição interna estava desperdiçando muita energia e desviando a empresa do caminho para o sucesso.

Quer seja o marketing contra as vendas, quer seja o pessoal administrativo contra o pessoal de campo, ou o escritório corporativo contra as linhas de negócios, esse tipo de competição interna inevitavelmente acabará prejudicando a empresa no futuro. Os líderes acabam se focando apenas internamente. Pior ainda, eles só se focam no próprio sucesso e não no sucesso coletivo da organização como um todo. E isso acaba transparecendo de várias maneiras, algumas óbvias e outras mais sutis: departamentos que não compartilham recursos, iniciativas de planejamento de sucessão que não avançam porque os líderes não compartilham talentos por toda a organização ou linhas de negócios incapazes de promover a inovação e a mudança.

Num grau extremo, é absolutamente doloroso fazer qualquer coisa em uma organização como essa. Tudo é uma luta, e a visão de criar uma identidade de uma empresa só na organização acaba sendo, no mínimo, ingênua.

É hora de criar uma comunidade de líderes

Esta é a hora de criarmos sistematicamente uma verdadeira comunidade de líderes. É o que a quarta cláusula do contrato de liderança requer de você.

Ter uma comunidade de líderes implica reconhecer que a liderança não se resume a líderes individuais, mas inclui todo o quadro de líderes. E uma cultura como essa pode ser o seu maior diferenciador, a sua fonte sustentável de vantagem competitiva... e tudo começa com você. Você pode decidir começar a criar uma comunidade de líderes na qual você pode exercer a sua liderança todos os dias. Você não precisa ser um CEO para começar. Você também não precisa de nenhum *insight* ou conhecimento especial. Você já sabe como deve ser uma comunidade forte de líderes. Uma pergunta que sempre faço aos líderes é: *de qual tipo de clima organizacional você precisa para apresentar o seu melhor desempenho e deixar a sua máxima contribuição como um líder?*

É impressionante como eu recebo sempre a mesma resposta a essa pergunta. Os líderes não descrevem um grupo de zumbis em putrefação. Eles não descrevem uma liga de heróis. Não descrevem um estábulo de puros-sangues. Eles raramente dizem: "Estarei no meu melhor num clima de apatia, baixa confiança ou pouco alinhamento". Eles sempre respondem à mesma coisa: "Estarei no meu melhor em um clima no qual os líderes sabem claramente com quais valores contribuir. O clima é marcado por um profundo comprometimento com a organização e em ser os melhores líderes que puderem. O ambiente é de confiança e apoio mútuo entre os líderes, o que se estende aos relacionamentos com os empregados. Todos fazem parte de uma única empresa, totalmente comprometidos em promover o sucesso da organização como um todo".

Depois de anos fazendo essa mesma pergunta vez após vez e recebendo a mesma resposta de líderes de todos os setores, de todos os níveis e de diferentes países, me parece que todo mundo já sabe o que precisa ser feito. Já nascemos configurados para isso. Mesmo assim, temos dificuldade de criar verdadeiras comunidades de liderança e ficamos presos em culturas de liderança ineficazes e até disfuncionais. É hora de colocar em prática o que já sabemos intuitivamente que precisamos fazer.

Uma comunidade forte de líderes: clareza e comprometimento

Todas as comunidades forte de líderes nas quais trabalhei ou que vi em ação têm em comum duas características fundamentais: muita clareza e muito comprometimento.

Para começar, todos os líderes sabem com clareza que a comunidade de líderes se baseia na ambição coletiva de atingir uma excelente liderança. Todo mundo sabe que a liderança será o maior diferenciador da organização. Tenho um cliente que é o CEO de uma empresa de serviços financeiros e ele acredita que todo funcionário merece um grande líder. E ele está totalmente focado em fazer isso acontecer. Essa simples ideia estabelece o tom para o resto da organização.

A comunidade não é criada apenas proporcionando uma maneira melhor para os líderes trabalharem juntos, apesar de isso poder acontecer. Em vez disso, o objetivo é aumentar o sucesso da sua empresa e promover realizações sustentáveis. Estamos falando daquela mentalidade de uma única empresa que descrevi anteriormente. A comunidade de líderes também se fundamenta na realidade de que nenhum líder sozinho vai ter todas as respostas. Hoje em dia, a liderança é mais distribuída e temos de alavancar as competências, a inventividade e o comprometimento de todos os líderes e funcionários.

Em segundo lugar, os líderes sabem com muita clareza o tipo de liderança necessária para atingir o sucesso. Como um líder, você deve saber com clareza o que a organização espera de você na liderança. Como um líder, você sabe o que deve fazer para conduzir a organização ao sucesso e como deve liderar. Você não pode se contentar com uma liderança inepta ou ruim. Na verdade, uma comunidade forte de líderes afasta as pessoas incapazes de cumprir as obrigações e as expectativas na liderança. Essas organizações sabem que alguns poucos líderes ruins podem prejudicar a cultura de liderança como um todo. Desse modo, elas não toleram uma liderança inepta ou ruim. E você também não deveria tolerar esse tipo de coisa.

Você também vai descobrir que os líderes demonstram um alto grau de comprometimento com a ideia de uma comunidade de líderes e com o trabalho que precisa se feito para possibilitar uma comunidade como essa. Você demonstra o seu comprometimento determinando o ritmo e se comprometendo em ser o melhor líder que puder. Isso faz parte da sua decisão e da sua obrigação como um líder e faz parte da sua função cumprir as duas primeiras cláusulas do contrato de liderança. Seja o líder que todo mundo vai querer imitar.

Você e os outros líderes também demonstram seu comprometimento arregaçando as mangas e encarando o trabalho árduo da liderança. Ninguém mais é um mero espectador. Todos participam plenamente. Você tem a coragem de questionar o mau comportamento na liderança. Você questiona a comunidade se os líderes não estiverem comprometidos com a ambição de atingir e manter um alto padrão de liderança. Será difícil no começo, mas, uma vez que você criar a sua comunidade de líderes, todos vão passar a esperar esse tipo de comportamento. Eles vão querer saber a sua opinião e você vai querer saber a opinião deles. Você vai ter um profundo senso de comprometimento com os outros líderes. E vai querer ajudá-los a crescer e se desenvolver.

Na verdade, se você não estiver conseguindo atingir o nível de liderança estabelecido, pode contar que um colega da comunidade de líderes vai procurá-lo e dizer: "Ei, você não está fazendo o seu trabalho. A gente precisa que você melhore. Então, vamos melhorar!". Ninguém tem medo de desafiar ou contestar os outros. Você também vai poder contar com o apoio de todos, mesmo quando estiver vulnerável.

Para que essa comunidade funcione, você vai precisar se comprometer tendo em vista o longo prazo. A comunidade forte de líderes não é o destino final. Você precisa trabalhar constantemente para mantê-la. Precisa se manter sempre bolando maneiras de se conectar com os outros líderes, construir e fortalecer relacionamentos e promover a clareza e o comprometimento. O lado animador é que as ferramentas de mídia social podem ajudá-lo a criar esse senso de conexão e comunidade entre os seus líderes. As empresas estão alavancando as mídias sociais para se conectar com os clientes e outros *stakeholders*. No fim das contas, a essência das ferramentas de mídia social é justamente a criação de conexões e a troca de ideias. Essas ferramentas ajudarão os líderes se conectar uns com os outros e desenvolver a clareza e o comprometimento.

Pode ficar tranquilo, que você vai saber assim que criar uma comunidade como essa… a sensação será visceral. Você vai sentir o alto nível de clareza e comprometimento. Você vai se surpreender com o nível de confiança e apoio mútuo. Você vai sentir que faz parte de algo grande, especial, raro.

Se você nunca pertenceu a uma comunidade forte de líderes, no começo você pode não confiar nela porque pode não acreditar que ela vai ser eficaz. Mas dê tempo ao tempo. Será um trabalho árduo, porém extremamente gratificante. Como um líder, a sensação vai ser de liberação porque você poder confiar na comunidade e contar com os colegas, sabendo que eles estarão agindo de acordo com os seus interesses e com os interesses da organização.

Tive essa sensação visceral em agosto de 2011. Foi alguns dias depois que o Furacão Irene atingiu o Caribe, a Costa Leste dos Estados Unidos e partes do leste do Canadá e eu estava num voo voltando para casa, em Toronto, depois de uma viagem de negócios. Eu estava sentado no meio de um grupo de oito jovens. Eles falavam alto, brincando e transbordando de empolgação e energia.

Bati um papo com eles durante a decolagem. O jovem mais falante do grupo, Daryl, lembrava um pouco o vocalista de uma banda, cheio de carisma e capaz de se conectar com as pessoas sem esforço. Ele me apresentou ao resto do grupo e contou que eles eram operários de uma companhia de utilidade pública. Eles estavam indo para Toronto pegar alguns caminhões e dirigir até Connecticut para consertar os cabos elétricos danificados pelo furacão.

A grande missão explicava a empolgação deles, mas, durante o voo, notei outra coisa naquele grupo. Eles não paravam de provocar uns aos outros. Eles passavam com facilidade de um assunto ao outro, falando da vida pessoal e sobre o trabalho que eles fariam em Connecticut. Estava claro que eles tinham uma profunda conexão. Eles não eram só colegas de trabalho amigáveis. Dava para sentir um verdadeiro vínculo entre eles.

Eu disse ao grupo: "Vocês parecem bastante unidos. Por que vocês acham que isso acontece?". Assim que fiz a pergunta, deu para ver a atitude de Daryl mudar. Ele ficou quieto e pensativo. Ele respondeu: "Com o tipo de trabalho que a gente faz, a gente coloca a vida nas mãos uns dos outros todos os dias. Somos como irmãos. A gente precisa se ajudar. Um erro e a gente corre o risco de perder uma pessoa para sempre".

É assim que tem de ser quando você tem uma profunda conexão com os colegas. E isso é possível quando você faz parte de uma comunidade forte de líderes. Mas você não precisa de um furacão para criar esse senso de conexão e confiança. A sua vida não tem que estar em risco. Em vez disso, basta ter uma ambição em comum e clareza e comprometimento por parte de todos os líderes da sua organização.

Ao ler esta seção, você pode estar pensando: "Vince, tudo isso é muito idealista, bonito e abstrato...". Na verdade, é muito difícil colocar isso em prática. Às vezes usamos a desculpa de que tudo isso é bonito demais e evitamos o trabalho árduo necessário para criar uma comunidade forte de líderes.

Mas pense na diferença para os seus funcionários, clientes e acionistas. Pense na colaboração, na inovação e na produtividade que resultam de uma comunidade como essa. Vai ser espantoso.

Todo mundo notou que o clima mudou?

Rob era o CEO de uma grande companhia de utilidade pública. Ele tinha entrado no cargo uns 18 meses atrás. Durante esse tempo, ele montou uma nova equipe executiva. Apesar de ter uma equipe forte, ele sabia que eles não tinham como liderar a empresa sozinhos.

Ele precisava de todos os seus líderes alinhados e no mesmo barco, de modo que organizou o primeiro encontro de liderança para os duzentos líderes mais seniores da empresa. Foi um evento de um dia para reunir os principais líderes e apresentar a estratégia da empresa.

Quando entrou na sala de reunião naquele dia, ele ficou chocado com o silêncio. Ele foi pegar uma xícara de café e viu os duzentos líderes todos sentados, sozinhos e em silêncio. Pouquíssimas pessoas estavam conversando. Ele prosseguiu com a programação do dia, mas foi uma experiência dolorosa. Os líderes só ficaram lá sentados, ouvindo, mas sem se engajar no que estava sendo dito. Rob disse: "Foi um parto".

Quando Rob conversou sobre o dia com sua equipe executiva, eles se deram conta de que tinham muitos fortes líderes técnicos e bastante focados internamente. A equipe também percebeu que esses líderes não estavam equipados para lidar com um ambiente operacional mais complexo que exigia uma postura mais ágil, competitiva e centrada no cliente devido à desregulamentação do setor. A experiência do encontro de líderes confirmou que Rob e a equipe tinham muito trabalho pela frente para fortalecer a liderança da organização.

Um programa de desenvolvimento de lideranças foi criado com o objetivo de começar a construir uma comunidade de líderes na organização. No início, o programa encontrou uma resistência considerável. No passado, outros programas de liderança foram vistos como uma grande perda de tempo.

No entanto, à medida que os grupos foram passando pelo programa, os líderes foram percebendo o valor do programa e começaram a mudar de opinião. Cerca de um ano depois de conduzir uma série de programas intensivos de liderança, Rob organizou outro encontro de liderança para os duzentos líderes mais seniores da empresa. Dessa vez, quando entrou na sala, Rob encontrou um clima bem diferente. Quando foi pegar uma xícara de café, notou que a sala estava repleta de uma energia positiva que simplesmente não existia um ano antes. Ele viu os líderes conversando e rindo. Ele pôde sentir na pele uma mudança profunda. Rob começou dizendo: "Bom dia a todos. Todo mundo notou como o clima mudou?". Ele contou o que observou, o que sentiu e a diferença do clima de um ano atrás.

Os líderes concordaram e deram início a uma discussão aberta e improvisada. Ficou claro que as coisas não tinham mudado só na sala de reunião, mas também mudaram no trabalho. Os líderes falaram do maior otimismo, da maior clareza, da maior receptividade às mudanças e de um profundo sentimento de confiança e apoio.

Um líder, Brian, contou uma história confirmando o que todos notaram. Ele disse que tinha participado do programa de liderança e, durante o programa, formou sólidos relacionamentos com alguns líderes que ele nunca tinha tido a chance de conhecer direito antes.

Alguns meses depois de participar do programa, Brian enfrentou uma grande crise no trabalho, uma crise do tipo que ele nunca tinha enfrentado antes. Um operário de seu departamento tinha morrido no trabalho. Brian teve de administrar a situação toda. Ele precisou informar seu pessoal e a família do funcionário. Teve de lidar com o próprio sofrimento e o sofrimento de sua equipe. Brian contou ao grupo que no passado ele teria tentando descobrir sozinho o que fazer e que provavelmente teria tido muita dificuldade com a situação. Mas dessa vez ele contou que logo pediu a ajuda dos colegas do programa e descreveu: "Fiquei de queixo caído quando os quatro me retornaram imediatamente. Em questão de meia hora, dois deles já estavam na minha sala e os outros dois, numa conferência telefônica. E, depois de uma conversa de vinte minutos, eles me ajudaram a descobrir um jeito de lidar com a crise, e foi o que eu fiz". Brian concluiu agradecendo os colegas e contando que ele nunca tinha tido esse tipo de apoio antes em qualquer organização onde trabalhou.

Essa é a essência de uma verdadeira comunidade de líderes. É importante notar que você não precisa ser um CEO para criar uma comunidade dessa. Como já vimos, essa é a beleza das comunidades: qualquer um pode criar uma. Basta olhar para as mídias sociais. Podemos encontrar milhares de comunidades vibrantes na internet que começaram com um criador que reuniu um grupo inicial de seguidores. Criar uma comunidade de líderes segue o mesmo princípio. Qualquer líder, de qualquer nível, pode criar uma. Você não precisa ser o CEO ou um executivo sênior. Você pode começar onde quer que estiver, ficando no seu departamento ou reunindo alguns líderes do seu nível. Quando começar a divulgar a ideia da comunidade de líderes, você vai encontrar muitas pessoas que pensam como você, que anseiam por uma experiência diferente e muito mais positiva na liderança. Então, não espere mais. Comece hoje.

Você tem o que precisa para ser um criador de comunidades?

Outro dia desses, eu estava conversando com uma executiva sênior de uma grande organização, que tinha acabado de contratar um novo CEO. Perguntei o que ela estava achando dele, e ela disse que o que mais impressionava no novo CEO era o fato de ele ser um sujeito muito discreto.

Ela disse que era uma grande mudança em relação ao antigo CEO, um homem muito inteligente, mas arrogante e nada modesto. Ela contou: "Os holofotes sempre precisavam ficar todos voltados para ele e ninguém mais tinha a chance de falar".

A executiva explicou como as coisas já tinham mudado com o novo CEO. Para começar, o drama diário que o CEO anterior costumava criar deixou de existir. Outros líderes da empresa começaram a se expressar mais porque o novo CEO deixava mais espaço para isso. Os líderes seniores passaram a colaborar mais porque o novo CEO reconhecia o impacto e a contribuição dos outros. Basicamente, o espaço estava sendo compartilhado e todo mundo podia ver e sentir a diferença.

Todos nós conhecemos líderes egocêntricos e confiantes demais. No entanto, a tendência de ser arrogante e obcecado pelos próprios interesses pessoais pode colocar os interesses da empresa em segundo plano. Agir como o herói solitário pode debilitar os outros líderes e a organização como um todo. E você também pode acabar isolado e desconectado. Muitos de nós conhecemos muito bem essa abordagem à liderança, que impede a criação de uma verdadeira comunidade de líderes.

Agora imagine uma abordagem diferente, uma postura mais modesta. Com efeito, já podemos ver o mundo dos negócios começando a enaltecer exemplos de líderes modestos e discretos. Por exemplo, o mercado financeiro não poderia rasgar mais a seda de líderes como Michael L. Corbat, o CEO do Citigroup.

O mercado financeiro não costuma ser reconhecido por líderes tranquilos e humildes. No entanto, Corbat não só ajudou a estabilizar o Citigroup como também fez isso sem se colocar no centro das histórias sobre as iniciativas do banco para resolver ações judiciais e investigações e para retomar a lucratividade.

Essa postura se distancia muito de outros CEOs do mercado financeiro que se tornaram sinônimos das empresas que lideravam ou, pior ainda, acabaram ofuscando as próprias organizações. Esse tipo de líder era citado constantemente na imprensa e eles eram os queridinhos dos círculos sociais da elite. Mesmo assim, muitos desses líderes acabaram virando exemplos da ganância e do desregramento por trás da crise hipotecária dos Estados Unidos.

No fim, esse tipo de comportamento tem raízes no egoísmo. Lembrei-me disso quando um cliente me pediu para conduzir uma discussão com seus líderes sobre o tipo de liderança da qual sua organização precisaria para se preparar para o futuro.

Pedi que o grupo de líderes identificasse as características dos grandes líderes que eles admiravam. A lista inicial não surpreendeu: visão, coragem e orientação aos resultados. Com o tempo, um líder acabou dizendo que os melhores líderes são altruístas. O termo chamou a atenção de todos. Em seguida, um a um, os líderes começaram a concordar. Os grandes líderes raramente se colocam em primeiro lugar ou priorizam seus interesses pessoais. Eles lideram tendo em vista um propósito maior, que vai além do interesse próprio. Eles lideram tendo em vista a organização como um todo. Essa é a base para criar uma comunidade de líderes. Pondere as questões a seguir para ver se você é um líder egoísta ou altruísta.

- Você é o centro das atenções? Pela minha experiência, vejo que muitos líderes se motivam primariamente pelo interesse próprio. Eles estão sempre se perguntando: "O que eu ganho com isso?". Todo mundo que trabalha com esses líderes sabe disso, o que acaba desgastando a confiança. Não é uma atitude que promove uma comunidade.

- Você abusa do seu poder em benefício pessoal? Um sinal claro de um líder egoísta é a propensão de usar o poder não só para avançar na própria carreira como também para impedir o avanço dos outros. Você se aproveita da sua posição para tomar decisões e orquestrar os resultados para sair ganhando no final? Esse comportamento não ajuda a criar uma comunidade.

- Você gasta toda a sua energia protegendo o seu território? Se for o caso, você toma todas as decisões com base nos seus interesses pessoais em vez de fazer o que é melhor para a sua empresa como um todo? Se você se focar apenas no seu próprio departamento, orçamento e recursos, será impossível criar um verdadeiro senso de comunidade.

Se a sua resposta foi "sim" a pelo menos uma dessas perguntas, você pode ser visto como um líder egoísta e precisa resolver isso antes mesmo de começar a pensar em criar uma comunidade de líderes na sua organização.

Todos nós precisamos aprender a criar uma comunidade. Precisamos combater o impulso de sermos egoístas. Precisamos combater a tendência de nos isolar. Precisamos romper silos. Precisamos formar laços uns com os outros. Em uma ocasião, um colega e eu trabalhamos com uma organização de pesquisa e desenvolvimento repleta de cientistas. Trabalhamos com os líderes mais seniores da empresa compartilhando as ideias deste livro. Durante uma sessão, dois participantes contaram ao grupo que eles estavam na empresa há sete anos e aquela era a primeira vez que os dois tiveram a ocasião de conversar pessoalmente. O que me impressionou na história foi que os dois líderes trabalhavam no mesmo prédio, separados apenas por um andar. Perguntei ao grupo: "Como é que uma coisa dessas pode acontecer? Como vocês podem ser líderes seniores da empresa e sem conhecerem todas as pessoas desta sala?".

Todos reconheceram o ridículo da situação e se deram conta de como o isolamento estava prejudicando a organização. Uma vez que eles perceberam isso, nos pusemos a falar sobre estratégias para ajudá-los a criar uma comunidade forte de líderes. Falaremos mais a respeito mais adiante.

Considerações finais
Como a organização vê quem pede ajuda?

Na pós-graduação, fiz um curso sobre desenvolvimento organizacional. Meu professor, Dave, tinha uns 70 anos. Ele era um homem sábio e cortês. Lembro que estávamos conversando sobre a cultura organizacional numa aula. Perguntei a Dave qual era a pergunta mais importante que ele faria em uma organização para avaliar rapidamente a cultura. Ele respondeu: "Tudo que você precisa perguntar é: como a organização vê quem pede ajuda?". Foi uma resposta brilhante.

Dave explicou que, se a organização acha que pedir ajuda é uma fraqueza, é possível prever muitos aspectos da cultura. As pessoas fazem de tudo para provar seu valor. Os problemas nunca são encarados de frente. A competição interna é encontrada por toda parte. Ninguém se atreve a se mostrar vulnerável. A organização é um estábulo de puros-sangues.

Usei essa pergunta centenas de vezes ao longo dos anos e as respostas que recebo são sempre muito reveladoras.

Descobri que ser capaz de pedir ajuda e saber que vai receber é uma característica essencial de uma comunidade forte de líderes. Nessas culturas de liderança, os líderes não têm vergonha de pedir ajuda. Eles não hesitam em pedir ajuda e não se preocupam em ter de se provar ou manter as aparências. Em uma comunidade forte de líderes, espera-se que os líderes peçam ajuda por razões muito práticas. Todo mundo sabe que há muito trabalho a ser feito e que a organização não pode ser desacelerada. Quando você não pede ajuda, a sua organização fica paralisada. As dificuldades e os problemas acabam se agravando, você se distrai e a organização fica drenada de energia.

Pergunte a si mesmo: como a minha organização vê quem pede ajuda?

Questões para reflexão

A liderança é uma comunidade

Ao refletir sobre as ideias apresentadas neste capítulo, pense nas suas respostas para as perguntas a seguir:

1. Pense em momentos da sua carreira profissional em que você pode ter trabalhado em organizações com culturas caracterizadas por zumbis em putrefação, uma liga de heróis ou um estábulo de puros-sangues. Como isso o afetou?
2. Você já trabalhou em uma autêntica comunidade de líderes? Como isso o afetou?
3. Como você pode criar uma comunidade de líderes na sua organização?

Capítulo 8
Assinando o contrato de liderança

Dia desses, tive uma reunião com uma cliente que era a diretora de Recursos Humanos de uma empresa de serviços financeiros. Ela estava absolutamente frustrada com o desenvolvimento de líderes em sua organização.

"A gente fez tudo certo", exclamou. Ela contou que a organização identificou os líderes de alto potencial e criou um programa de desenvolvimento para eles. "Depois promovemos todos eles, lhes dando títulos sofisticados e um aumento de salário. E agora estamos esperando… esperando eles liderarem", disse.

Pedi que ela explicasse melhor o que queria dizer com "esperando".

"Eles não estão liderando", ela explicou. "Eles esperam a permissão e a orientação da equipe executiva para tudo. Ou agem como meros espectadores, assistindo aos problemas persistirem ou aos projetos irem por água abaixo." Dito isso, ela me revelou o que considerei seu *insight* mais importante. "É como se eles não soubessem o que significa ser um líder!"

Tenho ouvido cada vez mais esse tipo de reclamação de executivos seniores de todos os setores. Cerca de uma década atrás, meus colegas e eu escrevemos sobre a necessidade de as organizações incluírem a liderança em sua lista de prioridades estratégicas.[18] Também apresentamos um guia para ajudar as organizações a desenvolverem sistematicamente a liderança.[19] Desde aquela época, as organizações têm feito as duas coisas, levando a liderança a sério e investindo nela.

---

18 David S. Weiss e Vince Molinaro. *The Leadership Gap: Building Leadership Capacity for Competitive Advantage.* Hoboken, NJ: John Wiley & Sons, 2005.
19 David S. Weiss, Vince Molinaro e Liane Davey. *Leadership Solutions:* The Pathwayto Bridge the Leadership Gap. San Francisco: Jossey-Bass, 2007.

No entanto, apesar de todo o investimento no desenvolvimento de lideranças, ainda existe uma lacuna entre o que esperamos dos nossos líderes e o modo como eles estão liderando. Chamo isso de "lacuna da responsabilização da liderança".

Anteriormente, neste livro, defini um líder verdadeiramente responsável como uma pessoa disposta a arregaçar as mangas e lidar com o trabalho importante. Um líder responsável se mostra totalmente comprometido em ajudar a organização a progredir e se responsabiliza plena e pessoalmente por suas palavras e suas ações. Quando os líderes de uma empresa não têm esse tipo de responsabilização, a organização acaba com uma liderança inepta, como a que essa minha cliente descreveu.

É por isso que o contrato de liderança é tão importante. Agora você já sabe o que o contrato significa e quais são suas implicações. Tudo começa quando você se responsabiliza como um líder. Quando faz isso, você compromete em ser um exemplo para os outros enquanto busca em ser o melhor líder que puder.

Isso implica decidir quem você é como um líder e não só como um especialista técnico. Significa recusar-se a se contentar com a mediocridade e parar de tolerar a mediocridade em si mesmo e nas pessoas ao seu redor.

Você pode ter sido, até agora, um líder que simplesmente clicou no botão "Concordo" sem saber ao certo os termos com os quais estava concordando. Você pode ter se deixado seduzir pela tentação de um novo cargo, status, um aumento salarial e mordomias. Você pode ter se deixado levar pela oportunidade e pode ter subestimado o que seria exigido de você. Seja qual for a situação, se clicou no botão "Concordo" sem conhecer com clareza as quatro cláusulas do contrato de liderança, você não vai ser tão eficaz quanto precisaria ser.

A essa altura você também já sabe que *a liderança é uma decisão que você tem de tomar de maneira deliberada*. Você entende que, em alguns momentos, precisa dar um tempo e tomar uma decisão de liderança do tipo D maiúsculo. Você reconhece que, no dia a dia da liderança, você também vai tomar muitas decisões de liderança do tipo d minúsculo. Os dois tipos de decisão vão determinar quem você é como um líder. Você vai notar uma diferença visceral quando começar a tomar essas decisões de maneira mais deliberada. Você vai sentir isso e todas as pessoas ao seu redor também vão sentir.

Em segundo lugar, você sabe que *a liderança é uma obrigação e você precisa cumprir essa obrigação*. Você sabe que o centro de tudo não é você, mas sim os seus clientes, os seus funcionários, a sua organização e as comunidades nas quais você atua.

Em terceiro lugar, você sabe que *a liderança é trabalho árduo e que você precisa ser forte*. Você reconhece que a liderança requer muito trabalho árduo. É o *seu* trabalho e de ninguém mais e, se você não encarar o trabalho árduo da liderança, estará enfraquecendo a si mesmo e a sua organização.

Por fim, você sabe que *a liderança é uma comunidade e que você precisa se conectar*. Não importa qual seja o seu setor ou o seu nível de liderança na organização, você deve trabalhar para criar uma comunidade forte de líderes, uma comunidade com um profundo senso de alinhamento, apoio mútuo, respeito e confiança. Você sabe que, se conseguir criar uma comunidade forte de líderes, ela vai diferenciar a sua organização das outras. Na verdade, ela será o maior diferenciador da sua organização.

Essas são as letras miúdas que definem o que significa ser um grande líder. Agora, basta você assinar o contrato de liderança.

É hora de assinar o contrato de liderança

No filme *O Hobbit*, Bilbo Baggins está satisfeito com sua vida boa e simples, quando é abordado por um grupo de anões dizendo que estão em uma missão para reconquistar um reino perdido e recuperar um tesouro.

Os anões apresentam a Bilbo um contrato para ele assinar, descrevendo seu papel na missão e como se espera que ele contribua como um ladrão. No início, os termos parecem bem claros: despesas extras, tempo necessário para realizar a tarefa, remuneração. Bilbo deverá receber 1/14 de todos os lucros totais, o que parece razoável. Então, um dos anões menciona termos relativos ao funeral. E Bilbo lê no contrato que os anões não se responsabilizam por quaisquer lacerações, eviscerações ou incinerações sofridas durante a jornada. Nesse ponto, fica bem claro pelo contrato qual será a natureza da jornada. Diante dos possíveis riscos, Bilbo chega a desmaiar.

Apesar de seu entusiasmo inicial, Bilbo não assina o contrato imediatamente. Mas, se não assinasse, ele não participaria da jornada. Toda aquela conversa sobre reconquistar o reino perdido e o tesouro seria completamente irrelevante. É só depois que ele assinar o contrato que a jornada poderá começar. A jornada envolverá grandes desafios e até provações, mas, no fim, Bilbo e os anões terão sucesso na missão.

Neste exato momento, você pode estar se sentindo um pouco como Bilbo, lendo todas as letras miúdas sobre evisceração. Até este ponto do livro, analisamos o contrato de liderança, vimos o significado das quatro cláusulas e como devemos colocá-las em prática. Deu para ver como as quatro cláusulas farão de você um líder melhor. Você pode ter ficado inspirado e motivado para colocá-las em ação. Também pode ter ponderado as implicações das quatro cláusulas para a sua liderança. Mas a realidade é que, enquanto você não se comprometer e não assinar o contrato de liderança, tudo isso é irrelevante.

Lembre que o contrato de liderança não é um documento legal. Em uma ocasião, conduzi um encontro de liderança de um dia com os 150 líderes mais seniores de uma organização, e a pauta acabou sendo divulgada antes da hora, com o título da apresentação ("O contrato de liderança") e uma breve descrição. Todos os líderes foram ao evento ansiosos, esperando ter de assinar efetivamente um contrato. Eles só se acalmaram um pouco quando entenderam do que se tratava o contrato de liderança. Mas, olhando para trás agora, eu não acho que aquela ansiedade toda foi tão ruim assim. Os líderes foram forçados a parar um pouco e refletir sobre essa coisa chamada "liderança" e ponderar se eles de fato estavam preparados para assinar o tal "contrato de liderança".

No fim das contas, o contrato de liderança é um acordo que você faz consigo mesmo. É uma obrigação pessoal e até moral que só você pode decidir cumprir. Eu nunca vou saber se você decidiu ou não assinar o contrato. As pessoas com quem você trabalha só vão saber se você contar. Mas, em outro sentido, todo mundo vai perceber as mudanças na sua liderança. Se continuar só fazendo o mínimo necessário na liderança, você provavelmente não assinou o contrato. Se você assinou, todo mundo vai perceber o seu compromisso em ser o melhor líder que puder. Assinar o contrato não fará de você o líder perfeito – ninguém é perfeito –, mas sem dúvida vai fazer de você um exemplo que os outros vão querer seguir.

Uma vez que você assinar o contrato de liderança, tudo vai mudar. Você vai ver que não tem como voltar atrás. A sua organização espera muito de você, não importa se você for um líder emergente, um gerente de linha de frente, um gestor de nível médio ou um alto executivo. A sua organização precisa do seu comprometimento. Você precisa ser o líder mais forte possível para poder fortalecer a sua organização. Os seus funcionários, seus clientes, seus acionistas e a comunidade estão contando com você. E, quando você assina o contrato de liderança, promete ser o melhor líder que puder.

É um pouco como um casal que decide se casar. Depois de todos os preparativos e planos, tudo se resume ao momento em que eles ouvem as palavras: "Eu os declaro marido e mulher". Assim que essas palavras são proferidas, eles efetivamente se tornam um casal. Tudo muda, mas os dois indivíduos não mudam. Eles continuam sendo as mesmas pessoas. Mas uma mudança fundamental ocorreu. O que mudou pode não ficar imediatamente claro, mas com o tempo a mudança fica óbvia, à medida que o casal convive e aprende o que realmente significa se casar e cumprir as cláusulas do relacionamento.

O mesmo se aplica ao contrato de liderança. Não tenho como saber se você já assinou o contrato, mas saberei, assim que o vir em ação na liderança, se você se comprometeu em ser o melhor líder possível.

Portanto, cabe a *você*, agora. Você está pronto para assinar o contrato de liderança?

A única coisa que você *não* pode fazer

Antes de responder, devo esclarecer um ponto importante: *você não pode continuar na liderança sem assinar o contrato de liderança*. Se você não assinar o contrato, a sua liderança será medíocre. Você vai prestar um à sua organização e às pessoas que lidera. Você também prestará um desserviço a si mesmo. Desse modo, acho importante repetir: *você não pode ficar na liderança a menos que assine o contrato*.

Sugiro que, neste exato momento, você tire um momento para refletir sobre as quatro cláusulas do contrato de liderança. Pense em todas as ideias que exploramos juntos neste livro até agora. Repasse as perguntas de reflexão que propus ao fim de cada capítulo. Agora leia o contrato de liderança que se segue e pondere com atenção as palavras e as implicações para você.

O contrato de liderança

Estou ciente de que o contrato de liderança representa um comprometimento profundo e pessoal em ser o melhor líder que eu puder ser – o líder que a minha organização precisa que eu seja. Ao assinar o contrato de liderança, firmo um compromisso pessoal comigo mesmo. Eu jamais me contentarei com a mediocridade. Eu não me limitarei a fazer o mínimo na liderança. Serei um líder responsável e prestarei contas pelos meus atos.

Estou ciente de que posso optar por revelar ou não o meu compromisso às pessoas. De uma forma ou de outra, as pessoas ao meu redor saberão que eu assinei o contrato de liderança com base no modo como eu passarei a liderar.

1. A liderança é uma decisão – Tome essa decisão

Estou ciente de que a liderança é uma decisão e, ao assinar o presente contrato, decido ser um líder. Isso significa que saberei quando preciso tomar decisões de liderança do tipo D maiúsculo. E também aplicarei essa clareza no meu trabalho todos os dias, tomando boas decisões de liderança do tipo d minúsculo.

2. A liderança é uma obrigação – Cumpra a sua obrigação

Estou ciente de que tenho a obrigação de ser o melhor líder que posso ser. Tenho uma obrigação para com os meus clientes, os meus funcionários, a minha organização e as comunidades nas quais fazemos negócios. A minha liderança será baseada em princípios éticos. Corresponderei às expectativas da responsabilidade a mim atribuída pela minha organização.

3. A liderança é trabalho árduo – Seja forte

Estou ciente de que, como um líder, terei muito trabalho para conduzir a minha organização ao sucesso. Também estou ciente de que, se eu evitar o trabalho árduo da liderança, estarei enfraquecendo a mim mesmo, à minha equipe e à minha organização. Comprometo-me a não ser um mero espectador. Pelo contrário, demonstrarei resiliência e determinação para enfrentar o trabalho árduo da liderança.

4. A liderança é uma comunidade – Conecte-se

Comprometo-me a trabalhar para criar uma comunidade forte de líderes na minha organização. Almejarei ser um grande líder e incentivarei os outros a serem grandes líderes também. Vou estabelecer o tom para os outros líderes. Buscarei ser o líder que os outros vão querer imitar. Construirei relacionamentos baseados em confiança, respeito e apoio mútuos. Trabalharei para reforçar a clareza e o comprometimento entre os nossos líderes para que possamos efetivamente executar a nossa estratégia e ajudar a conduzir a nossa organização ao sucesso.

Concordo com as quatro cláusulas do contrato de liderança especificadas acima e demonstro o meu comprometimento assinando abaixo.

_____

(Seu nome _____) Data: _____

Assinando o documento

Ao assinar o contrato de liderança, você estará tomando uma decisão de liderança. Você estará se comprometendo a se tornar o melhor líder que puder para a sua organização e para as pessoas que você lidera. Você estará declarando, conscientemente, que vai cumprir as suas obrigações como um líder. Você se comprometerá a arregaçar as mangas e encarar o trabalho árduo que a liderança implica. Você também criará uma comunidade forte de líderes na sua organização. Se você concordar com esses termos e se comprometer a ser o melhor líder que puder, você pode assinar e datar o contrato.

Estou falando sério, vá em frente. Assine na linha.

Então, o que acabou de acontecer? Você assinou? Você assinou sem muito entusiasmo ou com muita convicção? Você largou o livro porque não gostou do exercício? Lembre-se de que, não importa o que acontecer, eu nunca vou saber. O importante é que você saiba e é isso que importa para você ser um líder de verdade. O seu comprometimento consigo mesmo é a sua primeira obrigação como um líder.

Neste ponto do processo, é interessante analisarmos alguns cenários possíveis.

Você percebe que não quer liderar

Pode ser que você estava prestes a assinar e recuou. Você pode ter percebido que no fundo *não quer ser um líder*. Talvez você nunca quis ser.

Parabéns. Você chegou a um *insight* importantíssimo. Devo deixar claro que não tem problema algum nisso. É melhor ser sincero consigo mesmo de uma forma ou de outra. Quando a minha equipe e eu falamos sobre a ideia do contrato de liderança com os clientes, vimos muitas pessoas que ocupavam cargos de liderança e que acabaram se dando conta de que não deveriam estar liderando. Essas pessoas nunca quiseram liderar e nunca deveriam ter aceitado o cargo de liderança. Em muitos casos, elas acabaram abandonando os cargos e assumindo outras funções, continuando a agregar valor de outras maneiras à organização. No entanto, alguns desses líderes relutantes decidiram sair da organização. Isso também é bom, porque essas pessoas finalmente estão indo atrás do que realmente querem fazer da vida. Esse tipo de decisão definitivamente não é fácil. Mas você precisa ser honesto consigo mesmo e com a sua organização!

Você quer assinar, mas acha que ainda não está pronto

Você pode não ter conseguido assinar o contrato de liderança porque não acha que está preparado para assumir um cargo de liderança e cumprir as cláusulas do contrato. Você pode ter outras prioridades mais importantes na vida, como filhos pequenos que precisam da sua atenção. Não tem problema algum com isso. O importante é que você está tomando a decisão deliberada de não liderar, o que na verdade é uma decisão de liderança importantíssima. Continue agregando valor como um colaborador individual na sua área de especialidade e, quando achar que está pronto, releia este livro e assine o contrato.

Você confirmou uma decisão que já tinha tomado

Alguns líderes com quem trabalho dizem que assinar o contrato de liderança foi uma confirmação de uma decisão que eles já tinham tomado no passado, só que não tão explicitamente. Você pode ser um desses líderes. Você já estava totalmente empenhado em ser o melhor líder possível, mas fazia isso inconscientemente. Pela minha experiência, uma vez que você se compromete conscientemente em assinar e colocar em prática o contrato de liderança, você imediatamente se eleva a outro patamar na liderança. O comprometimento sai ainda mais fortalecido. Você fica ainda mais convicto do seu objetivo de ser um grande líder.

Considerações finais
Assinando o contrato de liderança

Este livro se baseia na ideia de que muitos de nós aceitamos cargos de liderança sem conhecer ao certo as implicações de ser um líder. Quando assumimos um cargo de liderança, sabemos que estamos nos comprometendo com algo importante, mas a maioria de nós não sabe exatamente o que isso implica. Como todos aqueles contratos na internet, você clicou no botão "Concordo" sem jamais chegar a ler os termos e condições. Você faz o melhor que pode, mas nunca sabe com toda a certeza se está fazendo o necessário para ser um bom líder.

O contrato de liderança lhe dá a clareza da qual você precisa fazer o que espera de você na liderança. Ao rever o seu contrato, você reforça o seu comprometimento em ser o melhor líder que puder. Prepare-se para ser transformado por essa experiência. Você vai sentir a mudança de dentro para fora. Como já vimos, todas as pessoas ao seu redor também vão notar a sua transformação. Um colega pode abordá-lo no corredor e perguntar: "Ei, você perdeu peso? Você mudou o cabelo? Tem alguma coisa diferente em você..." Essa diferença é o simples fato de você ter assinado o contrato de liderança e ter se comprometido em ser melhor líder possível e em conduzir a sua organização para o maior sucesso possível.

Com isso estabelecido, precisamos olhar como colocar o contrato de liderança em ação. No capítulo 9, vamos analisar como o contrato de liderança aplica-se aos quatro termos que descrevi anteriormente. Então, exploraremos o que eu chamo de "dupla resposta", analisando a responsabilidade de liderança em um indivíduo e em uma organização. No capítulo 10, vamos explorar como se tornar um verdadeiro líder responsável, vivendo, então, os quatro termos do contrato. Já o capítulo 11 mostrará como incorporar o contrato de liderança em uma organização com o objetivo de conduzir uma liderança realmente responsável.

Questões para reflexão

Assinando o contrato de liderança

Ao refletir sobre as ideias apresentadas neste capítulo, pense nas suas respostas para as perguntas a seguir:

1. Como você se sente agora que assinou o contrato de liderança?
2. Como você se sente se não conseguiu assinar o contrato de liderança?
3. Alguma coisa mudou no modo como você se vê?
4. Como o seu comportamento como um líder vai mudar?

Capítulo 9

Os momentos decisivos da liderança

A essa altura, presumo que você já tenha assinado o contrato de liderança. Se for o caso, parabéns. Eu tiro o chapéu para você, e você também precisa se dar um tapinha nas costas.

Você pode estar pensando: "E agora?". Boa pergunta, cuja resposta será o tema deste capítulo. Vamos explorar quais serão as implicações do contrato de liderança para você, não importa se você for um líder emergente, um líder de linha de frente, um líder de nível médio ou um líder executivo. Os termos do contrato de liderança não são muito diferentes dos termos com os quais você concorda ao assinar qualquer outro tipo de contrato. A assinatura é só um passo. O próximo passo será aplicar as cláusulas do contrato na sua própria liderança. Arregace as mangas e vamos ao trabalho!

Não importa se você for novo na liderança ou se já for um líder por um tempo, as ideias apresentadas neste capítulo lhe darão a clareza necessária para cumprir as demandas e as expectativas da sua posição. Munido desses *insights*, você será capaz de tomar melhores decisões de liderança e melhorar o modo como administra a sua carreira na liderança e como lidera a si mesmo em momentos de dificuldade.

Para ajudá-lo a entender com clareza as implicações do contrato de liderança, vamos repassar os momentos da liderança apresentados no capítulo 4.

Revisitando os momentos decisivos da liderança

Sempre gostei muito desta frase do filósofo espanhol José Ortega y Gasset: "Diga-me a que você presta atenção e eu lhe direi quem você é".

Se você estender essa ideia à liderança, isso simplesmente significa que dá para saber muito sobre os líderes com base em que eles mais prestam atenção. Com efeito, as quatro cláusulas do contrato de liderança os ajudam a prestar atenção às letras miúdas de uma grande liderança. No processo, você se torna um líder mais deliberado porque desenvolve a clareza e o comprometimento necessários para se tornar um grande líder.

Como você deve se lembrar do que vimos no capítulo 4, um momento decisivo é um evento que provoca uma grande e importante mudança. Nós, líderes, precisamos dar atenção especial a quatro momentos decisivos e fazer uma pausa e refletir sobre o nosso papel na liderança (ver figura 9.1).

Isso é importante porque as etapas gradativas de antes não existem mais. Hoje em dia e no futuro, todo novo cargo de liderança envolverá um grande salto e nem todos os líderes conseguem dar esse salto. Estudos têm constatado repetidamente uma alta taxa de fracasso dos líderes, sejam eles gerentes de linha de frente, sejam gestores de nível médio ou executivos. Muitos fracassam entre 1,8 a 24 meses depois de assumir um novo cargo.

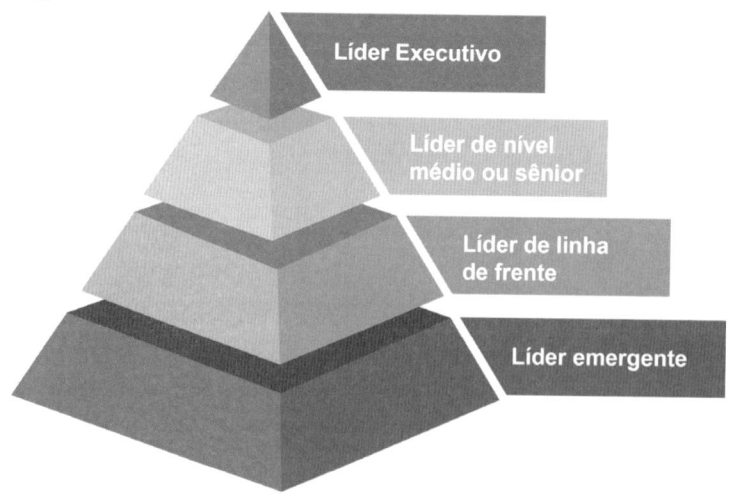

Figura 9.1 – Os quatro momentos decisivos da liderança

Esses líderes nunca tiveram a intenção de fracassar. Eles eram como você: brilhantes, ambiciosos e totalmente comprometidos com o sucesso. Mas parece que essas qualidades já não garantem mais o sucesso dos líderes nos dias de hoje. Por isso você precisa fazer uma pausa, esclarecer as suas obrigações e se certificar de estar fazendo tudo o que puder para ter sucesso no seu papel de liderança. É nesse ponto que as quatro cláusulas do contrato de liderança têm mais valor.

Elas o ajudam a refletir sobre a sua função na liderança e a saber com clareza ao que você deve prestar atenção a cada momento decisivo. Com isso, você sai posicionado para o sucesso e evita o caminho do fracasso que tantos líderes acabam tomando.

Momento decisivo 1
Líderes emergentes

Um dos quatro momentos cruciais é a primeira vez que você pensa na possibilidade de ser um líder. Como descrevi na minha história pessoal de liderança no capítulo 1, quando Zinta me disse: "Você precisa trabalhar na administração", aquela foi a primeira vez que alguém me disse algo parecido. Fiquei surpreso ao notar uma mudança imediata em mim. Aquelas palavras me forçaram a me ver de um jeito diferente. E é isso que acontece quando alguém dá um tapinha no seu ombro e lhe diz que você é visto como um líder emergente. De repente você se vê num processo de descoberta pessoal para saber o que exatamente é a liderança e quais serão as implicações para você.

Vejamos o caso de Tariq. Ele era um líder de uma empresa de transporte especializada em distribuição e armazenagem. Ele participou de um programa para líderes emergentes e nos contou que saiu desse programa com um novo entendimento de como precisava se comportar na liderança. Ele logo percebeu que não podia mais passar a imagem de um "reclamão" ou "resmungão". Ele precisava evoluir, de um funcionário a um líder. Ele percebeu que precisava estabelecer padrões mais elevados para si mesmo. Não seria mais apropriado para ele se comportar como mais um funcionário da equipe de construção.

Tariq ficou preocupado quando constatou isso porque já vinha notando um distanciamento entre ele e os colegas. Todos os líderes emergentes passam por isso. Ainda bem que Tariq estava aberto a entender as realidades de seu futuro papel, e as quatro cláusulas do contrato de liderança o ajudaram nessa tarefa.

Você verá que normalmente é a sua organização que toma a sua primeira decisão de liderança e o coloca em um cargo de liderança. Alguém na empresa o verá como um líder potencial e você vai ficar sabendo. Esse reconhecimento é um convite para você descobrir as implicações da liderança e saber se você de fato serve para ser um líder.

Não caia na mesma armadilha na qual muitos líderes emergentes caem: não recuse o convite porque acha que a liderança só implica mais trabalho. É bem verdade que você estará assumindo muitas novas funções e precisará se empenhar mais. Mas você também terá uma oportunidade muito maior de influenciar a sua organização e a sua equipe. Desse modo, a sua verdadeira decisão nesse momento é permanecer aberto e aprender o máximo que puder sobre como seria a sua vida em um cargo de liderança. Também é importante ser honesto consigo mesmo. Se você acha que a liderança não é para você, é melhor esperar até estar pronto.

Este também é um bom momento para começar a prestar atenção à sua obrigação fundamental nesse nível de liderança: preparar-se para ser um líder. Essa atitude de prontidão começa com uma transformação no seu modo de pensar: de um funcionário e colaborador individual a um líder. Comece a procurar maneiras de demonstrar a sua capacidade de liderar.

Muito do trabalho que você terá de fazer como um líder emergente será pessoal. Depois que a organização decide que você é líder emergente, é difícil não deixar isso subir para a sua cabeça. No entanto, se você deixar, todo mundo vai ficar sabendo e isso vai afetar o seu relacionamento com os colegas. Por isso é importante manter a humildade.

Também é importante começar a desenvolver a sua resiliência e a sua determinação forçando-se deliberadamente a sair da sua zona de conforto. Este é um excelente momento para prestar atenção a todas as habilidades interpessoais que você vai precisar dominar. Desenvolva a sua capacidade de administrar conflitos, dar feedback e levar as pessoas a se responsabilizar pelos próprios atos. Com base na minha experiência pessoal e na experiência de centenas de líderes com quem trabalhei, é melhor aprender essas habilidades agora, porque, caso contrário, as suas lacunas nessas áreas vão inevitavelmente voltar para assombrá-lo mais tarde.

Como um líder emergente você também pode se voltar a criar uma comunidade com os outros líderes. Isso pode ser feito se conectando com outros líderes emergentes da sua organização. Também pode ser interessante criar um pequeno grupo fora da sua organização, seja por meio de uma rede de relacionamentos profissionais, seja usando os seus próprios contatos. Foi o que eu fiz quando fui um líder emergente no meu primeiro emprego. Foi difícil encontrar pessoas de mentalidade similar na minha organização, de modo que reuni alguns colegas e amigos e criei eu mesmo uma rede de relacionamentos. A gente se encontrava de quatro a seis vezes por ano para conversar sobre liderança e sobre a nossa carreira. Foi uma experiência valiosíssima para mim porque me ajudou a enfrentar as dificuldades que eu estava encontrando na minha organização.

Comece a procurar maneiras de expressar as suas ideias e começar a demonstrar a sua liderança, mesmo se você ainda não tiver o título ou o cargo. Você precisa começar a desenvolver a sua resiliência para ser capaz de lidar com as maiores demandas e adversidades que acompanharão o seu primeiro cargo de liderança. Agarre todas as oportunidades de desenvolvimento que a sua organização oferecer. Procure maneiras de expandir as suas habilidades no trabalho aceitando novas atribuições e projetos. Também comece a observar outros líderes em ação. Veja o que eles fazem certo e o que podem estar fazendo errado. Com o tempo você vai começar ver com mais clareza como vai querer se apresentar como um líder.

Por fim, espero que você nunca perca de vista a seguinte realidade: *a sua organização vai precisar de um suprimento constante de líderes fortes para garantir o sucesso no futuro*. Se você decidir ser um líder, o futuro estará nas suas mãos. Mas primeiro você deve decidir esclarecer as implicações de ser um líder e se comprometer a fazer isso acontecer. A principal coisa que você tem a fazer neste momento decisivo é ser honesto consigo mesmo.

Momento decisivo 2
Líderes de linha de frente

Se você for um líder de linha de frente, tem um dos papéis de liderança mais vitais da sua organização. Sei que você pode não acreditar, mas é verdade. Ninguém está mais perto dos funcionários e dos clientes da sua organização. Ninguém sabe dos acontecimentos melhor do que você. Você pode ter um grande e importante impacto. Você vai começar a perceber que os padrões serão mais elevados para você. Desculpas de funcionários que podem ser toleradas, mas não serão mais aceitáveis para você. Você logo vai perceber que a liderança não é uma questão de dar desculpas, mas de prestar contas pelos resultados.

A primeira vez que você decide se tornar um supervisor ou gerente é uma das decisões de liderança mais importantes que você vai tomar em toda a sua vida profissional. Trabalhamos com líderes de linha de frente no nosso programa de desenvolvimento Gerente Responsável. Um dos primeiros importantes *insights* que compartilhamos com esses líderes é que eles devem parar de achar que ainda são colaboradores individuais.

O foco deixa de ser em você. Você toma a decisão de se destacar da matilha e assumir a liderança, comprometendo-se a agregar mais valor à sua organização. De repente você entra em uma zona diferente e essa mudança começa a afetá-lo de maneiras que você jamais teria suspeitado.

Vejamos o exemplo de Thomas. Ele se tornou o supervisor de sua equipe, o que mudou o relacionamento dele com os antigos colegas. Ele sabia que isso aconteceria. Mas não tinha ideia de que a mudança seria tão grande. Isso ficou claro para ele quando a equipe organizou uma excursão e não o convidou. No começo, ele ficou um pouco magoado. No entanto, quando pensou como um líder, ele soube que era saudável para a equipe socializar sem o chefe por perto. Ele percebeu que esse é o preço que um líder às vezes tem de pagar.

Uma das coisas que percebi quando fui um líder de linha de frente é que a sua equipe também toma uma decisão de liderança: eles decidem segui-lo ou não. Se eles decidirem seguir a sua liderança, o seu trabalho será muito mais fácil. Caso contrário, você vai ter um trabalho árduo pela frente. Desse modo, preste atenção à sua equipe. Tome deliberadamente as decisões de liderança do tipo d minúsculo nas reuniões da equipe. Você vai se surpreender ao ver como a deliberação e a coerência da sua parte vai ajudar a sua equipe a atingir um bom desempenho.

O que você também vai descobrir como um líder de linha de frente é que você passa efetivamente a pensar sobre a sua responsabilidade e as suas obrigações para com a organização (ou pelo menos é o que deveria fazer). Você terá duas principais obrigações: impulsionar o desempenho da sua equipe e aprender os fundamentos do seu novo cargo.

Você logo percebe que agora deve prestar contas pelo desempenho da sua equipe. Dependendo do seu cargo, o seu grau de controle pode ser considerável. Você pode ser responsável por dez, vinte ou mais subordinados diretos, o que não é tarefa fácil. Com efeito, quanto maior for a sua equipe, mais pressão você vai sentir na liderança.

Você também vai precisar dominar os fundamentos da liderança que usará ao longo de toda a sua carreira. Habilidades essenciais como coaching, saber ouvir, delegar, estabelecer expectativas claras e administrar o desempenho, levar as pessoas a prestar contas pelos próprios atos e lidar com conflitos. Como qualquer líder emergente, é melhor aprender a dominar essas habilidades agora, porque, caso contrário, a sua eficácia vai sair prejudicada se e quando você assumir um cargo mais sênior de liderança mais adiante. Você vai perceber que vai ter de alocar muito mais tempo do seu dia para resolver problemas de pessoal. Com efeito, você vai ficar surpreso com o tempo que precisará alocar a isso e ao ver quanta energia a equipe vai drenar de você.

Você pode não ver com muita clareza a sua obrigação para com as suas comunidades neste ponto, mas eu o encorajo a encontrar maneiras de retribuir à sociedade. É importante desenvolver a capacidade de prestar atenção a essa obrigação mais ampla agora, porque as expectativas em relação a ela só vão aumentar à medida que você avança para cargos mais seniores.

Parte do trabalho mais difícil que você terá de enfrentar na liderança diz respeito a se transformar, de ser uma pessoa que faz a uma pessoa que delega. Muitos líderes de linha de frente têm dificuldade com essa mudança. A sua função ainda pode demandar que você coloque as mãos na massa além de gerenciar a sua equipe. Você muito provavelmente também será a pessoa mais experiente da equipe na parte técnica. Você será ao mesmo tempo o especialista e o líder da equipe, e algumas pessoas podem ter dificuldade com essa transição.

Outra mudança que você terá de fazer será mudar o modo como obtém a satisfação no trabalho. Como um colaborador individual, a sua satisfação vinha principalmente das suas próprias realizações e do seu próprio desempenho. Agora você vai precisar obter satisfação do desenvolvimento da sua equipe e de ver todos crescerem. Você terá de abrir mão do desejo da glória pessoal e substituí-lo pelo desejo da glória para a equipe. Você terá de deixar de avaliar o seu desempenho com base na sua própria contribuição e passar a ser avaliado pela contribuição da sua equipe.

O seu maior desafio neste nível é não se isolar. Entre em contato com outros líderes do seu nível na sua organização. Encontre maneiras de se conectar com eles no trabalho ou depois do trabalho, fora do escritório. Também é importante criar o hábito de se conectar de modo mais concreto com os outros líderes no trabalho todos os dias. Em vez de enviar um e-mail, pegue o telefone ou, melhor ainda, vá até a sala do colega para falar pessoalmente sobre algum problema. Essas pequenas porém importantes práticas para se conectar com os outros líderes se provarão de valor inestimável no decorrer da sua carreira na liderança.

Algumas considerações finais para os líderes de linha de frente: em alguns momentos você pode se sentir ignorado pela sua organização. Não é nada pessoal, algumas organizações simplesmente são assim. Não se deixe abalar. A notícia animadora é que cada vez mais organizações estão reconhecendo que os líderes de linha de frente são cruciais para o sucesso. Na verdade, acredito que nunca foi tão bom ser um líder da linha de frente quanto é hoje.

Momento decisivo 3
Líderes de nível médio

Os líderes de nível médio e seniores são a cola que une qualquer organização. Nesse nível, o mais importante é a sua capacidade de ter um impacto organizacional e será por essa habilidade que você vai ser julgado como um líder.

Ao tomar a decisão de liderança nesse nível, você terá de enfrentar o desafio de abrir mão. O que levou ao seu sucesso até este ponto – o seu sólido conhecimento técnico – deverá ser substituído por aquele mundo nebuloso da liderança mais ampla. Nesse mundo, o seu sucesso é definido e mensurado em grande parte pela sua capacidade de influenciar, colaborar e impulsionar a inovação. Você vai precisar derrubar barreiras para fazer o seu trabalho e satisfazer as necessidades dos clientes.

Quando atuei nesse nível, percebi que nenhuma decisão de liderança é um evento único e isolado. Você precisa ir ao trabalho todos os dias e enfrentar grandes desafios e exigências que o forçarão a se perguntar vez após vez: *estou mesmo preparado para isso? Estou preparado para fazer o que for necessário? Vou ser capaz de enfrentar esse problema?* E, dependendo do seu dia, você pode se fazer muito essas perguntas.

Essas perguntas são importantíssimas porque neste nível você pode começar a se distanciar ou se acomodar. Quando isso acontece, você corre o risco de ir ao trabalho todos os dias e só fazer o mínimo necessário na liderança. Se você se pegar fazendo isso, pare e questione a sua decisão de liderança.

A sua obrigação fundamental nesse nível é ter um impacto organizacional! Isso significa não recorrer aos executivos em busca de permissão ou autorização para fazer as coisas. Você deve ser capaz de trabalhar com eficácia por toda a sua organização com os outros líderes para impulsionar a mudança e promover o alto desempenho. O foco não será mais na sua equipe ou no departamento. Provavelmente, pela primeira vez você começa a perceber que agora a sua obrigação é ser um embaixador da sua organização. *Você é a empresa!* Espera-se que você lidere dentro e fora da organização. Você vai se ver pensando muito mais sobre a sua obrigação para com as comunidades nas quais a sua empresa faz negócios. Dependendo do seu cargo, você pode até ser o representante da empresa na sua comunidade local.

Esse nível requer muito trabalho árduo. Os problemas de pessoal continuarão, porém parecerão mais difíceis de resolver, porque agora que você também está lidando com outros líderes seniores, e o ego, a politicagem e a insegurança passam a fazer parte das suas experiências diárias trabalhando com os outros.

O drama pode por vezes ser intenso e você vai ter de aprender a lidar com isso. Você precisará ser estratégico ao mesmo tempo que lida com prioridades táticas. Você ficará no meio, preso entre as pressões da linha de frente e do nível executivo, e vai parecer que está sempre correndo de um lado ao outro para apagar incêndios.

Esse é o mundo da implementação de grandes projetos. Você pode não ser um patrocinador desses grandes projetos, mas precisará se encarregar do sucesso de sua execução. E, apesar de atuar em um departamento ou linha de negócios, você também vai precisar desenvolver uma visão geral, da empresa como um todo.

É nesse nível que a sua resiliência e determinação serão verdadeiramente testadas. Você vai saber se está à altura do cargo. Você também vai começar a perceber se vai ou não conseguir ter sucesso em um cargo mais sênior. Mas, para avançar, você terá de evitar algumas das armadilhas que enfraqueçam os líderes no nível médio.

Uma líder com quem trabalhei era uma mulher brilhante. O desempenho pessoal de Tazeen era excelente. Ela também tinha desenvolvido sólidos relacionamentos pessoais com membros de sua equipe. Infelizmente, ela não deixou claro se era uma líder ou uma amiga dos membros da equipe, que a tratavam de um jeito muito casual. Ela queria ser vista como uma colega e, em consequência, evitava lidar com os problemas de desempenho da equipe.

Alguns membros da equipe se aproveitaram de sua boa vontade. Apesar de ser querida pela equipe, ela era vista como uma líder fraca. O que acabou acontecendo é que ela estagnou a própria carreira. Os executivos a viam como uma gerente de nível médio capaz, mas não achavam que ela teria sucesso em níveis mais seniores da organização. Tazeen teve dificuldades com seu papel e o poder que o acompanhava.

Como um líder sênior, você terá mais poder do que nos níveis inferiores. É importante saber como lidar com esse poder, como compartilhá-lo com os outros e como não abusar dele.

Todo o trabalho árduo nesse nível é fundamental e necessário porque irá prepará-lo para o que está por vir, em um cargo de liderança mais sênior. Uma das mudanças que você vai sentir é que você precisará gerenciar outros gestores, sendo que muitos deles terão mais experiência do que você em suas próprias áreas de especialidade. O trabalho árduo que o aguarda é moldar uma equipe forte mesmo sem ter o conhecimento técnico. Você vai precisar contar com as recomendações dos outros e tomar decisões com base nas sugestões deles. Você pode ter dificuldade com o nível de confiança necessário para atuar neste nível.

Você pode acabar afetado por toda a pressão e, em alguns momentos, pode se sentir separado e isolado. No entanto, a ironia é que é justamente nesse nível que uma verdadeira comunidade de líderes pode ser criada. O desafio que você enfrentará é que você estará atuando em um estábulo de puros-sangues. O seu dia a dia pode estar imerso em uma competição interna, uma guerra de silos.

Você deve mudar esse clima e entrar em contato com os outros líderes. Como estará colaborando em vários projetos por toda a empresa, haverá muitas oportunidades para se conectar. Reserve um tempo para construir relacionamentos verdadeiramente positivos e saudáveis com os colegas, relacionamentos que terão um impacto positivo no seu trabalho. Monte o seu próprio grupo de apoio dentro da sua organização, composto de um pequeno número de colegas de confiança. Use ferramentas de mídia social para se conectar com pessoas ao redor do mundo. Nunca houve tantas maneiras de se conectar com os outros líderes como nos dias de hoje.

Também é importante não se isolar nem se focar demais internamente. Mantenha-se conectado com os líderes do seu setor, fora da sua organização. A maior oportunidade nesse nível é que você será capaz de transformar a natureza dos seus relacionamentos com os colegas e basear esses relacionamentos em confiança, respeito e apoio mútuo.

Acho que muitos líderes de nível médio e sênior subestimam o impacto que eles efetivamente podem ter nas suas organizações. A realidade é que, com as organizações se tornando cada vez mais enxutas e ágeis, os cargos de liderança de nível médio são fundamentais. Não perca esse detalhe de vista. O sucesso da sua empresa está nas suas mãos. Como sempre, a decisão é sua. Eu o encorajo a tomar essa decisão e conduzir a sua empresa à grandeza.

Momento decisivo 4
Líderes executivos

Bem-vindo à liga dos campeões. Você finalmente conquistou um cargo executivo ou de diretoria. Nesse nível, tudo vai parecer mais intenso: a prestação de contas, a avaliação, a necessidade de maturidade profissional. Ao mesmo tempo, tornar-se um líder executivo representa uma oportunidade incrível de influenciar o futuro da sua organização.

O momento no qual você decide assumir um desses cargos também é crucial porque o seu impacto será enorme. Apesar de esses cargos virem acompanhados de títulos pomposos, altos salários, grandes mordomias, e assim por diante, você precisa esclarecer as razões pelas quais você quer o cargo. A sua verdadeira motivação é poder ter um impacto positivo e duradouro sobre a sua organização? Ou tudo se baseia no seu ego e nas suas necessidades pessoais? Você está preparado para elevar a sua liderança a um nível totalmente diferente tornando-se um grande líder, um líder respeitado por funcionários e *stakeholders*?

Um fator importante ao tomar uma decisão de liderança nesse nível será o seu relacionamento com o seu chefe – o CEO ou o presidente do conselho de administração. Esse relacionamento terá de ser muito forte se você quiser ter alguma chance de sucesso. Não deixe de reservar um tempo para verdadeiramente avaliar como será esse relacionamento. Se você acha que o relacionamento não será forte, precisa resolver o problema antes de decidir aceitar o cargo.

As suas decisões de liderança do tipo D maiúsculo exigirão que você seja honesto consigo mesmo. Muitos líderes ambicionam cargos executivos, mas poucos conseguem chegar lá e pouquíssimos conseguem ter sucesso. Você precisa se conhecer o suficiente para saber se fará jus às exigências da nova função. Você pode achar que fará mais sentido permanecer em um cargo de nível médio. Não tem problema algum com isso. As nossas organizações precisam de líderes fortes em todos os níveis.

A sua obrigação como um líder executivo é muito clara: você deve liderar a sua organização para o futuro. Você precisa moldar o seu ambiente, elaborar uma estratégia para impulsionar o crescimento sustentável e criar uma cultura forte para atrair e reter os melhores talentos. Você deve sentir o peso da sua obrigação para com os seus clientes, funcionários, outros executivos, conselho de administração e acionistas. O jogo volta a mudar agora que você realmente começa a entender as várias obrigações que deve cumprir.

Você também deve começar a reconhecer que, como um executivo, tem obrigações morais e fiduciárias: *você deve deixar a organização melhor do que estava quando assumiu o cargo*. Você deve olhar a organização como um todo e criar um modelo de negócio capaz de impulsionar o crescimento sustentável. Você deve ser extremamente focado e criar sólidos relacionamentos com os *stakeholders*.

Você não passa mais o seu tempo reagindo, mas as suas novas prioridades serão se adiantar aos acontecimentos, moldar e executar. O que você também deve perceber é que o seu papel não se limita mais à sua área ou linha de negócios. Você deve ter em vista o sucesso da organização como um todo.

Outra importante obrigação é criar uma equipe de gestão forte e garantir uma linha de sucessão. Com efeito, muitos CEOs com quem trabalhei acreditam que criar uma equipe forte é uma de suas obrigações mais cruciais para a sua empresa. Os conselhos de administração julgam CEOs com base em sua capacidade de criar equipes fortes. As equipes do topo são vitais para o sucesso da sua empresa, não só por serem necessárias para impulsionar o desempenho da empresa, mas também porque você tem a obrigação de garantir a continuidade da liderança e assegurar que os problemas de sucessão sejam resolvidos.

Esse nível implica muito trabalho árduo, que acaba ficando ainda mais difícil devido à constante avaliação que você irá enfrentar. Basta pensar na avaliação e nas críticas que Marissa Mayer, presidente e CEO do Yahoo!, sofreu em seu primeiro ano no cargo. Como já vimos neste livro, quando você se vê sob esse tipo de avaliação, o medo pode se insinuar na sua mente. Você não quer ser o líder que pisou na bola ou derrubou a sua organização. Os seus erros dão manchetes de jornais e capas de revistas de negócios e viram fenômenos virais no Twitter. Esses são os riscos e os desafios. Você aprende que é o representante da sua organização e que a reputação da empresa muitas vezes se baseia na sua reputação. A sua resiliência e determinação são colocadas à prova de um jeito completamente diferente.

Trabalhei com um pequeno grupo de CEOs que estavam em transição e eram participantes do Executive Outplacement, o programa de recolocação de executivos da nossa consultoria. Estávamos conversando sobre as ideias do contrato de liderança e passamos um bom tempo falando sobre o trabalho árduo que o nível executivo requer. Eles observaram que parte do trabalho mais árduo envolvido é tomar decisões difíceis no trabalho, como demitir um funcionário ou fechar uma unidade de negócios em dificuldade. Mesmo que se essas decisões forem as mais adequadas para a empresa, os líderes acabam pagando um preço por elas.

Dos quatro momentos decisivos da liderança, é no nível executivo que você pode ter mais influência na sua organização por meio da criação de uma verdadeira comunidade de líderes, que virá a se tornar o maior diferenciador da sua empresa. Em um nível pessoal, você deve servir de exemplo para os outros, ser um modelo de uma grande liderança e ajudar a sua equipe sênior a seguir o seu exemplo.

Como vimos, os cargos executivos podem ser solitários e isolar os líderes. Você precisa romper esse isolamento. Crie uma rede de relacionamentos próximos dentro e fora da sua organização. Conheço muitos CEOs, por exemplo, que têm uma pequena equipe de consultores externos e colegas aos quais eles podem recorrer em busca de aconselhamento, apoio e senso de comunidade. Você não precisa ser um CEO para criar uma comunidade como essa. Procure líderes que ocupam um cargo similar (dentro ou fora da sua organização) e crie o hábito de se conectar com eles. No fim, a essência da liderança são as conexões que você faz.

Acredito que nunca houve um momento melhor do que hoje para ser um líder de nível executivo. Se você puder descobrir como se alavancar nas mídias sociais, poderá ter uma plataforma para contar a história da sua organização de maneiras que seriam impossíveis uma década atrás. Se você for capaz de criar uma empresa verdadeiramente inspiradora e um excelente lugar para se trabalhar, vai poder atrair os melhores e mais brilhantes talentos do setor. Você também vai ter a chance de mudar o mundo em níveis globais e sociais. Seja o líder que dá um exemplo positivo para a empresa!

Considerações finais
Os momentos decisivos da liderança

Como descrevi neste capítulo, à medida que as organizações se tornam cada vez mais enxutas, muitos cargos antes cruciais deixaram de existir. No passado, esses cargos eram usados como etapas graduais para ajudar as pessoas a crescerem e amadurecerem na liderança. Hoje em dia, essas etapas graduais deixaram de existir e a transição entre os momentos decisivos pode parecer um salto considerável. Acredito que isso explica por que tantos líderes perdem o rumo em um a dois anos no cargo. Eles deram o salto sem entender direito as letras miúdas e as expectativas que um cargo de liderança implica. A boa notícia é que as quatro cláusulas do contrato de liderança proporcionam uma maneira prática e útil para ajudá-lo a saber exatamente no que você está se metendo, a que você deve prestar atenção e o que você deve fazer para se tornar um grande líder.

Questões para reflexão

Os momentos decisivos da liderança

Ao refletir sobre as ideias apresentadas neste capítulo, pense nas suas respostas para as perguntas a seguir:

1. O que o contrato de liderança significa para você? Qual novo *insight* você teve sobre o seu papel na liderança?
2. A quais áreas específicas você deve prestar atenção agora que é um líder?
3. Em que sentidos você sabe com mais clareza como aplicar as quatro cláusulas do contrato de liderança ao seu papel na liderança?
4. De que maneiras essa clareza afetou o seu compromisso de ser o melhor líder que puder?

Capítulo 10
O contrato de liderança na prática

Imagine que você está prestes a assumir um novo cargo de liderança. Você está cheio de energia e pronto para o desafio. Você está confiante, empolgado com o novo cargo, o aumento de salário e os benefícios adicionais que vai receber.

Pouco antes de você começar na sua nova função, você e eu temos uma conversa. Eu lhe informo que, no primeiro ano no seu novo cargo, você enfrentará uma grande crise na sua organização. A imprensa noticiará que um dos produtos da sua empresa está com defeito e levou à morte de mais de cem pessoas e provocou ferimentos graves em um número ainda maior de pessoas.

Em consequência, você e a sua empresa serão submetidos a uma saraivada de críticas da imprensa e do público. Todas as suas palavras e ações serão esmiuçadas nos noticiários. Em questão de meses, você estará testemunhando diante do Senado, enquanto a sua empresa passa por uma rigorosa investigação em uma audiência no Congresso.

Se eu lhe dissesse que tudo isso aconteceria, você assumiria o seu novo cargo de liderança mesmo assim? Você acha que continuaria tão empolgado e confiante?

Foi exatamente o que aconteceu com Mary Barra, a CEO da General Motors (GM). Barra foi nomeada ao cargo em dezembro de 2013. Na ocasião, a imprensa se concentrou principalmente no fato de ela ser uma mulher. A escolha de uma CEO do sexo feminino foi sem dúvida um grande avanço para a GM e para as empresas do mundo todo. A nomeação também representou um avanço para Barra, que, ao longo de uma carreira de trinta e três anos na GM, ocupou uma série de cargos executivos, incluindo vice-presidente global de Recursos Humanos e, mais recentemente, vice-presidente de desenvolvimento de produtos.

Mas ninguém poderia ter previsto os desafios de liderança que ela estava prestes a enfrentar. Tudo começou quando o mundo ficou sabendo que chaves de ignição defeituosos em automóveis produzidos pela empresa resultaram em muitas mortes e muitos ferimentos. Barra deu início a um *recall* de trinta milhões de automóveis. Ela se viu sob uma intensa análise pública. A pressão deve ter sido enorme para ela e seus líderes e funcionários.

Durante esse período, Barra foi elogiada pelo modo como lidou com a crise. De acordo com a descrição publicada pela revista *Fortune*, Barra tinha uma combinação sem igual de honestidade, humildade e um desejo sincero de extirpar pela raiz os erros que levaram aos problemas da empresa. Ela não tentou negar ou minimizar os acontecimentos. Ela queria que o escândalo fosse um lembrete constante do que acontece quando uma empresa deixa de fazer a coisa certa para os clientes e para a sociedade como um todo. Ela assumiu a plena responsabilidade pelos erros da empresa e nunca tentou culpar os outros.

Mas a liderança de Barra vai muito além disso. Ela também parece ser uma construtora de comunidades, admirada por ser uma pessoa acessível e que verdadeiramente sabe ouvir. Colegas e colaboradores internos da GM a descrevem como uma líder inclusiva, que sabe engajar funcionários e líderes. Por exemplo, ela conduz reuniões frequentes na câmara municipal que a ajudam a se informar do andamento dos projetos e melhorar a tomada de decisão. E ela usa essas habilidades para promover a mudança cultural que está liderando na GM.

Acredito que a história de Barra seja um exemplo perfeito do tipo de desafios complexos que os líderes enfrentam hoje e continuarão a enfrentar no futuro. Os seus desafios e suas pressões sem dúvida serão diferentes, mas podem ser tão difíceis quanto os dela.

O que também mudou para os líderes foi a grande avaliação à qual eles são submetidos, de várias perspectivas diferentes – clientes, funcionários, acionistas, *stakeholders* e analistas de mercado observam de perto cada ação e decisão sua. O mundo para os líderes passou a ser um lugar muito diferente do que era apenas uma geração atrás.

É por isso que precisamos de um contrato de liderança. Acredito que seja impossível liderar sem tomar a decisão consciente e deliberada de ser um líder. A pressão pode destruí-lo se você não tiver a clareza e o comprometimento necessários para verdadeiramente ser um líder. A história de Barra mostra que você não tem como liderar sem saber com clareza quais são as suas obrigações e ter bem claro o seu comprometimento para consigo mesmo, seus clientes, sua organização, seus funcionários e as comunidades nas quais a sua empresa opera. Você precisa ter a resiliência e a determinação para dar conta do trabalho árduo. E precisa ser um construtor de comunidades e adotar uma abordagem inclusiva à liderança.

Neste capítulo, veremos como você pode colocar em prática o contrato de liderança e se tornar um líder verdadeiramente responsável implementando:

- Quatro práticas fundamentais ligadas a cada uma das quatro cláusulas.

- Uma série de práticas diárias, trimestrais e anuais para garantir que você continue praticando as quatro cláusulas do contrato de liderança.

As quatro práticas fundamentais para colocar em prática o contrato de liderança

Recomendamos quatro práticas fundamentais, cada uma associada a uma das quatro cláusulas do contrato de liderança (ver figura 10.1). Aprendi que essas práticas constituem a base para dar início à sua jornada na direção de se tornar um líder verdadeiramente responsável. Para ajudá-lo a implementar essas práticas, criei um livro de atividades que você pode baixar no site www.theleadershipcontract.com

Figura 10.1 – O contrato de liderança na prática – As quatro práticas fundamentais

1. Entenda e compartilhe a sua história pessoal de liderança

Quando trabalho com líderes nos nossos programas de desenvolvimento, pergunto qual evento mais influenciou a liderança deles e todos dizem que aquela experiência foi o melhor professor que eles tiveram. Mas as experiências só podem ser o melhor professor se pararmos para refletir a respeito e ponderar como elas nos afetaram. Se você não entender as suas experiências, não terá as bases necessárias para colocar em prática o contrato de liderança.

Comece a construir esses fundamentos conhecendo a sua própria história pessoal de liderança. Veja a seguir uma descrição resumida do que você precisa fazer.

Identifique as suas experiências de liderança mais importantes. Faça uma pausa agora e pense nas experiências cruciais que fizeram de você o líder que é hoje. Aposto que você já conseguiu pensar em algumas histórias. Algumas serão histórias de experiências nas quais você esteve no seu melhor e pôde exercer um grande impacto como um líder. Outras serão mais negativas, momentos de dificuldade, períodos nos quais você teve o pior chefe do planeta, enfrentou adversidades ou teve a sua determinação colocada à prova.

Identifique temas e padrões em comum. Depois de identificar as experiências cruciais de liderança, analise-as como um todo e identifique quaisquer padrões e temas em comum. De quais experiências você mais se orgulha? Como você lidou com a adversidade? O que você aprendeu sobre a sua resiliência e determinação? O que costuma acontecer nessa atividade é que as pessoas percebem com clareza quem elas são como líderes e por que elas adotaram esse estilo de liderança. Esse nível de clareza lhe possibilita tomar decisões de liderança muito melhores.

Vamos retomar o exemplo de Mary Barra, que apresentei no início deste capítulo. Quanto mais eu ficava sabendo sobre a experiência de Barra como uma líder, mais eu me impressionava com a história pessoal de liderança dela. Em resumo, Barra é um verdadeiro exemplo do sonho americano. Ela tem origens humildes. Seu pai era um imigrante finlandês que passou trinta e nove anos trabalhando na GM fabricando pigmentos. Ela entrou na montadora quando tinha dezoito anos e acabou se matriculando no General Motors Institute (hoje conhecido como Kettering University) para estudar ciências. Ela também ganhou da GM uma bolsa de estudos para estudar na Faculdade de Administração da Stanford, onde fez seu MBA.

Que diferença isso faz? Vamos encarar: a nomeação de um novo CEO pode ser uma experiência enervante para qualquer grande organização. Na GM, quando Barra assumiu o cargo, os funcionários no mínimo tiveram o consolo de saber que a nova CEO passou com eles por vários altos e baixos da empresa. Ela era uma funcionária de carreira da GM. O vínculo de Barra com a empresa tem raízes em sua história familiar. Acredito que essa seja uma das principais razões pelas quais ela conseguiu administrar a crise que enfrentou no primeiro ano no cargo. Para Barra, ser a CEO da GM era mais do que um cargo, era parte de sua história de liderança e até de sua história de vida.

É por isso que é importante conhecer a sua história de liderança. Conhecer as experiências que fizeram de você quem você é hoje o ajuda a ser um líder mais eficaz. Você analisa as decisões de liderança que tomou no passado, avalia o modo como lidou com o sucesso e o fracasso e usa todas essas lições a cada vez que assumir futuras posições de liderança.

Conte a sua história de liderança. Uma vez decifrada a sua história pessoal de liderança, é importante contá-la às pessoas que você lidera. Com efeito, acredito que essa seja uma das medidas mais eficazes que qualquer líder pode tomar. Depois que publiquei a primeira edição deste livro, me surpreendi ao ver como conhecer a minha história afetou os meus colegas. A minha equipe passou a me ver com outros olhos.

Em uma ocasião, um cliente meu, um talentoso CEO, me contou histórias de sua infância na Inglaterra rural. Ele vinha de uma família pobre e foi vítima de *bullying* na escola. Devido a essas experiências, ele decidiu, aos oito anos de idade, que não seria pobre quando crescesse. Todas as suas realizações na vida resultaram de suas experiências na infância. Essas experiências alimentaram seu desejo de escapar da pobreza de sua infância.

Era uma excelente história. Mas, quando perguntei se ele já tinha contado essa história à sua equipe, ele disse que não. Só os seus colegas mais próximos sabiam de sua história.

Não é um desperdício? Ele perdeu a chance de estreitar os laços com as pessoas que liderava. E perdeu a oportunidade de inspirar as pessoas de uma maneira bastante pessoal. Sempre que trabalho com líderes em um encontro de funcionários, eu os encorajo a contar um pouco de sua história pessoal. Alguns se empolgam com a ideia. Outros hesitam, sem saber como isso vai afetar o modo como são vistos pelos funcionários. Para os que têm a coragem de compartilhar sua história, acredito que isso salienta seu lado humano aos olhos dos funcionários, o que leva a um relacionamento mais profundo e significativo com eles. É esse tipo de conexão que os grandes líderes têm com seus funcionários, criando um vínculo capaz de gerar mais comprometimento e empenho.

Contar a sua história também mostra que você tem coragem de expor o seu lado vulnerável. Sei que alguns de vocês podem ter dificuldades com essa ideia. Afinal, você pode ser uma pessoa reservada. Eu entendo totalmente. No entanto, é importante reconhecer que hoje em dia os funcionários querem se conectar com seus líderes em um nível mais pessoal. Eles querem conhecê-lo não só como o chefe ou gerente mas também como uma pessoa.

Outro dia desses tive a chance de confirmar o impacto de compartilhar nossa história de liderança. Logo depois do anúncio da aquisição, pela Adecco/Lee Hecht Harrison, da Knightsbridge, a empresa na qual trabalhei por treze anos, alguns executivos da Knightsbridge foram convidados para participar da Conferência Global da Lee Hecht Harrison. Foi uma excelente oportunidade de conhecer nossos novos colegas de trabalho, nos familiarizar com a estratégia da empresa e ter uma ideia da cultura da organização.

Peter Alcide, o presidente e diretor de operações da Lee Hecht Harrison, abriu a conferência. Ele deu boas-vindas a todos e fez algumas reflexões sobre o desempenho da empresa. Fiquei impressionado com a escala e o sucesso global da empresa.

Então, Pete mencionou que o mais recente levantamento de engajamento dos funcionários da empresa revelou que muitos funcionários não o conheciam em um nível pessoal. Assim, como o líder responsável que é, Pete se pôs a resolver a situação e contou sua história pessoal de liderança.

Ele falou sobre sua infância humilde. Contou que grande parte do que ele aprendeu na vida foi com os pais e a família. Pete tem mais quatro irmãos. Ele nos contou que seus pais nunca fizeram faculdade. Seu pai era um motorista de ônibus em Nova York. Pete contou que o pai saía para o trabalho às três da manhã e só voltava às quatro da tarde. A família jantava às 16h30 em ponto todos os dias. Depois, a mãe de Pete saía para trabalhar nas operações de vendas por catálogo de uma grande varejista. Seus pais se organizavam para que um deles sempre estivesse em casa para cuidar dos quatro meninos. Pete falou sobre como isso afetou seu próprio estilo de criação dos filhos.

Pete contou que era importante para ele impulsionar o sucesso da empresa. Ele era uma pessoa competitiva por natureza e gostava de vencer. Mas, acima de tudo, ele queria fazer uma diferença em tudo o que fazia. Na verdade, a cultura da Lee Hecht Harrison tem raízes nessa ideia de fazer uma diferença na vida dos nossos clientes, que pode ser uma pessoa passando por uma transição na carreira, um grupo de líderes trabalhando juntos para conduzir sua organização ao sucesso ou uma empresa tentando enfrentar as mudanças em um mundo cada vez mais complexo.

Todos nós, líderes, temos uma história pessoal de liderança, uma história que define quem nós somos como líderes. Percebo que poucos líderes conhecem com clareza a própria história e são raros os líderes que compartilham sua história de liderança com seu pessoal. Quando fizer isso, você verá que as pessoas se conectarão com você de uma maneira profunda e visceral. Não perca essa oportunidade.

2. Defina o seu valor como um líder

Trabalhei com um líder que era o fundador e o CEO de sua empresa. Ele era conhecido por ser um líder patriarcal. E também podia ser bastante duro com seu pessoal. Tive a sorte de conseguir uma hora do tempo dele, porque ele não gostava de consultores. Ele achava que todo o conceito do desenvolvimento de lideranças não passava de um sonho distante.

No entanto, agora que estava entrando na casa dos setenta anos e prestes a se aposentar, ele queria deixar um legado para a empresa, um legado centrado na construção de uma liderança forte para o futuro.

Em certos aspectos, por um lado, eu o respeitava por isso. Por outro lado, dava para ver que as razões dele eram equivocadas. Aquele líder não se deu conta de que não precisava ter esperado até o fim de sua carreira para começar a pensar em seu legado. Ele teve a chance de deixar um legado de liderança todos os dias de sua carreira, enquanto liderava a empresa.

Descobri que muitos líderes tendem a deixar para pensar sobre seu legado de liderança só no fim de sua carreira. É um conceito ultrapassado. A realidade é que cada um de nós deixa um legado todos os dias. A questão é: você está deixando um legado do qual se orgulharia? Qual é o valor que você precisa criar? Como quer afetar as pessoas que lidera?

Você precisa manter em mente que, uma vez que decide liderar, as expectativas em relação ao seu trabalho passam a ser mais elevadas. Você passa a ter obrigações que vão além dos seus interesses pessoais. Passa a ter obrigações para com os seus clientes, funcionários, acionistas e comunidades.

Para cumprir as suas obrigações, você precisa saber com clareza com qual valor deve contribuir na liderança. Tire um tempo para refletir sobre os grupos com os quais você tem obrigações a cumprir e pergunte-se: como esses grupos definem o valor com o qual eu tenho de contribuir como um líder? Qual deve ser o meu impacto?

Melhor ainda, pergunte diretamente para eles. Converse com os seus clientes, funcionários, colegas por toda a organização e os *stakeholders* da sua comunidade que dependem de você e da sua organização. Eles vão ter uma resposta. Você saberá se é visto como um líder com credibilidade. Basta perguntar.

Elaborei seis perguntas que uso para avaliar o meu papel de liderança. Essas perguntas me ajudam a determinar o meu valor como um líder do ponto de vista dos meus clientes, funcionários e *stakeholders* internos e externos:

  1. Qual é o maior valor que eu proporciono como um líder?
  2. Quais são os meus pontos fortes como um líder?
  3. Em que áreas preciso melhorar como um líder para ter mais impacto na organização?
  4. A quais pontos cegos preciso prestar mais atenção?
  5. Em que extensão eu coloco em prática as quatro cláusulas do contrato de liderança?
  6. Qual ação preciso implementar para aumentar o meu valor e meu impacto como um líder?

Descobri que esse conjunto de seis perguntas simples e diretas constitui uma das melhores maneiras de obter um feedback sobre o seu desempenho na liderança. O feedback é sempre franco, direto e extremamente revelador. Em vez de tentar adivinhar o que os seus principais *stakeholders* mais valorizam, pergunte diretamente a eles. O simples fato de perguntar já demonstra que você é um líder responsável, empenhado em cumprir as suas obrigações fundamentais de liderança. Com base no ponto de vista de todos, crie uma declaração clara de obrigação de liderança para si mesmo, definindo com clareza seu impacto desejado como um líder responsável.

Descobri que os melhores líderes com quem trabalhei sempre sabem com muita clareza qual é sua declaração de obrigação. A declaração passa a ser o principal foco da liderança deles.

3. Não fuja das conversas difíceis

Um colega e eu estávamos conduzindo a atividade final em um fórum de liderança no qual atuamos como facilitadores para os sessenta líderes mais seniores de uma empresa global. Foi um evento de três dias, com a primeira parte dedicada a explicar os conceitos do contrato de liderança e o resto do encontro focado na nova estratégia de negócios da empresa.

Ao longo dos três dias, ficou claro que, apesar de seu sucesso, a empresa ainda tinha alguns pontos fracos no que se refere à liderança. Constatamos que os líderes evitavam ter conversas difíceis com seus subordinados diretos e uns com os outros.

Desde o lançamento da primeira edição deste livro, descobri que esse é um tema recorrente em muitas organizações. Como vimos no capítulo 6, "A liderança é trabalho árduo", muitos líderes têm dificuldades com o trabalho árduo que a liderança implica, como dar feedbacks sinceros, gerenciar funcionários de baixo desempenho ou expor um mau comportamento de liderança por parte de um colega. Quando evitamos o trabalho árduo (e não se iluda, dá muito trabalho), nos enfraquecemos e enfraquecemos as nossas organizações.

Todo mundo conhece a reputação de Steve Jobs de ser um líder franco, e até implacável. Ele claramente não tinha medo das conversas difíceis. De acordo com a revista *New York*, quando Sir Jonathan Ive, diretor de design da Apple, viu os colegas saírem arrasados de uma conversa com Jobs, ele questionou o chefe. A resposta de Jobs foi: "Por que eu iria querer ser vago?". Jobs acreditava que ser vago era uma forma de egoísmo, porque tem raízes no desejo de ser amado por todos.

Esse desejo nos impede de fazer a coisa certa para a empresa e, em última análise, para nós mesmos. Lembre-se do que eu também disse no capítulo 6: ser um líder amado não é tudo isso que as pessoas pensam. Você pode acabar evitando o trabalho árduo de liderança por medo de as pessoas não gostarem de você.

É importante notar que muitas pessoas achavam que Jobs era um grande cretino. E é verdade que ele podia ser duro. Suspeito que o modo como Jobs conduzia as conversas difíceis tinha mais a ver com o estilo pessoal dele. Ele provavelmente confundia força com grosseria. Mesmo assim, parecia que ele sabia com clareza que era sua responsabilidade, como um líder, ter conversas difíceis quando necessário.

E você? Como líderes, todos nós precisamos nos comprometer a ter conversas difíceis, já que isso é uma parte integral da tarefa de ser um líder verdadeiramente responsável. Você precisa expor o mau desempenho. Precisa apontar erros ou problemas que a alta administração pode preferir não ver. Precisa dar feedbacks sinceros, mesmo se for difícil de ouvir. Precisa se abrir para o diálogo, mesmo na presença de opiniões divergentes.

Percebo que a maior barreira para a maioria dos líderes não é o fato de eles não terem as habilidades para ter essas conversas difíceis, mas sim a necessidade de ter a mentalidade certa.

Veja o que aprendi com a minha própria experiência na liderança e com o meu trabalho com líderes responsáveis em todos os níveis: no fim das contas, ter uma conversa difícil é um sinal de que você se importa com a pessoa. Sei que você pode estar pensando: "Aonde é que ele pretende chegar com isso?". Eu explico.

Pare por um momento para pensar nas pessoas da sua vida que você considera difíceis. São as pessoas que lhe deram um toque quando você estava se comportando mal. Foram as pessoas que lhe deram um feedback que ninguém teve coragem de dar. Pode parecer que essas pessoas foram insensíveis. Mas é justamente o contrário. Elas tiveram a coragem de ter conversas difíceis com você porque se interessavam profundamente por você. Essas pessoas se importavam tanto com você, que tiveram a coragem de apontar diretamente algum problema seu quando foi o caso.

Ao se dispor a ter uma conversa difícil com você, elas estavam basicamente dizendo: "Eu me interesso tanto por você, que vou lhe dar o feedback sincero do qual você precisa para ter sucesso".

Vi isso acontecer incontáveis vezes. A coragem de ter uma conversa difícil é diretamente proporcional à extensão na qual você se importa com uma pessoa, com o sucesso da sua empresa e com os resultados positivos para os seus *stakeholders*. Se você não se importasse, a sua vida seria muito fácil. Se você não se importasse, não se daria ao trabalho de ter as conversas difíceis. Você simplesmente continuaria cuidando da sua própria vida sem olhar para os lados.

No entanto, quando agimos assim, estamos prestando um grande desserviço ao nosso pessoal e às nossas organizações. Vi muitas pessoas privadas do feedback da qual precisavam para ter sucesso. Sem perceber, elas agem de um modo que acaba impedindo seu progresso. Ninguém tem a coragem de apontar o problema, e a pessoa continua fazendo a mesma coisa, sem ter noção do que está fazendo de errado. As pessoas comentam pelas costas. Até que a pessoa começa a se incomodar, sentindo que tem alguma coisa acontecendo. Mas enquanto ninguém tiver a coragem de ter a conversa difícil com ela, nada vai mudar.

Por sua vez, seria possível argumentar que as pessoas precisam desenvolver mais a autoconsciência para evitar que isso aconteça. Concordo, mas só até certo ponto. Na realidade, algumas pessoas simplesmente não têm essa autoconsciência. E evitar lhes dar um feedback construtivo só lhes presta um desserviço. Elas continuam se comportando como sempre, até que alguma coisa acontece e elas ficam chocadas ao descobrir que todo mundo sabia menos elas.

Vi isso acontecendo recentemente com um colega. Estávamos enfrentando um grande problema na empresa e ele estava tendo dificuldade de tomar uma decisão difícil. Estava levando uma eternidade para se decidir, sem se dar conta de que a situação estava desgastando sua credibilidade perante os colegas. Todo mundo sabia o que ele precisava fazer, menos ele.

Tentei várias vezes conversar com ele a respeito, mas ele resistia. Quando eu finalmente consegui conversar com ele, ele chegou a questionar as minhas intenções. Eu expliquei: "Se eu não me importasse, não me submeteria a todo esse estresse. Eu só cuidaria da minha própria vida e deixaria você cuidar da sua. Mas, como me importo com você, com a sua equipe e com a nossa empresa, acho que é importante a gente ter esta conversa. Espero que você consiga ver isso". Ele entendeu e rapidamente tomou a decisão.

Essa situação lhe parece familiar? Você já esteve em uma situação parecida?

Percebo que às vezes os líderes evitam a conversa difícil, porque não sabem direito qual é a melhor técnica ou como estruturar a discussão. Sem dúvida, conhecer esse tipo de detalhe pode ajudar, mas vejo que isso também pode ser uma desculpa. É importante saber como abordar a pessoa. Ninguém quer ter uma conversa difícil quando está com raiva ou com sede de vingança.

Pela minha experiência, o primeiro passo é se concentrar no quanto você se importa com a pessoa, com a empresa e com o sucesso coletivo da organização. Começar por aí facilita a conversa, porque a pessoa vai saber que pode contar com a sua ajuda. Ela pode não gostar do que ouvir, mas vai ficar grata pela sua coragem e pela sua preocupação. E isso vai acabar reforçando a confiança entre vocês.

É hora de criarmos organizações nas quais podemos ter conversas sinceras, francas e maduras sobre a empresa, sobre as pessoas e sobre o nosso desempenho coletivo. A nossa incapacidade de fazer isso desperdiça tempo, cria obstáculos que retardam o nosso progresso e interfere no nosso sucesso. O seu desafio é ser o líder comprometido em encarar o trabalho árduo da liderança e em ter as conversas difíceis das quais a sua organização precisa para progredir. Seja esse líder!

4. Seja um construtor de comunidades

Os líderes responsáveis do futuro serão construtores de comunidades. Como Mary Barra da GM, eles adotarão uma abordagem inclusiva em seu trabalho com os outros. Eles encontrarão maneiras de se conectar em um nível pessoal com os colegas. Como vimos no capítulo 7, muitos líderes se sentem desconectados e isolados. Precisamos de mais construtores de comunidades para criar esse senso de conexão pelo qual tanto ansiamos. Precisamos criar uma nova forma de trabalhar nas nossas organizações. É uma visão ousada, que resumi para você no Manifesto da Comunidade de Líderes. Leia-o agora.

Manifesto da Comunidade de Líderes

Não toleramos mais o antigo modelo de liderança que enaltecia heróis.

Não toleramos mais a mediocridade.

Não toleraremos mais líderes ineptos.

Vamos parar de fazer o mínimo necessário no trabalho.

Vamos dar um fim ao isolamento que sentimos todos os dias.

Não ficaremos mais desconectados uns dos outros.

Não toleraremos mais um clima de apatia e desconfiança.

Daremos um fim a todas as disputas e competições internas.

Vamos parar de criar obstáculos.

Vamos parar de trabalhar com objetivos diferentes.

Pelo contrário, nos comprometemos a criar uma comunidade forte de líderes, uma comunidade que sabe com absoluta clareza o que devemos realizar na liderança para conduzir a nossa organização à excelência.

Teremos em comum uma ambição e uma paixão coletiva pela grande liderança.

Daremos o exemplo às outras organizações.

Teremos a melhor liderança do nosso setor.

Atuaremos como uma única empresa.

Trabalharemos alinhados à nossa estratégia.

Promoveremos a colaboração e a inovação por toda a nossa organização.

Construiremos sólidos relacionamentos uns com os outros.

Fortaleceremos uns aos outros.

A nossa comunidade forte de líderes será o nosso maior diferenciador. Será a nossa verdadeira e perpétua fonte de vantagem competitiva.

Tudo começa com cada um de nós. Tudo começa com a decisão de liderar da maneira mais deliberada possível, com mais clareza e comprometimento.

Como você pode ver, o Manifesto da Comunidade de Líderes descreve em linhas gerais o compromisso que você e seus líderes devem fazer para criar uma comunidade forte de líderes na sua organização. O manifesto esclarece o que você e os outros líderes devem ambicionar criar. Use-o como uma fonte contínua de inspiração para si mesmo e para os outros líderes. Imagine se os seus funcionários fossem ao trabalho todos os dias sabendo que os líderes estão absolutamente comprometidos em colocar em prática as ideias apresentadas nesse manifesto. Seria uma mudança revolucionária, que transformaria profundamente a cultura da sua organização!

Incluí uma cópia do manifesto no livro de atividades que você pode baixar no site www.theleadershipcontract.com. Imprima-o e compartilhe com os seus colegas. Discuta se vocês estão colocando em prática a visão descrita no manifesto. Você pode começar com uma pequena equipe de líderes e firmar um compromisso entre si. Também pode trabalhar para implementar o manifesto em um grupo maior, em todo um nível de líderes ou por toda a liderança da sua organização. Não se preocupe se alguns líderes acharem que não vale a pena fazer essa mudança. Pela minha experiência, as pessoas tendem a receber de braços abertos a chance de ter um diálogo aberto e honesto sobre a liderança. Esse manifesto proporciona um ponto de partida para os líderes da sua organização conduzirem esse tipo de conversa.

A vantagem é que você pode criar uma comunidade forte de líderes com algumas ações simples que pode implementar todos os dias. A minha equipe e eu muitas vezes pedimos aos participantes dos nossos programas de liderança para identificar as ações que reforçam a comunidade de líderes em uma organização. Ouvimos as mesmas ideias, em qualquer organização ou setor. Todas as ideias se baseiam na conexão com as pessoas e são incrivelmente simples. Veja as cinco principais ações que ouvimos o tempo todo de líderes como você:

1. Conecte-se informalmente: use os *coffee breaks* para conhecer os colegas pessoalmente. É difícil construir uma comunidade com estranhos. Conheça melhor os outros líderes.
Conecte-se em um almoço ou jantar: sempre me surpreendo ao constatar a popularidade dessa ideia. Parece que é algo especial ter uma refeição com os colegas. Conversar durante uma refeição cria laços mais fortes. A conversa não deve se concentrar em problemas

do trabalho, mas deve ser só uma conversa casual acompanhada de uma boa refeição.

2. Conecte diferentes departamentos: convide colegas de diferentes unidades de negócios para participar das suas reuniões e se inteirar do que eles fazem e como vocês podem trabalhar juntos com mais eficácia. Sempre me surpreendo ao ver que muitos líderes nunca pensam em fazer isso, apesar de ser uma medida tão simples. Você não precisa da permissão da alta administração. Basta fazer.

3. Conecte-se usando a tecnologia: hoje em dia, a tecnologia nos disponibiliza inúmeras opções para nos conectarmos. Algo tão simples quanto pegar o telefone pode ser uma maneira extremamente eficaz de se conectar. Aparentemente, até uma conexão virtual é melhor do que não se conectar. Quando você tiver alguns minutos sobrando no dia, pegue o telefone ou faça uma chamada pelo Skype para se conectar com alguém.

4. Conecte as pessoas umas às outras: seja a pessoa que ajuda os outros a construir uma rede de relacionamentos. Faça apresentações. Reúna os colegas. Seja o ponto de conexão na sua organização.

Práticas regulares para colocar em prática o contrato de liderança

A essa altura, imagino que você já deve ter começado a colocar em prática as quatro cláusulas e estou certo de que já ficou claro para você que essas cláusulas são interdependentes e não são isoladas umas das outras. Elas evoluem a cada dia que você passa na liderança. Em outras palavras, você não as coloca em prática só uma vez. Você as coloca em prática diária, trimestral e anualmente.

Ações diárias

Depois que a vice-presidente sênior de recursos humanos de uma grande empresa de serviços financeiros leu sobre o contrato de liderança, ela me mandou um e-mail dizendo que adorou o conceito. Ela também disse que colocaria em prática as quatro cláusulas todos os dias respondendo às quatro perguntas a seguir toda manhã antes de começar a trabalhar:

1. Qual decisão liderança devo tomar hoje? Devo tomar uma decisão de liderança do tipo D maiúsculo ou do tipo d minúsculo hoje?

2. Qual obrigação de liderança devo cumprir hoje?
3. Qual trabalho árduo terei de encarar hoje na liderança?
4. Qual relacionamento com um colega preciso fortalecer hoje para continuar a construir uma comunidade de líderes?

Pense em como responder a essas perguntas vai ajudar a se focar em sua liderança. Outros líderes me contaram que também usam as quatro perguntas quando estão diante de um dilema na empresa ou na liderança e não conseguem pensar em uma solução clara de imediato. Imagine que você se vê diante de uma grande dificuldade inesperada ao longo do dia: um problema com um funcionário, um sério conflito com um cliente ou fornecedor ou alguma coisa que deu errado com um *stakeholder*.

Todo mundo está de olho para ver o que você faz. Você precisa resolver o problema. Como você garante que vai reagir da melhor maneira possível? Responda às quatro perguntas apresentadas neste capítulo e o caminho a seguir ficará absolutamente claro. Você vai saber de imediato o que tem de fazer como um líder. Sei disso porque fiz isso várias vezes no meu trabalho como um líder e sei que funciona. Essas perguntas o forçam a pensar sobre os seus dilemas de maneira mais objetiva. Você vai manter sempre em vista as suas obrigações de liderança. E vai acabar fazendo a coisa certa na liderança.

Ações trimestrais e anuais

Todo trimestre, reserve duas a três horas para refletir sobre a sua liderança. Qual foi o seu desempenho nos três meses anteriores? Quais foram algumas das decisões de liderança cruciais do tipo D maiúsculo e do tipo d minúsculo que você tomou? Qual valor você agregou aos grupos aos quais você tem obrigações a cumprir? Qual trabalho árduo você enfrentou? Qual trabalho árduo você evitou? Nos últimos três meses, você se fortaleceu ou se enfraqueceu na liderança? Como você reforçou o senso de comunidade entre os líderes da sua organização? No próximo trimestre, como você pretende continuar a colocar em prática as quatro cláusulas do contrato de liderança? Se você estiver trabalhando com um coach de liderança, discuta essas perguntas com ele. Você também pode achar interessante trabalhar com um colega de confiança que participa da sua comunidade de líderes.

Acredito que também seja importante dedicar um tempo todos os anos para refletir de maneira mais formal sobre o seu nível pessoal de responsabilização na liderança. Uma excelente maneira de fazer isso é respondendo ao "Questionário de Autoavaliação do Contrato de Liderança", que lhe dará uma boa noção do seu nível atual de responsabilização como um líder. Aliás, por que você não tira alguns minutos agora mesmo para responder o questionário da tabela 10.1.

Tabela 10.1 – Questionário de Autoavaliação do Contrato de Liderança

	Definitivamente falso		Um pouco verdadeiro		Definitivamente verdadeiro
A liderança é uma decisão					
1. Tomei a decisão deliberada de ser um líder responsável na minha organização.	1	2	3	4	5
2. Sei com clareza o que se espera de mim no meu papel de liderança.	1	2	3	4	5
3. Aceito plenamente os desafios e as dificuldades que acompanham a liderança.	1	2	3	4	5
4. Estou muito empolgado com o meu papel de liderança.	1	2	3	4	5
5. Estou atento ao modo como me apresento como um líder todos os dias.	1	2	3	4	5
A liderança é uma obrigação	1	2	3	4	5
6. Estou totalmente comprometido em ser o melhor líder possível.	1	2	3	4	5
7. Sempre coloco os interesses da minha organização à frente dos meus interesses pessoais.	1	2	3	4	5

8. Trabalho ativamente para deixar a minha organização melhor do que encontrei.	1	2	3	4	5
9. Sei o que os meus diferentes *stakeholders* querem e esperam de mim.	1	2	3	4	5
10. Sei com absoluta clareza quais são as minhas obrigações como um líder.	1	2	3	4	5
A liderança é trabalho árduo	1	2	3	4	5
11. Eu lido com eficácia com as pressões e a visibilidade que acompanham o meu papel de liderança.	1	2	3	4	5
12. Considero que os desafios da liderança são oportunidades para crescer e me desenvolver.	1	2	3	4	5
13. Não evito as conversas difíceis com as pessoas com quem trabalho.	1	2	3	4	5
14. Eu tomo as decisões, mesmo se forem difíceis ou impopulares.	1	2	3	4	5
15. Demonstro resiliência e determinação diante das adversidades.	1	2	3	4	5
A liderança é uma comunidade	1	2	3	4	5
16. Lidero com uma mentalidade de "uma única empresa".	1	2	3	4	5
17. Construo relacionamentos fortes com os outros líderes.	1	2	3	4	5
18. Procuro ativamente maneiras de colaborar com os meus colegas.	1	2	3	4	5

19. Tenho um grupo de colegas a quem posso recorrer para pedir ajuda.	1	2	3	4	5
20. Ajudo os meus colegas a serem os melhores líderes que eles podem ser.	1	2	3	4	5

Tabela 10.2 – Pontuação total

A liderança é uma decisão	
A liderança é uma obrigação	
A liderança é trabalho árduo	
A liderança é uma comunidade	
Pontuação total	

Depois de responder ao questionário, some os pontos e preencha a tabela da tabela 10.2 com o total de cada seção.

As suas respostas ao questionário de autoavaliação lhe darão uma visão do seu nível atual de responsabilização na liderança (ver tabela 10.3).

Peça feedback: É sempre importante para os líderes saberem como são vistos pelas pessoas. Uma abordagem que a minha equipe e eu costumamos usar é enviar um questionário anônimo aos membros da nossa equipe, colegas espalhados por toda a nossa empresa, alguns clientes e outros *stakeholders*. O questionário inclui as seis perguntas que apresentei acima neste capítulo para ajudar a determinar o seu valor como um líder.

Quando recebo todas as respostas, identifico alguns temas importantes e consolido os dados. Os membros da minha equipe fazem o mesmo. Feito isso, nos reunimos para avaliar os resultados, esclarecer os temas, aprender algumas lições e nos comprometer a melhorar o modo como lideramos e nos apoiamos uns aos outros. Trabalhei com os clientes em muitos projetos de avaliação 360 graus envolvendo vários avaliadores e constatei que esse conjunto de seis perguntas simples e diretas é uma das melhores maneiras de obter um feedback sobre o seu desempenho na liderança. O feedback é sempre sincero, direto e expressivo.

Tabela 10.3 – Entenda a sua pontuação

80-100	Parabéns, você é um líder responsável! Continue se avaliando regularmente para se certificar de que está colocando em prática as quatro cláusulas do contrato de liderança.
60-79	Você já tem as bases para ser um líder mais responsável. No entanto, você ainda pode melhorar no seu papel de liderança. Reveja as suas respostas e identifique algumas ideias e estratégias apresentadas neste livro para implementar no seu papel de liderança.
59 ou abaixo	Pode haver muitos fatores impedindo você de ser o melhor líder que pode ser. Você precisa parar para refletir se realmente está comprometido em ser um líder responsável e se realmente deveria ter assumido o papel de liderança.

Decida qual é o melhor momento para fazer isso. Costumamos enviar o nosso questionário na metade do ano fiscal. Assim podemos receber um feedback sobre o nosso desempenho na primeira metade do ano e saber onde precisamos nos focar no resto do ano. Pode ser interessante aplicar uma estratégia similar ou você pode querer alinhar o seu check-up anual de liderança com o processo de avaliação de desempenho da sua organização. No fim das contas, o importante é se comprometer todos os anos a repassar as quatro cláusulas do contrato de liderança e avaliar o modo como está colocando essas cláusulas em prática para se tornar um líder mais responsável.

Assine o contrato de liderança a cada momento decisivo. Como já vimos no capítulo 9, os quatro momentos decisivos da liderança são momentos cruciais na sua carreira como um líder e, em cada um desses momentos, você deve parar para refletir sobre as implicações do seu novo patamar de liderança. Quando você se vê diante de um desses momentos decisivos, é importante reconhecer que o seu mundo vai mudar como um líder. Cada um desses momentos representa uma oportunidade de liderança do tipo D maiúsculo. Você precisa fazer uma pausa e responder com clareza as perguntas a seguir:

- ✓ Qual é verdadeiramente o seu papel?
- ✓ Quais são as expectativas?
- ✓ Como deverá ser o sucesso nesse papel?
- ✓ Com qual valor devo contribuir como um líder?

- Qual deve ser o meu impacto?
- Quais tentações eu posso ter de administrar?

Você também deve parar para refletir sobre o seu grau de comprometimento, se perguntando:

- Estou mesmo preparado para isso?
- Estou plenamente comprometido em fazer o que deve ser feito para conduzir a minha equipe e a minha empresa ao sucesso?
- Estou preparado para as dificuldades que enfrentarei?
- Estou me comprometendo pelas razões certas ou só estou fazendo isso para alimentar o meu ego?

Quando estiver satisfeito com as respostas a essas perguntas, volte a assinar o contrato de liderança para consolidar o seu compromisso consigo mesmo de ser um líder verdadeiramente responsável.

Crie o seu próprio contrato de liderança. Alguns líderes que conheço são tão comprometidos em se tornar grandes líderes, que criaram o próprio contrato de liderança. Se você for um desses líderes, tiro o chapéu para você. Pegue o contrato de liderança que analisamos no capítulo 8 e ajuste-o para as suas necessidades.

Se você se der a todo o trabalho de elaborar o próprio contrato, eu o encorajo vivamente a compartilhá-lo com a sua equipe. Você vai se surpreender ao ver como isso pode afetá-los e mudar o modo como eles o veem. Mas é importante não ostentar o seu contrato com uma atitude de arrogância. Você vai ser visto como uma pessoa petulante e pretensiosa. O melhor é deixar transparecer o seu autêntico comprometimento aliado a uma postura de humildade. É uma combinação infalível. E não pare por aí. Mostre-me o seu contrato de liderança pessoal no site www.theleadershipcontract.com.

Considerações finais
Torne-se um líder verdadeiramente responsável

Como vimos, o mundo precisa desesperadamente de uma verdadeira responsabilização na liderança. Todos nós, líderes, precisamos saber qual é o nosso papel para reforçar a responsabilização no nível tanto pessoal quanto coletivo. Ao colocar em prática as quatro cláusulas do contrato de liderança, você cria as bases necessárias para se tornar o líder responsável que a sua organização e os seus funcionários precisam que você seja. Comprometa-se hoje mesmo a colocar em prática o contrato de liderança.

Questões para reflexão

O contrato de liderança na prática

Ao refletir sobre as ideias apresentadas neste capítulo, pense nas suas respostas para as perguntas a seguir:

1. Como conhecer a sua história pessoal de liderança pode ajudá-lo a se tornar um líder mais responsável?

2. Como saber com clareza o seu valor e o seu impacto desejado pode ajudá-lo a se tornar um líder mais responsável?

3. Como ter conversas difíceis pode ajudá-lo a se tornar um líder mais responsável?

4. Como você pode ser um construtor de comunidades na sua organização?

Capítulo 11
Incorporando o contrato de liderança à sua organização

Vários anos atrás, a minha equipe e eu trabalhamos com uma organização de serviços financeiros. A empresa estava passando por muitas dificuldades. O desempenho estava em queda e a cultura de liderança tinha se tornado complacente. Fomos contratados para trabalhar com o novo CEO, que estava tentando revitalizar a empresa. Ele estava enfrentando muitas dificuldades com seus cinquenta líderes seniores. "Parece que nada consegue tirá-los da complacência", ele disse na nossa primeira reunião. Ele tentou de tudo, mas nada parecia funcionar. Ele tentou inspirá-los e apresentar uma visão grandiosa do futuro. Nenhuma reação. Tentou intimidá-los com um discurso do tipo "ou vocês estão no barco ou estão fora". Tentou ser amigo deles, apelando para seus sentimentos. Nada funcionou. Deu para ver que ele estava prestes a perder a paciência quando, lá para o fim da reunião, ele exclamou: "Eu deveria demitir todos eles!".

Quando começamos a conhecer a organização e seus líderes, ficou claro que eles tinham se transformado em zumbis em putrefação, que descrevi no capítulo 7. Todos aqueles líderes eram pessoas muito boas, mas que iam ao trabalho todos os dias e se limitavam a fazer o mínimo necessário para manter o emprego. Elas não levavam empolgação alguma à sua liderança. Parecia que a complacência tinha dominado todos os líderes seniores. Aparentemente, o CEO anterior tinha passado um bom tempo tolerando esse tipo de mediocridade.

Depois da nossa análise preliminar, elaboramos uma estratégia para impulsionar uma grande responsabilização na liderança. Começamos trabalhando com esses líderes seniores em uma série de encontros. Ao mesmo tempo, trabalhamos com o departamento de recursos humanos para ajudá-los a começar a articular um conjunto de expectativas para a liderança, algo que eles nunca tinham feito antes.

A primeira sessão com os líderes foi exatamente o que seria de esperar em uma sala cheia de zumbis, apáticos e medíocres. Foi como um episódio da série *The Walking Dead*, mas sem todo o sangue e carnificina. Pedimos que eles fizessem uma autoavaliação de sua cultura de liderança e não nos surpreendemos quando eles se deram notas bastante baixas, tanto em termos de sua clareza em relação à estratégia e às expectativas da liderança como também em termos de seu compromisso coletivo para com a empresa. Nas nossas conversas, eles mencionaram inúmeros exemplos de líderes trabalhando com objetivos diferentes e alguns poucos exemplos de colaboração na empresa. Muitos também admitiram que tinham se distanciado em seu papel de liderança.

O lado animador naquele lamaçal de liderança inepta e medíocre foi o fato de eles reconhecerem seus problemas. Agora, a pergunta era: eles estavam preparados para fazer alguma coisa a respeito? Aprendi ao longo da minha carreira que é fácil para os líderes zumbis irem a uma reunião e concordarem com tudo o que é dito. É uma coisa muito diferente convencê-los a efetivamente agir.

Em todas as sessões restantes, exploramos os problemas que eles identificaram na autoavaliação. Também nos pusemos a elevar as expectativas relativas à responsabilização pessoal e coletiva na liderança. Sugerimos aos líderes se comprometerem em público a ações que eles se propõem a realizar em suas unidades de negócios e reportar os resultados na próxima sessão. No início, poucos líderes adotaram a prática. Considerando o histórico deles, os líderes levaram um tempo para entender as verdadeiras implicações de prestar contas por suas decisões. Mas expusemos o comportamento e a falta de liderança deles. Eles não gostaram, mas continuamos pressionando. Não é fácil trazer zumbis de volta à vida. Aos poucos começamos a ver pequenos sinais de mudança começando a se cristalizar.

Em uma sessão, tivemos um grande avanço. Eu e meu colega vimos esse grupo de líderes se transformar diante dos nossos olhos. Foi o tipo de momento que faz a alegria de todo facilitador, coach ou consultor, aquele instante em que os líderes apáticos começam a se responsabilizar pelas suas ações. Todo o nosso trabalho pareceu render frutos em um instante.

Até os líderes notaram a mudança. Eles já não eram os mesmos líderes de antes. Agora eles estavam a caminho de se tornar líderes responsáveis. A energia mudou completamente. Eles arregaçaram as mangas e se responsabilizaram pelos próprios problemas e, ainda mais importante, pelas soluções. No decorrer da sessão, meu colega e eu fomos nos afastando enquanto esses líderes assumiram a liderança da reunião. Eles começaram a se organizar. Começaram a ter as próprias soluções. Esclareceram quem deveria fazer o que e quando. E, por fim, se puseram a tomar decisões para resolver problemas crônicos que tinham passado meses sem solução. Dava para sentir a empolgação no ar. Eles passaram de líderes ineptos e medíocres a líderes inspiradores e responsáveis. No fim do dia, a energia era tanta, que ninguém queria sair da sala de reunião. Os líderes ficaram por lá, conversando entre si. Eles estavam sentindo a conexão, o comprometimento e a clareza que todos compartilhavam.

Na sessão seguinte, repetimos o levantamento de autoavaliação da cultura de liderança deles e, como esperávamos, os resultados melhoraram consideravelmente. As mudanças estavam criando raízes. Os líderes afirmaram ter uma maior clareza sobre a estratégia da empresa. Eles sabiam o que se esperava deles. Disseram que agora estavam muito mais comprometidos, pessoal e coletivamente, em impulsionar o sucesso da empresa.

E o CEO não precisou demiti-los. No entanto, ele teve de priorizar a responsabilização da liderança e tomar a decisão deliberada de deixar claro o que a empresa espera da liderança. No fim, esses líderes tiveram de aprender a trabalhar juntos como uma verdadeira comunidade. O momento não poderia ter sido melhor para eles. Aqueles líderes não sabiam na época, mas, em apenas algumas semanas, eles enfrentariam um dos maiores desafios da nossa geração: a crise financeira global.

Quando a crise começou, essa empresa, como tantas outras do setor de serviços financeiros, se viu em dificuldades. No entanto, os líderes dessa empresa foram capazes de resistir à tempestade porque se fortaleceram individual e coletivamente.

Imagine o que aconteceria sem todo esse trabalho. Imagine se eles ainda fossem um bando de zumbis em putrefação, ineptos e medíocres, tentando enfrentar uma das piores crises financeiras de todos os tempos. Posso garantir que eles teriam fracassado terrivelmente. Com certeza não foi um período fácil para eles. Foi difícil para todas as pessoas da empresa, mas os líderes administraram a situação e mantiveram a empresa avançando, enquanto outras empresas do setor tiveram um destino bem diferente.

Esse é o tipo de impacto impressionante que uma organização pode ter quando assume a responsabilidade por fortalecer a prestação de contas da liderança.

Já sabemos que é importante para os líderes arregaçar as mangas e se responsabilizar no nível individual. Esse é o principal foco deste livro. Mas as organizações também precisam arregaçar as mangas. E, quando digo "organizações", me refiro à alta administração, ao RH e até ao conselho de administração. Eles devem trabalhar juntos para passar da responsabilização individual da liderança ao desenvolvimento de uma responsabilização coletiva da liderança por toda a organização. Chamo a isso de *resposta dupla*.

Neste capítulo, nos concentraremos em como fazer isso acontecer. Mais especificamente, vamos examinar maneiras de incorporar o contrato de liderança na sua organização.

A responsabilização da liderança
Uma questão crucial nas empresas

Desde a publicação da primeira edição deste livro, eu e a minha equipe recebemos uma impressionante validação da importância destas ideias. Líderes de todos os níveis, da alta diretoria a gerentes de linha de frente, do conselho de administração ao RH, se identificaram com as ideias apresentadas neste livro. Começamos a perceber que a falta de responsabilização da liderança de fato é um problema generalizado nas organizações.

Queríamos entender melhor essa questão. Na primavera de 2015, firmamos uma parceria com a Human Resources People & Strategy (HRPS), a divisão executiva da Society for Human Resources Management. Os membros da associação representam os executivos de RH mais experientes do mundo dos negócios e acreditávamos que eles poderiam nos dar alguns *insights* importantes do estado da responsabilização da liderança nas empresas de hoje.

Conduzimos um levantamento usando uma empresa de pesquisa terceirizada. Entramos em contato com mais de duzentos membros da HRPS na América do Norte, sendo que a maioria era composta de líderes de RH e executivos seniores atuando em uma ampla variedade de setores e representando várias empresas da Fortune 500. Os resultados foram reveladores:

- ✓ O levantamento constatou que quase três quartos (72%) dos entrevistados disseram que a responsabilização da liderança de fato era um "problema crucial" em sua organização.

- ✓ A pesquisa também constatou que apenas 37% dos entrevistados estavam satisfeitos com o nível de responsabilização da liderança em sua organização.

- ✓ Somente a metade dos entrevistados (55%) afirmou que sua organização estabelece com eficácia expectativas claras de liderança para seus líderes.

Essas constatações confirmaram o que a minha equipe e eu vínhamos observando no nosso trabalho com os clientes: que a responsabilização da liderança é um problema concreto e urgente, um problema que precisa desesperadamente de uma solução.

Com base nessas constatações, acredito que também seja seguro supor que a maioria das empresas tem dificuldade com essa questão. Pare por um momento para pensar na sua organização:

- ✓ A responsabilização da liderança é um problema crucial na sua empresa?

- ✓ Você está satisfeito com o nível de responsabilização demonstrado pelos seus líderes?

- ✓ A sua organização determina expectativas de liderança claras para os seus líderes?

Ao elaborar o levantamento, também queríamos verificar se havia uma ligação entre o desempenho da empresa e o grau de responsabilização da liderança. Pedimos que os entrevistados avaliassem se sua empresa apresentava um desempenho líder do setor (no quartil superior), mediano ou abaixo da média. Em seguida, analisamos as respostas com base nesses agrupamentos. O que descobrimos foi que uma sólida responsabilização da liderança era mais prevalente em organizações líderes do setor. Veja os destaques do levantamento:

✓ Quase a metade (48%) das organizações líderes do setor estava satisfeita ou muito satisfeita com a responsabilização de seus líderes.

✓ Em contrapartida, apenas 18% de empresas com desempenho mediano ou abaixo da média reportaram níveis satisfatórios de responsabilização da liderança.

A diferença é expressiva e sugere uma ligação entre o alto desempenho e uma sólida responsabilização da liderança.

Os resultados do levantamento fazem muito sentido. Seria de se esperar que uma organização de alto desempenho, uma líder do setor, tivesse uma robusta responsabilização da liderança. Também seria de se esperar que as organizações de desempenho mais baixo não tivessem esse alto grau de responsabilização da liderança.

Essa é uma das razões pelas quais a responsabilização da liderança é uma questão crucial nas organizações. Todos nós sabemos intuitivamente que a prestação de contas está estreitamente ligada ao desempenho das nossas empresas.

Será que o levantamento encontrou alguma ação específica que essas empresas líderes do setor estavam fazendo e que contribuía para a sua robusta responsabilização da liderança? Curiosamente, identificamos três práticas específicas que diferenciam os líderes do setor das empresas de desempenho mediano ou abaixo da média.

Em primeiro lugar, as empresas líderes do setor articularam claramente suas expectativas de liderança para seus líderes.

Em segundo lugar, as organizações líderes do setor se comprometeram em reunir regularmente os líderes em fóruns para ajudá-los a fazer o *networking* e firmar relacionamentos.

Por fim, as organizações líderes do setor, quando comparadas com empresas de desempenho mediano ou abaixo da média, eram muito mais propensas a ajudar seus líderes a entender o que mais importava para os clientes.

Juntas, essas constatações sugerem que as empresas de alto desempenho usam algumas estratégias específicas para criar uma forte responsabilização da liderança. As empresas que aplicam essas estratégias são as mais satisfeitas com o grau de responsabilização demonstrado por seus líderes.

As quatro estratégias para fortalecer a responsabilização da liderança

Quatro estratégias podem ajudar a reforçar a responsabilização da liderança na sua organização (ver figura 11.1). Como veremos, cada uma dessas estratégias se liga a uma das quatro cláusulas do contrato de liderança.

1. Priorizar a responsabilização da liderança

A primeira cláusula do contrato de liderança afirma que a liderança é uma decisão. No capítulo 4, descrevi em detalhes quais são as implicações disso para os líderes individuais.

As organizações também precisam tomar a decisão de priorizar a responsabilização da liderança. Na prática, isso significa que o conselho de administração, o CEO e a equipe executiva sabem com clareza qual é a responsabilidade da organização de apoiar os líderes para reforçar a responsabilização da liderança por toda a empresa.

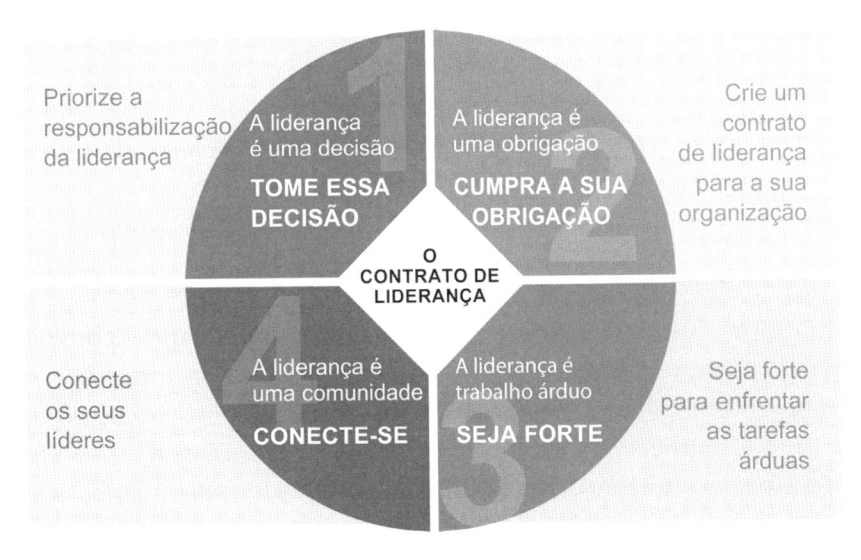

Figura 11.1 – Reforçando a responsabilização da liderança: as quatro estratégias

Não raro vejo um comprometimento desigual na organização e uma falta de clareza no que diz respeito a exatamente quem deve priorizar a responsabilização da liderança. Por exemplo, tenho visto muitos casos nos quais o CEO assume sozinho toda a responsabilidade. Ele acaba sendo a única pessoa em toda a organização empolgado com a responsabilização da liderança e que dá atenção a questões relacionadas. O problema é que, se o CEO sai da organização, as coisas começam a degringolar e a liderança deixa de prestar contas por suas ações. Todo o progresso feito até então simplesmente evapora.

Também tenho visto empresas nas quais um líder sênior de RH se encarrega sozinho de fortalecer a responsabilização da liderança. Essa situação leva a problemas semelhantes aos do primeiro cenário. Os outros executivos não se engajam e não levam a iniciativa a sério. Com o tempo, o líder do RH percebe que não tem como avançar sozinho e acaba desistindo.

O cenário ideal é quando o CEO, o RH, a alta administração e o conselho de administração têm clareza e estão comprometidos em fortalecer a responsabilização da liderança na organização. Em uma situação como essa, coisas incríveis podem acontecer.

Pare por um momento para refletir sobre a sua organização e responda as perguntas a seguir:

1. Até que ponto a responsabilização da liderança é uma prioridade na minha organização?

2. De que maneiras posso levar a administração sênior ou o conselho de administração a incluir a responsabilização da liderança na pauta?

Uma vez que vocês decidirem priorizar a responsabilização da liderança na sua organização, será preciso reforçar essa decisão de maneiras visíveis e tangíveis.

A alta administração deve ser um exemplo de responsabilização. Para começar, você precisa garantir que a alta administração e os altos executivos atuem como modelos de uma sólida responsabilização da liderança. Como você já sabe pela sua própria experiência, se os líderes seniores não estiverem dando o exemplo para os outros líderes, a organização não terá sucesso. Por isso é importante que os seus líderes seniores saibam que a responsabilização da liderança começa com eles.

Encontramos um excelente exemplo disso na pessoa de Harry S. Truman, o trigésimo terceiro presidente dos Estados Unidos. Ele mantinha uma plaqueta em sua mesa no Salão Oval que dizia: "O problema não passa daqui". A frase foi popularizada por ele e significava que, como líder supremo de seu país, ele tinha de tomar decisões e se responsabilizar completamente pelos problemas. Para mim, o interessante é que a plaqueta na mesa do presidente era um lembrete para ele ser um líder responsável. Se até ele precisava de um lembrete, a maioria de nós sem dúvida também precisa. No entanto, vejo que muitos líderes simplesmente supõem que, por atuarem no escalão executivo, eles automaticamente têm uma sólida responsabilização da liderança. É uma suposição perigosa.

Os recursos humanos precisam exercer uma liderança de altíssimo nível. Muitas vezes o departamento de RH ocupa o centro do trabalho de criação de um contrato de liderança para a organização. E, assim como a alta administração, se os líderes do RH não internalizarem as cláusulas do contrato de liderança, as ideias acabam se diluindo pela organização. Tenho visto muitos departamentos de RH que tentam impulsionar a mudança cultural na organização sem reconhecer que eles próprios precisam mudar antes. Também tenho visto alguns departamentos de RH espetaculares, conduzidos por líderes verdadeiramente responsáveis e inspiradores, dando o exemplo para a empresa toda. Se você liderar o departamento de RH da sua empresa, recomendo vivamente que você assuma a responsabilidade pela sua liderança. Seja o líder que todos os líderes da sua empresa vão querer imitar. Acredito que essa seja a maior oportunidade perdida dos líderes de RH de hoje.

2. Crie um contrato de liderança para a sua organização

Uma vez que a sua organização toma a decisão de priorizar a responsabilização da liderança, você deve saber com clareza qual é a sua obrigação: determinar e comunicar expectativas de liderança claras aos seus líderes. A melhor maneira de fazer isso é criando um contrato de liderança para a sua organização.

Desde que lançamos a primeira edição deste livro, vimos muitas organizações começando a assumir essa obrigação e definindo, de maneira deliberada, expectativas claras para a liderança. Elas fizeram isso criando os próprios contratos de liderança, específicos para a empresa. Em todos os casos, os líderes reagiram favoravelmente porque passaram a saber com clareza o que se esperava deles.

Por exemplo, trabalhamos com o CEO e o vice-presidente sênior de estratégia e talentos de uma organização de saúde que passava por um processo de transformação para se tornar uma fabricante de produtos biológicos. A equipe ficou tão empolgada com a ideia do contrato de liderança, que decidiu criar o próprio contrato. Eles constataram que era o momento certo, porque a organização estava em um ponto de inflexão e passava por uma mudança fundamental em sua estratégia. Em consequência dessa mudança, as implicações de ser um líder também precisariam evoluir. Eles estavam prestes a apresentar um novo plano estratégico aos cento e vinte líderes mais seniores e queriam se certificar de que os líderes não só entendessem a nova estratégia como também soubessem com clareza qual seria seu papel na execução dessa estratégia.

Até então, a organização não tinha feito um bom trabalho no desenvolvimento e no apoio a seus líderes. Era hora de mudar isso. A minha equipe e eu ajudamos a criar um contrato de liderança customizado para a organização. Conduzimos entrevistas e grupos de foco para entender todos os problemas e nos pusemos a elaborar um conjunto de cláusulas. Validamos essas cláusulas com os outros líderes e organizamos um encontro de liderança de dois dias.

No primeiro dia, o CEO apresentou o novo plano estratégico. No segundo dia, apresentamos o contrato de liderança e demos início ao processo de ajudar os líderes a entenderem as cláusulas para, então, tomarem a decisão deliberada de assinar ou não o contrato (ver o quadro).

O contrato de liderança para uma fabricante de produtos biológicos

Eu, como um líder, me comprometo com as seguintes cláusulas do nosso contrato de liderança.

Eu liderarei com coragem. Tomarei as decisões difíceis e terei conversas difíceis de acordo com os interesses da nossa organização.

Liderarei por meio do meu desenvolvimento. Também não deixarei de criar ambientes em que as pessoas poderão se engajar e terão muitas oportunidades de crescer.

> Liderarei por meio de relacionamentos. O sucesso da execução da estratégia depende desses relacionamentos fortes com funcionários, pacientes, financiadores e outros importantes *stakeholders*.
>
> Liderarei tendo em vista o quadro geral. Alinharei prioridades de negócios com as prioridades da equipe. Essa perspectiva da organização como um todo é necessária para liderar com eficácia por toda a organização para atingir os objetivos estratégicos da empresa como um todo.
>
> Prestarei contas pelas minhas decisões de liderança. Eu me apresentarei, enfrentarei desafios e contribuirei com soluções em vez de criar mais problemas.
>
> Trabalharemos juntos para liderar como uma comunidade unida de líderes.

Os líderes adoraram o contrato de liderança da empresa. Muitos disseram que ficaram ao mesmo tempo empolgados e intimidados com as cláusulas. A organização estava definindo com clareza o que considerava uma grande liderança, algo que os líderes sempre quiseram desesperadamente fazer, mas até então não sabiam como. O contrato de liderança lhes deu uma maneira de fazer isso. Mas eles também entenderam que o contrato implicava que eles precisariam prestar mais contas por suas decisões e ações e que não teriam mais como inventar desculpas ou culpar os outros pelos próprios erros. Agora eles passariam a liderar como uma única comunidade de líderes, com clareza e comprometimento.

Seis meses depois que os líderes assinaram o contrato de liderança, eu estava conversando com Andy, o vice-presidente sênior de estratégia e talentos. Ele me disse: "Você não vai acreditar no que esse contrato de liderança fez na nossa organização. Virou um fenômeno viral. Os gestores levaram o contrato para suas equipes. Os funcionários também entraram na onda. A nossa fábrica criou um cartaz enorme e todos os funcionários assinaram. Todo mundo está levando os termos do contrato a sério. Ficou claro que a empresa estava faminta por uma maior prestação de contas, uma verdadeira clareza e um comprometimento concreto por parte dos líderes e dos funcionários. O mais incrível é que a coisa aconteceu por conta própria. Não foi uma iniciativa imposta pela equipe executiva. Foi uma iniciativa da organização toda".

Fiquei surpreso com o relato de Andy. Eu sabia da eficácia potencial das ideias do contrato de liderança e suas quatro cláusulas, mas não me dei conta de que o impacto poderia ser tão generalizado.

Admiro muito a determinação dessa organização de incluir todos os líderes na prática do contrato de liderança. Eles estão começando a se dar conta daquilo que sempre acreditei ao longo dos meus vinte e cinco anos atuando na indústria da liderança: quando você conseguir que todos os seus líderes compartilhem da mesma ambição, da mesma clareza sobre o que estão tentando realizar na liderança e do mesmo profundo comprometimento com a criação de uma comunidade de líderes, uma transformação revolucionária vai acontecer que se tornará a sua maior vantagem competitiva!

E aquela organização não foi a única. Nos últimos anos, vimos muitas organizações criarem contratos customizados para definir com clareza o que se espera da liderança. Essas organizações representaram variadas indústrias, como serviços financeiros, tecnologia, saúde, educação, setor público, entre outras. Essa implementação generalizada de contratos de liderança customizados aponta para a necessidade das organizações de definir as expectativas de liderança com clareza e de maneira objetiva e prática. O que também temos observado é que esses contratos de liderança estão substituindo modelos tradicionais de competências da liderança ou sendo integrados às estruturas de liderança existentes. A diferença é que os contratos de liderança são escritos em uma linguagem simples, clara e convincente. Eles não são repletos de jargões ou termos corporativos que não ressoam com a realidade dos líderes. Pelo contrário, são pessoais, viscerais e inspiradores.

A criação de um contrato de liderança para a sua empresa é só o começo. Feito isso, você deve garantir que ele seja realmente incorporado na sua organização. Delineei abaixo uma série de estratégias para você levar em consideração.

Faça os líderes assinarem o contrato de liderança a cada momento decisivo. Como exploramos anteriormente neste livro, os líderes podem enfrentar quatro momentos decisivos de liderança no decorrer de sua carreira. A cada momento decisivo, eles assumem papéis cada vez mais seniores e são submetidos a expectativas e demandas mais elevadas.

As organizações devem estar cientes disso e devem apoiar seus líderes nesses momentos para que eles possam ter sucesso na transição para um papel de liderança mais importante.

Uma das maneiras de fazer isso é usar o seu contrato de liderança customizado para orientar um diálogo com os líderes quando eles estiverem fazendo a transição para as novas funções. É importante para os líderes reconhecer a transição e saber como seu papel vai mudar e como eles devem se apresentar para fazer jus às novas expectativas de liderança.

Trabalhamos com uma grande companhia de energia que conduziu um workshop do Contrato de Liderança de meio período para os colaboradores técnicos, que basicamente estavam sendo visados para alimentar o pipeline de cargos de gerência de linha de frente. O workshop ajudou os funcionários a entender melhor as implicações de assumir um cargo de liderança. A empresa constatou que os colaboradores que continuaram interessados em se tornar gerentes depois de passar pelo programa se mostraram mais focados e comprometidos do que os outros. Eles sabiam com clareza o que se esperava deles e como eles precisariam focar seu desenvolvimento para dar conta do trabalho árduo que enfrentariam pela frente.

Outro cliente, uma grande instituição financeira, usou seu contrato de liderança para orientar os novos vice-presidentes do banco. A empresa constatou que o processo ajudou seus líderes se integrar em seus novos papéis com mais rapidez e confiança.

Veja apenas alguns exemplos do que acontece quando uma organização cria um contrato de liderança customizado para a empresa e o utiliza para ajudar os líderes de todos os níveis a conhecer as implicações de ser um líder responsável.

Ancore o contrato de liderança nos programas de desenvolvimento de lideranças. O seu contrato de liderança customizado é utilizado como a base para definir o que realmente significa ser um líder na sua empresa. Pela nossa experiência, é importante lembrar regularmente os líderes dessas expectativas. Uma maneira de fazer isso é incluir o seu contrato de liderança em todos os programas de desenvolvimento. Um cliente reservou um tempo em todos os seminários e workshops de desenvolvimento de lideranças para repassar o contrato e as expectativas de liderança.

Devido à demanda dos clientes, também incluímos muitas das ideias deste livro no nosso processo de coaching. Desse modo, os nossos clientes ao redor do mundo sabem que os nossos coaches estão reforçando a responsabilização da liderança em todas as sessões de coaching.

Alavanque o seu contrato de liderança nos pontos de inflexão mais importantes. Hoje em dia, as organizações estão sempre enfrentando alguma mudança, por vezes até mudanças transformacionais. Nesses pontos de inflexão, tudo deve ser revisto: os mercados nos quais vocês operam, a estratégia de negócios das empresa e, por fim, o tipo de liderança necessário para ter sucesso no futuro. É sempre um grande desafio navegar por meio de um ponto de inflexão. Nem todas as organizações conseguem fazer isso. Descobrimos que um contrato de liderança customizado para a empresa é uma maneira muito eficaz para os líderes entenderem rapidamente as novas expectativas de liderança. Com efeito, alguns dos trabalhos mais importantes e gratificantes que a minha equipe e eu realizamos envolvem ajudar líderes e suas organizações a fazer a transição por meio de um ponto de inflexão crucial.

Use o seu contrato de liderança para criar equipes responsáveis. Desde que escrevi a primeira edição deste livro, minha equipe e eu conversamos muito com os nossos clientes sobre como aplicar as ideias apresentadas na obra em suas organizações. Uma das áreas que eu sempre acreditei estar pronta para a aplicação dos conceitos do livro era a utilização das quatro cláusulas para ajudar a criar equipes verdadeiramente responsáveis.

Pela minha experiência trabalhando com equipes seniores em variados setores, constatei que o sucesso de longo prazo da organização acaba sendo uma função do modo como cada líder individual se apresenta na liderança. Será que eles contribuem com um verdadeiro senso de clareza e comprometimento para levar sua equipe ao sucesso?

Não me surpreendi quando uma cliente nos procurou com um pedido interessante. Ela era uma grande fã do contrato de liderança e nos perguntou como ela poderia usar as quatro cláusulas com sua nova equipe de liderança sênior. Ela nos contou que a empresa estava planejando um encontro de um dia para seus líderes e queria aproveitar a chance para aumentar as chances de sucesso de sua equipe. Ela acreditava que o contrato de liderança poderia ser uma ferramenta valiosíssima. Em vista da solicitação, nos pusemos a refletir sobre as necessidades dela. Criamos uma pauta para a sessão de um dia com base em uma série de perguntas que ela poderia levantar com a equipe. Veja abaixo a lista de perguntas que propusemos. Você pode achar interessante levantar estas perguntas com a sua equipe.

1. A liderança é uma decisão – Tome essa decisão

✓ O que seria uma equipe verdadeiramente responsável para nós?

✓ Será que mergulhamos de cabeça e estamos totalmente comprometidos a criar e manter uma equipe verdadeiramente responsável?

✓ Sabemos com clareza quais são as nossas expectativas em relação uns aos outros?

✓ Quais são as decisões de liderança do tipo D maiúsculo e do tipo d minúsculo que precisamos tomar como uma equipe?

2. A liderança é uma obrigação – Cumpra a sua obrigação

✓ Qual é a nossa obrigação fundamental como uma equipe?

✓ De que maneiras poderemos cumprir individual e coletivamente a nossa obrigação fundamental?

✓ Como pretendemos deixar o legado de ter melhorado a nossa organização?

✓ Como podemos servir como um exemplo de uma equipe verdadeiramente responsável para o resto da nossa organização?

3. A liderança é trabalho árduo – Seja forte

✓ Qual trabalho árduo a nossa equipe deve enfrentar para podermos ter sucesso?

✓ Qual trabalho árduo na nossa organização temos de encarar de frente?

✓ Quais são as conversas difíceis que precisamos ter na nossa equipe? E com as outras equipes com quem vamos trabalhar?

✓ Como a nossa equipe deve demonstrar resiliência e determinação?

4. A liderança é uma comunidade – Conecte-se

✓ Como podemos criar um verdadeiro senso de comunidade na nossa equipe?

✓ De que maneiras teremos de nos ajudar e nos apoiar?

✓ Como iremos celebrar os nossos principais marcos e sucessos?

✓ Como ajudaremos as outras equipes da organização a atingir o sucesso?

3. Seja forte para enfrentar as tarefas difíceis

Esta próxima estratégia se baseia na terceira cláusula do contrato de liderança, segundo a qual a liderança é trabalho árduo e os líderes precisam se fortalecer. Como vimos, muitos líderes têm dificuldade de enfrentar o trabalho árduo que a liderança implica, como dar um feedback sincero, administrar funcionários de baixo desempenho e ter conversas difíceis. Não é fácil se fortalecer na liderança, uma tarefa que requer um empenho deliberado por parte de cada líder. No entanto, sem o apoio da organização, o progresso será limitado.

As organizações – ou seja, a alta administração e o RH – também precisam encarar o próprio trabalho árduo no nível organizacional. Elas também precisam se fortalecer para enfrentar as tarefas difíceis. Veja algumas ideias a seguir.

Promova os líderes pela capacidade de prestar contas e não apenas por serem bons especialistas técnicos. Como já vimos, um problema frequente das organizações é a prática de promover estrelas técnicas a cargos de liderança. A organização precisa enfrentar o trabalho árduo de resistir a essa tentação. Às vezes, as empresas adotam essa prática por ser conveniente e fácil. Outras vezes isso é feito porque não temos uma ideia clara de como realmente seria uma liderança responsável.

Retomando a pesquisa que mencionei acima neste capítulo, o nosso levantamento em parceria com a HRPS também pediu que os entrevistados identificassem os comportamentos que eles associam a líderes verdadeiramente responsáveis. A lista é extensa e ajuda a esclarecer o que diferencia os líderes responsáveis dos outros.

Os líderes responsáveis:

✓ Exigem que os outros, inclusive sua equipe (ou subordinados diretos), se responsabilizem por altos padrões de desempenho.

✓ Enfrentam até os piores problemas e não evitam as decisões difíceis.

✓ Agem tendo em vista os interesses da organização e não os próprios interesses ou os interesses de sua equipe ou departamento.

✓ Trabalham em colaboração com os colegas para derrubar silos e alinhar as iniciativas de equipes por toda a organização.

✓ São otimistas em relação à empresa e seu futuro.

Analise essa lista e veja se ela se alinha com a sua definição dos principais comportamentos dos líderes responsáveis. Use essa lista, ou a sua própria lista, como uma referência para promover os líderes. Não se limite a tomar o caminho mais fácil promovendo os líderes com base exclusivamente no conhecimento técnico.

Faça com que seja seguro apontar erros ou problemas. Uma das maiores dificuldades dos líderes costuma ser apontar erros ou problemas. É preciso ter coragem para apresentar problemas à alta administração, principalmente quando envolver questões controversas. Para muitos líderes, não é fácil apontar erros ou problemas. Muitos só dizem o que pensam depois de muita agonia. Outros simplesmente se calam, preferindo não se arriscar. Esses líderes temem a potencial reação negativa por parte da alta administração.

Costuma ser tão difícil fazer isso porque tradicionalmente muitas empresas têm uma mentalidade do tipo "matar o mensageiro". O problema pode ter raízes no desejo da alta administração de só ouvir boas notícias. Pode ser uma insegurança da parte deles. Mas, quando alguém diz o que pensa e é atacado, rebaixado ou demitido, isso cria um ambiente inseguro. Os outros líderes imediatamente aprendem que, se correrem o risco e levantarem uma questão importante ou controversa, suas cabeças vão rolar. Então todos ficam quietos e nada muda. O trabalho árduo fica ainda mais difícil.

Também é difícil para os executivos seniores. Não é fácil ouvir alguém falar a verdade ou apontar um problema. Você precisa aprender a administrar as suas próprias reações a esse tipo de situação. Trabalhei com um líder que tendia a se enfurecer quando outros líderes diziam a verdade e levantavam problemas importantes. Ele simplesmente não conseguia se controlar. Ele se punha a discursar em linguagem bombástica e chegava a ser verbalmente abusivo. Os líderes rapidamente aprenderam que, apesar de todo o discurso de criar uma cultura aberta, a realidade era muito diferente. Se você for assim, precisa se empenhar para melhorar. Em *Empresas feitas para vencer*, Jim Collins falou da necessidade de os líderes aceitarem a verdade brutal. Mas nem sempre é fácil. Sei pela minha própria experiência. É muito difícil ficar sabendo de problemas na empresa quando você já está dando tudo o que tem no trabalho.

É importante que todos os líderes saibam que, ao apontar erros ou problemas, é preciso fazer isso de maneira a demonstrar responsabilização. Você não pode se limitar a reclamar. Precisa apontar os problemas de maneira construtiva. Conheço muitos CEOs que reagem mal quando os líderes apresentam informações tentando culpar os outros ou sem se disponibilizar a resolver a situação. Esses líderes são vistos como "reclamões", o que desgasta a credibilidade deles.

Então, fortaleça-se para enfrentar as tarefas difíceis e crie um ambiente seguro para que os seus líderes se sintam à vontade para apontar erros ou problemas. Com isso, você enfrentará os verdadeiros problemas que podem estar refreando o progresso da sua empresa.

Pare de tolerar a mediocridade. Um colega e eu estávamos em uma conferência falando sobre as ideias deste livro. A sessão de perguntas e respostas com a plateia ficou bem animada, com todos os participantes querendo discutir a questão da responsabilização da liderança.

Um participante nos fez a última pergunta: "Se vocês tiverem de apontar apenas alguns fatores que poderiam fortalecer a responsabilização da liderança na minha organização, quais seriam esses fatores?". Respondi que era possível resumir a coisa toda em dois fatores: primeiro, esclarecer as expectativas para a liderança e, segundo, parar de tolerar a mediocridade dos líderes.

Depois da sessão, muitos participantes vieram nos agradecer pela palestra. Muitos disseram que, pensando bem, sua organização de fato tolerava a mediocridade e que isso precisava mudar.

Aprendi, com a minha própria história de liderança e com o meu trabalho com os clientes, que as organizações pagam um preço alto pela mediocridade. Vejamos, por exemplo, algumas excelentes pesquisas conduzidas recentemente pela Gallup. Em 2015, a Gallup conduziu um grande levantamento com 2.564 gestores, intitulado *A situação do gestor norte-americano: inteligência analítica e conselhos para os líderes.*

A Gallup constatou que nada menos que 51% dos gestores americanos não estão engajados no trabalho e outros 14% estão ativamente desmotivados. A Gallup estima que os custos para as empresas norte-americanas devem ficar em algum ponto entre US$ 319 bilhões e US$ 398 bilhões. É uma quantia estarrecedora.

De acordo com a Gallup, as constatações sugerem que dois terços dos líderes das organizações norte-americanas basicamente se distanciaram emocionalmente, o que significa que eles se importam pouco com seu trabalho, seu pessoal e sua empresa. Como podemos esperar atingir o sucesso se tolerarmos essa situação?

Mas a história não termina por aí. A Gallup também identificou que o senso de engajamento de um funcionário está diretamente associado ao senso de engajamento de seu gestor, constituindo o que a instituição de pesquisa chamou de *efeito cascata*. Com efeito, funcionários liderados por gestores e líderes muito engajados são 59% mais propensos a também serem muito engajados.

Sob vários aspectos, essas constatações não deveriam nos surpreender. Pense nas suas próprias experiências. Aposto que elas se alinham com as constatações desse levantamento. Pelo menos eu posso afirmar que, quando estive no meu melhor na minha vida profissional, sempre foi porque eu estava trabalhando com um grande líder que eu admirava e eu ia ao trabalho todos os dias plenamente engajado e disposto a prestar contas pelas minhas ações. Qual é a sua experiência?

É hora de começar a encarar as tarefas difíceis e parar de tolerar a mediocridade nas nossas organizações. O preço que estamos pagando é alto demais.

O lado animador é que um contrato de liderança customizado para a empresa ajuda muito a atingir essa meta porque pelo menos esclarece as expectativas da liderança. Os líderes que não quiserem liderar ou que não deveriam estar liderando ficam sabendo o que a organização espera deles. E precisam tomar a própria decisão com base nessas expectativas. Ou você pode ajudá-los a tomar a decisão. É o que veremos a seguir.

Afaste os líderes que não se responsabilizam pelos próprios atos. Com muita frequência, tentativas de reforçar a responsabilização da liderança acabam indo por água abaixo porque deixamos de afastar os líderes que simplesmente não estão preparados para prestar contas pelos próprios atos e pelas próprias decisões. Manter essas pessoas na liderança tem suas consequências. Os outros líderes e funcionários entendem que a organização se dispõe a tolerar a mediocridade. O pessoal de alto desempenho, que se responsabiliza pelas próprias ações, sente que suas contribuições são minimizadas e fica desmotivado.

É hora de a sua organização adotar uma postura mais rigorosa e identificar os líderes que não deveriam ocupar posições de liderança. Eles podem não querer atuar na liderança e estão em busca de uma saída. Eles podem ser mais adequados ao papel de colaboradores individuais. Talvez fosse melhor tê-los deixado como especialistas técnicos em vez de promovê-los a cargos de liderança. Talvez eles precisem sair da organização. Não importa qual seja o resultado, a organização precisa tomar alguma atitude em relação aos líderes irresponsáveis. Sei que pode não ser fácil, mas acredito que você já saiba que é algo que você precisa ser feito.

Um cliente do setor de seguros estava passando por mudança transformacional. A empresa tinha passado décadas operando da mesma maneira e isso precisava mudar. Um novo CEO foi contratado e levou um novo diretor de RH. Os dois se puseram a definir um novo rumo para o futuro. Uma parte crucial da abordagem deles foi esclarecer as expectativas de liderança para todos os líderes. A iniciativa contou com todo o apoio do conselho de administração.

Eles acabaram criando um conjunto de expectativas de liderança que chamaram de "preço de entrada". E deixaram as coisas bem claras para os líderes. O preço de entrada incluía uma lista de critérios e expectativas que os líderes precisariam cumprir. Esses critérios também foram utilizados na avaliação dos líderes, para identificar aqueles que não estavam correspondendo às expectativas.

Algumas conversas bastante difíceis e francas foram conduzidas. Muitos líderes acabaram saindo da organização. Alguns saíram voluntariamente e outros foram afastados. Foi um período difícil, mas a organização saiu fortalecida, porque os líderes que permaneceram estavam totalmente comprometidos a mudar seu estilo de liderança e sabiam com clareza como fazer isso. Eles prestavam contas pelos próprios atos e decisões.

Será que essa abordagem é drástica demais? Alguns leitores podem achar que sim. Mas, no fim das contas, se vocês quiserem levar a sério a tarefa de reforçar a responsabilização da liderança, é isso que precisa ser feito. Precisamos acordar e deixar de ser ingênuos, presumindo que líderes ineptos, medíocres e irresponsáveis nos ajudarão a atingir o sucesso. Eles nunca ajudaram e nunca ajudarão. É hora de sermos fortes para enfrentar as tarefas difíceis.

4. Conecte os seus líderes

A quarta cláusula do contrato propõe que os líderes se conectem uns com os outros para criar uma comunidade e uma cultura de liderança fortes. Trata-se de uma medida crucial tanto individualmente quanto para qualquer organização que queira criar uma cultura de liderança responsável para dar apoio a esse tipo de conexão. Acontece que um número cada vez maior de organizações está começando a reconhecer que a colaboração é a chave para promover a verdadeira inovação e o sucesso sustentado hoje e no futuro. Silos isolados, competição interna e lutas políticas estão longe de ser o melhor caminho para atingir esse sucesso. Pelo contrário, as organizações precisam de líderes capazes de ver a situação como um todo, saber o que precisam fazer nas próprias divisões e unidades de negócios e trabalhar cruzando fronteiras organizacionais. Precisamos de líderes com uma mentalidade de uma única empresa e que sejam capazes de agir como uma comunidade alinhada de líderes.

No capítulo 7, apresentei várias estratégias que os líderes individuais podem implementar para criar uma comunidade de líderes. Aqui, me concentrarei em como as organizações podem ajudar seus líderes a se conectar uns com os outros.

Avalie a sua cultura de liderança atual. Antes de começar a ajudar os seus líderes a se conectar, é importante saber o que vocês já têm com uma medida de referência para avaliar a sua cultura de liderança. Costumamos usar o nosso *Levantamento da comunidade de líderes* com os clientes. A tabela 11.1 mostra várias afirmações desse levantamento que você pode utilizar para avaliar a sua organização.

Ao avaliar as respostas, quais padrões você consegue identificar? Quais são alguns pontos fortes? Quais são alguns pontos fracos que precisam ser resolvidos? Veja a seguir as estratégias para ter ideias de como criar uma comunidade forte de líderes.

Conduza fóruns de liderança regulares para ajudar os líderes a construir relacionamentos. Como eu disse no início deste capítulo, uma das importantes práticas organizacionais que as empresas líderes do setor costumam seguir é a condução de fóruns de liderança regulares para reunir seus líderes. Nossas experiências com os clientes confirma essa prática. Fóruns regulares dão aos líderes a oportunidade de se reunir, fazer o networking e construir relacionamentos. Esses fóruns ajudam a combater o isolamento que muitos líderes vivenciam em seu dia a dia.

Instruções:

Avalie cultura de liderança da sua organização para cada uma das afirmações a seguir.

Tabela 11.1 – Levantamento da Comunidade de Líderes

	Definitivamente falso		Um pouco verdadeiro		Definitivamente verdadeiro
A cultura de liderança da sua organização					
1. Os nossos líderes sabem com clareza qual é a orientação estratégica da nossa organização.	1	2	3	4	5
2. Os nossos líderes geram empolgação sobre o futuro da sua empresa.	1	2	3	4	5
3. Todos os nossos líderes ambicionam ser grandes líderes.	1	2	3	4	5
4. Os nossos líderes lideram unidos, com base em uma mentalidade de uma única empresa.	1	2	3	4	5
5. Os nossos líderes esperam que todos prestem contas por suas decisões e contestem qualquer comportamento de liderança improdutivo.	1	2	3	4	5
6. Os nossos líderes celebram o sucesso e marcos importantes.	1	2	3	4	5

7. Os nossos líderes derrubam silos e colaboram com eficácia.	1	2	3	4	5
8. Os nossos líderes não agem com base em politicagem interna e interesses pessoais.	1	2	3	4	5
9. Os nossos líderes demonstram resiliência e determinação diante da adversidade.	1	2	3	4	5
10. Os nossos líderes apoiam e ajudam uns aos outros.	1	2	3	4	5

Quando bem-conduzidos, os fóruns de liderança podem ajudar a esclarecer a sua estratégia de negócios e reforçar as suas expectativas para a liderança. Os líderes têm a chance de fazer o networking e formar laços uns com os outros. Descobrimos que é muito difícil criar uma comunidade de líderes com um grupo de estranhos. Se vocês fizerem direito, verão que os líderes serão mais capazes de colaborar, inovar e exigir a prestação de contas pelo desempenho.

Os melhores fóruns de líderes têm algumas características em comum.

Em primeiro lugar, é importante saber com clareza quem deve participar do fórum. Normalmente os participantes devem incluir as duas ou três camadas superiores de líderes e os líderes de alto potencial.

Em segundo lugar, o evento deve começar com um discurso de abertura do CEO para atualizar os participantes da situação do negócio, fazer uma revisão da estratégia corporativa e lembrá-los das expectativas de liderança.

Em terceiro lugar, a pauta deve abordar as mais importantes questões com base na necessidade de uma liderança coletiva mais forte. Normalmente, essas questões não incluem prioridades operacionais ou específicas de uma ou outra divisão, mas os principais desafios que os líderes enfrentam por toda a empresa. Certifique-se de que os líderes sejam capazes de pôr em prática as ações recomendadas que formarão as bases do comprometimento desses líderes.

Por fim, constatei que os melhores fóruns de líderes são concluídos com uma convincente *chamada para ação* por parte do CEO. Defina altos padrões para os seus líderes. Reforce a importância da responsabilização individual e coletiva da liderança.

Crie grupos de colegas para reforçar a responsabilização da liderança. Recentemente trabalhamos com um cliente para ajudar a criar e conduzir um fórum de liderança. Um dos temas que ouvimos de vários líderes durante o processo de planejamento foi o fato de eles se sentirem isolados uns dos outros. Recomendamos que, depois do fórum de liderança, pequenos grupos de seis a oito líderes conduzissem uma conferência telefônica mensal dedicada exclusivamente a discutir os desafios de liderança e garantir que eles prestem contas em seus papéis de liderança.

Quando propusemos a ideia, a CEO disse que seus líderes estavam tão ocupados, que não tinham como cavar doze horas ao longo de um ano para as conferências telefônicas mensais. Sabíamos que os líderes estavam famintos para se conectar entre si, de modo que pressionamos um pouco a CEO. Ela acabou concordando em nos deixar propor a ideia no fórum e veríamos se a ideia seria implementada com base na reação dos líderes.

Adivinhe o que aconteceu?

Quando meu colega apresentou a ideia, todos os líderes agarraram a oportunidade. Elaboramos algumas orientações simples para eles, mas em grande parte deixamos que eles mesmos planejassem as ligações. Lembre-se de que eles mesmos administrariam as conferências telefônicas. Foi o teste definitivo de sua responsabilização pessoal e coletiva como líderes.

Um ano depois do início da prática, os líderes continuavam se reunindo em seus grupos de responsabilização da liderança. Para mim, isso é uma grande prova da necessidade dos líderes de se conectar, aprender uns com os outros e se ajudar a fortalecer a responsabilização da liderança na organização.

O que acontece em um grupo de colegas dedicado a reforçar a responsabilização da liderança? Os líderes iniciam a sessão com uma atualização de seu desempenho no papel de liderança de cada um. Feito isso, eles repassam os compromissos assumidos na sessão anterior e falam sobre o que deu certo e o que não deu certo. Os líderes se ajudam dando ideias para aumentar a eficácia uns dos outros. Às vezes, os líderes podem abordar um silo que está impedindo o avanço da organização, como a dificuldade de promover a colaboração entre unidades de negócios e departamentos. Os líderes exploram o tema e identificam estratégias a serem implementadas e todos se comprometem a atuar em suas respectivas áreas para promover uma maior colaboração.

Considerações finais
Reforçando a responsabilização da liderança

Como vimos, a lacuna na responsabilização da liderança é um grande problema em muitas organizações. Com base nas nossas pesquisas, cerca de três em cada quatro organizações pesquisadas afirmam que a responsabilização da liderança constitui uma questão crucial. A sua organização tem grandes chances de também estar tendo dificuldades com esse problema. As ideias deste capítulo apresentaram um guia para incorporar a verdadeira responsabilização da liderança na sua organização.

O primeiro passo é priorizar a tarefa de reforçar a responsabilização da liderança na sua organização. Feito isso, é preciso definir claramente o que se espera dos seus líderes em um contrato de liderança customizado para a sua empresa. Você precisa ter a coragem de encarar o trabalho árduo necessário para criar as bases da prestação de contas por toda a empresa. Por fim, você deve encontrar maneiras de criar uma comunidade forte de líderes, promovendo a formação de vínculos entre líderes de todos os níveis.

Questões para reflexão

Incorporando o contrato de liderança na sua organização

Ao refletir sobre as ideias apresentadas neste capítulo, pense nas suas respostas para as perguntas a seguir:

1. Em que extensão a sua organização priorizou a responsabilização da liderança?
2. Como você pode definir expectativas claras de liderança para os seus líderes?
3. De que maneiras você precisa se fortalecer e enfrentar as tarefas difíceis?
4. Como a sua organização pode promover a capacidade dos líderes de se conectar uns com os outros?

Conclusão

Abri este livro com uma pergunta simples: o que significa ser um líder?

Como expliquei, acredito que todos os líderes precisam saber responder a essa pergunta. A razão para isso é que o mundo em que lideramos está cada vez mais dinâmico e complexo. Os modelos de liderança da geração passada não se adequam mais ao mundo de hoje e de amanhã.

Hoje em dia, espera-se mais dos líderes. A pressão e a avaliação que os líderes enfrentam podem ser intensos. Desse modo, precisamos que a liderança de todas as organizações seja o mais forte possível.

No entanto, todos os dias vemos sinais de que a nossa liderança ainda não é forte. Em muitos casos, a liderança é decepcionante e por vezes chega a ser vergonhosa. Uma liderança fraca desgasta a confiança das pessoas nos líderes tanto no mundo dos negócios quanto na sociedade em geral. Desgasta o engajamento dos funcionários. Na raiz desse problema está o que chamo de "lacuna de responsabilização da liderança".

Uma liderança verdadeiramente responsável é a única maneira de criar uma organização capaz não apenas de sobreviver no nosso mundo cada vez mais complexo mas também capaz de atingir o sucesso e crescer.

A solução começa reconhecendo que, uma vez que você assume um cargo de liderança, precisa demonstrar um padrão mais elevado de comportamento. Muitos líderes parecem não se conscientizar disso. É por isso que a ideia de um contrato de liderança é tão importante hoje. Você precisa entender que, quando assume um cargo de liderança, está se comprometendo com algo muito importante. Você simplesmente não pode assumir um papel de liderança só pelo título mais pomposo, pelas mordomias ou pelo aumento de salário. Você precisa parar para refletir sobre as quatro cláusulas do contrato de liderança:

1. A liderança é uma decisão – Tome essa decisão
2. Liderança é uma obrigação – Cumpra a sua obrigação
3. A liderança é trabalho árduo – Seja forte
4. A liderança é uma comunidade – Conecte-se

Quando você internalizar essas quatro cláusulas e se comprometer em colocá-las em prática todos os dias, vai poder colher muitas recompensas:

- Você vai se destacar como um exemplo a ser seguido, porque a sua decisão de liderar faz de você um modelo de liderança para os outros líderes. Você será o líder que os outros vão querer imitar.

- Você vai contribuir com mais valor à sua organização, porque nunca vai perder de vista as suas obrigações de liderança. Você saberá com clareza o valor que deve criar para os seus clientes, seus funcionários, seus *stakeholders* e as comunidades nas quais a sua organização faz negócios.

- Você se manterá conduzindo o avanço da sua organização porque não vai tentar evitar o trabalho árduo da liderança. Você vai ter a coragem, a resiliência e a determinação para encarar o trabalho árduo, porque saberá que, se não fizer isso, ninguém mais o fará. Você vai ter a coragem de ter conversas difíceis.

- Por fim, você vai ser visto como um construtor de comunidades. Você vai se comprometer a se conectar com os colegas espalhados por toda a organização. Ajudará a criar um clima de grande confiança e apoio mútuo. Criará uma cultura forte de liderança que se tornará o maior diferenciador da sua organização.

No fim das contas, quando começar a colocar em prática o contrato de liderança, você vai redefinir o seu estilo de liderança. Você será o líder responsável que a sua organização realmente precisa que você seja. Desejo-lhe muito sucesso na sua jornada.

Agradecimentos

No decorrer da minha carreira, tive a sorte de trabalhar com profissionais espetaculares que me apoiaram, me incentivaram e me desafiaram a ser a melhor pessoa que posso ser.

Em primeiro lugar, gostaria de agradecer a todos os leitores dos meus blogs e da primeira edição de *Liderança é um contrato*. Sou muito grato a todos vocês que se deram ao trabalho de me escrever para contar como as minhas ideias os ajudaram a se tornar líderes mais responsáveis. É muito gratificante para mim receber esse feedback.

Também gostaria de expressar a minha gratidão aos meus clientes. Fui abençoado com muitos relacionamentos profundos e de longa data ao longo da minha carreira. Sou grato e devo muito a todos vocês que implementaram as ideias deste livro em suas organizações.

Gostaria de agradecer aos meus colegas, sendo que alguns deles são os profissionais mais inteligentes, mais empolgados e mais criativos da indústria do capital humano.

Sou profundamente grato a David Shaw, fundador e CEO da Knightsbridge Human Capital Solutions, e a Courtney Pratt, pelo valiosíssimo *mentoring* que vocês me proporcionaram.

Sou grato a Peter Alcide, presidente e diretor de operações da Lee Hecht Harrison, pela oportunidade de compartilhar as minhas ideias com o mundo.

Tive a enorme sorte de trabalhar com uma equipe fenomenal na nossa prática de Desenvolvimento de Talentos e Liderança. Não canso de me admirar com tudo o que eles realizam para os nossos clientes e com o impacto que eles têm sobre organizações ao redor do mundo.

Também sou grato a todos os membros da equipe que me deram sugestões para refinar as ideias deste livro ou que me ajudaram a criar as nossas soluções do Contrato de Liderança. Mais especificamente, devo agradecimentos a Bryan Benjamin, Brian Wellman, Liane Davey, Tammy Heermann, Seonaid Charlesworth, Margo Hoyt, Jenny Ma, Carol Blades, Alex Vincent, Kim Rogers, Jalyn Anderson, Catharine Larkin, Tiina Moore, Sheila Martinez, Laura Hopper, Nancy Gore, Anna Marie Lavelle, Mandi MacDonald, Sonya Stevens, Micheline Garceau, Mehrdad Derayeh, Peggy Boyer, Sarah Skyvington, Corey Bainerman, Tess Reimann, Sarah Beehler, Charles Cicciarella, James Hogan, Farzad Khan, Michelle Singh, Marjolaine Galarneau, Heather Sharpe, Kerri Hugenholtz, Angela Iori, Amanda Adams, Meaghan Bentley, Michelle Dhani, Jason Lam, Lina Sederavicius, Rachel Jacobs, Kirsten Webster e Valerie Battler.

Também gostaria de agradecer a Razia Garda, Heather MacDonald, Colleen Ryan e Elaine Lindsay por seu empenho incansável em me manter organizado e produtivo. Meus agradecimentos a Mirren Hinchley e Lori Dyne pela ajuda nas pesquisas e ações nas mídias sociais.

Também sou grato aos meus muitos outros colegas, com destaque para Claudio Garcia, Ralph Shedletsky, Brad Beveridge, Angela Payne, Leslie Carter, Victoria Davies, Pam Jones, Karine Storm, Kevin Gagan, John Morgan, Jim Greenway, Ranjit DeSousa, José Augusto Figueiredo, Pierre Beretti, Waseem Razzaq, Karen Faehndrich, Jim Concelman, Kristen Leverone e Vicki Foley.

Obrigado também a Nick Morgan, Nikki Smith-Morgan, Sarah Morgan e Emma Wyatt, da Public Words. Sou extremamente grato pelo compromisso de vocês comigo e com as minhas ideias. Também gostaria de agradecer ao meu agente Kevin Small e a Matt Miller pelo constante apoio e aconselhamento.

Um grande agradecimento à equipe da John Wiley & Sons, que tanto contribuiu para este projeto. Agradecimentos especiais a Shannon Vargo, Elizabeth Gildea, Lauren Freestone e Peter Knox.

Escrever um livro ao mesmo tempo em que administrava as demandas de um cargo executivo, prestava consultoria aos clientes e levava uma vida agitada em casa só foi possível com o apoio da minha família.

Obrigado aos meus pais, Camilo e Maria; minha sogra, Carmela; meu irmão, Robert; minhas cunhadas, Maria e Rosanna; meu cunhado, John; e meus sobrinhos, Owen e Nicholas.

Aos meus filhos, Mateo, Tomas e Alessia. Vocês são a constante inspiração da minha vida. Estou orgulhoso dos jovens líderes que vocês são. Agradecimentos especialíssimos à minha filha Alessia e à inspiração que ela me deu para a capa do livro.

Finalmente, e o mais importante, sou profundamente grato à minha esposa, Elizabeth. Você sempre me surpreende com o seu apoio e incentivo inesgotáveis. Nada do que faço seria possível sem você. Muitíssimo obrigado!

Sobre o autor

Vince Molinaro é um autor de best-sellers, palestrante e consultor de liderança para executivos seniores, diretores de Recursos Humanos e conselhos de administração. Ele dedica sua carreira a ajudar as organizações a criar culturas de liderança fortes, nas quais líderes de todos os níveis se apresentam todos os dias para liderar com uma maior responsabilização, motivação e comprometimento.

O que diferencia Vince é o fato de ele também ser um talentoso líder de negócios. Ele não se limita a pregar sobre a liderança, ele se empenha para colocar o discurso em prática.

Como um executivo sênior, Vince é o diretor-executivo global de Soluções Estratégicas da Lee Hecht Harrison, uma consultoria dedicada a disponibilizar soluções de Desenvolvimento de Líderes, Engajamento, Transição de Carreira e Gestão da Mudança para organizações ao redor do mundo.

Ele e sua equipe desenvolveram programas de liderança premiados em vários setores, incluindo energia, serviços financeiros, tecnologia e telecomunicações, setor público e empresas de serviços profissionais.

Vince também conduziu pesquisas pioneiras sobre a responsabilização da liderança publicadas em destaque em várias revistas e publicações de negócios como a *Forbes*, a *Inc.com* e a *Harvard Business Review*. Ele compartilha semanalmente seus *insights* relativos à liderança em seu blog intitulado "Gut Check for Leaders".

Ele é o autor de três livros, incluindo o best-seller do *New York Times* e *EUA Today*, *Liderança é um contrato*, é coautor de *Leadership Solutions* and *The Leadership Gap*, ambos publicados pela Wiley. Ele é doutor pela Universidade de Toronto, onde conduziu uma pesquisa sobre o futuro da liderança.

Vince mora na região de Toronto com sua esposa e três filhos. Você pode segui-lo no Twitter (@VinceMolinaro) e no Facebook (ww.facebook.com/DrVinceMolinaro).

©2016, Pri Primavera Editorial Ltda.

The Leadership Contract – The fine print to becoming an accountable leader
©2016, Vince Molinaro

Equipe editorial: Larissa Caldin, Lindsay Gois e Lourdes Magalhães
Tradução: Cristina Yamagami
Preparação: Lindsay Gois
Revisão: Larissa Caldin
Projeto gráfico, Diagramação: Lindsay Gois

Dados Internacionais de Catalogação na Publicação (CIP)
(Câmara Brasileira do Livro, SP, Brasil)

Molinaro, Vince
 Liderança é um contrato : as cláusulas essenciais para ser um líder legítimo / Vince Molinaro ; tradução de Cristina Yamagami.-- São Paulo : Primavera Editorial, 2016.
 232 p.

 ISBN 978-85-5578-023-3
 Título original: The Leadership Contract: The Fine Print to Becoming an Accountable Leader
 1. Liderança 2. Administração de pessoal 3. Mudança organizacional I. Título II. Yamagami, Cristina

| 16-0552 | CDD 658.4092 |

Índices para catálogo sistemático:
1. Liderança

GREAT PEOPLE
Books

Av. Queiroz Filho, 1560 - Torre Gaivota - Sala 109
05319-000 – São Paulo – SP
Telefone: +55 11 3034-3925
WhatsApp: +55 11 99197-3552
contato@primaveraeditorial.com
www.greatpeopebooks.com.br

Esta edição de *Liderança é um contrato*
foi impresso para a Great People Books
pela gráfica Plena Print em maio de 2024